Ahmet Toprak

Integrationsunwillige Muslime?

Ein Milieubericht

Bibliographische Information der Deutschen Nationalbibliothek

Die Deutsche Nationalbibliothek verzeichnet diese Publikation in der Deutschen Nationalbibliographie; detaillierte bibliographische Daten sind im Internet über http://dnb.d-nb.de abrufbar.

www.lambertus.de
Umschlaggestaltung: Nathalie Kupfermann, Bollschweil
Herstellung: Franz X. Stückle, Druck und Verlag, Ettenheim
ISBN 978-3-7841-1959-5

Für Mio Baran und Alexandra Toprak

Inhalt

Thematische Einführung

In Deutschland leben ca. 3,5 Millionen Menschen mit muslimischer Herkunft. Der Großteil stammt aus der Türkei, sie sind als sogenannte Gastarbeiter in den 1960er- und 1970er-Jahren nach Deutschland gekommen. Ab Mitte der 1950er-Jahre wurde zwischen der Bundesrepublik und Staaten wie Italien, Spanien, Portugal, Griechenland, Marokko, Tunesien, Jugoslawien und der Türkei ein Anwerbevertrag unterschrieben, da der Bedarf an Arbeitskräften im Inland nicht mehr gedeckt werden konnte. Die Vermittlung der Arbeitskräfte basierte in der Regel auf einer Anwerbevereinbarung, die zwischen Deutschland und dem betreffenden Land unterschrieben wurde. Diese Vereinbarungen enthielten damals keine Beschränkungen hinsichtlich der Anzahl oder der Qualifikation. Sie beschrieben lediglich die Organisation und die technische Abwicklung der Vermittlung und sollten gewährleisten, dass die Arbeitnehmer alle erforderlichen Auskünfte bezüglich ihrer Aufnahme und Beschäftigung erhalten. Es sollten vor allem junge und gesunde Menschen nach Deutschland vermittelt werden, die vorwiegend in der Metall-, Auto- und Baubranche arbeiten sollten und die durch Rotation und ohne größere Gesundheitskosten wieder zurückkehren konnten. Das Hauptmotiv für die Migration nach Deutschland war der kurzfristige Aufbau von Ersparnissen, um später im Heimatland über einen gesicherten Lebensunterhalt zu verfügen.

Die ersten „Gastarbeiter“, die ohne ihre Familien nach Deutschland kamen, wurden in Wohnheimen und Sammellagern untergebracht. Die Unterkünfte waren nach Geschlechtern getrennt, qualitativ schlecht, überbelegt und dadurch beengt und auch noch überproportional teuer. Anfang der 1970er-Jahre war der überwiegende Teil der muslimisch geprägten Arbeitnehmer männlich und verheiratet. Mehr als die Hälfte von ihnen hatten ihre Frauen im Heimatland zurückgelassen.

Die „Gastarbeiterbeschäftigung“ erreichte mit insgesamt 2,5 Millionen im Jahre 1973 ihren vorläufigen Höhepunkt. Der Wendepunkt in der Anwerbung von ausländischen Arbeitnehmern war ebenfalls das Jahr 1973, als die Bundesrepublik aufgrund der Wirtschaftskrise einen Anwerbestopp für „Gastarbeiter“ verhängte. Nur noch der Nachzug enger Familienangehöriger (Ehepartner und Kinder unter 18 Jahren) der bereits in Deutschland tätigen Arbeitnehmer war im Rahmen der Familienzusammenführung möglich (vgl. Firat, 1996, S. 37f.).

Am 23.11.1973 verfügte der Bundesminister für Arbeit und Sozialordnung die Einstellung der Anwerbung ausländischer Arbeitnehmer durch die Bundesanstalt für Arbeit. Dies geschah zu einer Zeit, als sich Massenarbeitslosigkeit und eine Wirtschaftsrezession deutlich abzeichneten. Der Anwerbestopp sollte einerseits den Vorrang des nationalen Arbeitsmarktes sicherstellen und andererseits einen Wendepunkt in der staatlichen Ausländerpolitik symbolisieren und war von Anfang an auf Dauer angelegt. Er sollte nur dann aufgehoben werden, wenn sich dadurch die Folgeprobleme nicht verschärfen würden (vgl. Dohse, 1981, S. 309f.). In der Folge haben sich viele verheiratete Männer beziehungsweise Frauen für einen dauerhaften Aufenthalt entschieden und ihre Kinder und Ehepartner nach Deutschland geholt.

Diese kurzen Erläuterungen verdeutlichen, dass weder Deutschland noch die Einwanderer, in diesem Kontext die muslimische Bevölkerung, einen dauerhaften Aufenthalt geplant hatten. Allerdings muss hervorgehoben werden, dass nach dem Anwerbestopp die politischen Entscheidungsträger hätten wissen müssen, dass die meisten Menschen sich auf einen längeren, gar unbefristeten Aufenthalt eingestellt haben, unabhängig davon, dass die Rückkehroption in die Heimatländer bei vielen ein Thema war. Auch nach dem Anwerbestopp konnte keine gezielt Migrations- oder Integrationspolitik beobachtet werden. Ziel der deutschen Politik war bis tief in die 1990er-Jahre, die sogenannten „Gastarbeiter“ und deren Angehörige in die Heimatländer zurückzuführen. Anfang der 1980er-Jahre hat Deutschland Gastarbeitern, die in ihre Länder zurückkehren wollten, sogenannte Rückkehrprämien ausgezahlt. Dieser Versuch, die Zahl der „ausländischen“ Bevölkerung zu reduzieren, scheiterte, weil nur sehr wenige Menschen dieses Angebot in Anspruch genommen haben. Auch die Bemühungen um die Kinder der Gastarbeiter in der Schule und in anderen Bildungseinrichtungen waren geprägt von der Prämisse, dass sie in ihr Herkunftsland zurückkehren würden. Die sogenannten Gastarbeiterklassen in den Schulen, die die Kinder darauf vorbereiten sollten, wurden endgültig erst Ende der 1990er-Jahre abgeschafft.

Ein Politikwandel fand statt, als Deutschland sich im Jahre 1999 offiziell dazu bekannte, ein Einwanderungsland zu sein, was bis dahin vor allem von konservativen Politikern strikt abgelehnt wurde. Da Deutschland offiziell bis 1999 kein Einwanderungsland war, stand auch die Migrationspolitik nicht unbedingt auf der Agenda der Bundesregierungen, sei es von der konservativ-liberalen Regierung von 1982 bis 1998 noch von Rot-Grün zwischen 1998 und 2005, auch wenn die Letztgenannten die Greencard-Regelung einführten und die Einbürgerung hier lebender Migranten erleichterten. Bewegung kam in die Migrationspolitik erst ab 2005. Auslöser waren die Vorfälle an einer Berliner Schule (hier gaben die Lehrkräfte resigniert auf, weil sie das Verhalten der muslimischen Jugendlichen so respektlos und aggressiv fanden, dass sie nicht mehr unterrichten konnten), kriminelle Jugendliche mit Migrationshintergrund und die öffentlichen Debatten um Zwangsheirat und häusliche Gewalt bei muslimisch geprägten Bevölkerungsgruppen. Seit ca. 2005 steht die Integration der Migranten, vor allem die der Muslime, im Mittelpunkt der Politik. So wurde beispielsweise der Ausländerbeauftragte der Bundesregierung zum Integrationsbeauftragten und ist nicht mehr im Familienministerium angesiedelt, sondern im Kanzleramt. Zwischen 2006 und 2009 wurde vom Bundesinnenministerium eine sogenannte „Deutsche Islam Konferenz" durchgeführt, und auch der Integrationsgipfel des Bundeskanzleramtes zielte auf die bessere Integration vor allem der muslimischen Migranten.

All das zeigt, dass sich weder die Migranten noch Deutschland in den ersten fünfzig Jahren nach der Einreise der ersten Gastarbeiter im Jahre 1955 um Integration bemüht haben. Sowohl Deutschland als auch die Zuwanderer gingen davon aus, dass der Aufenthalt in Deutschland temporärer Natur wäre. Im Nachklang der Attentate vom 11. September und im Rahmen der Debatten um Zwangsheirat und häusliche Gewalt rückte die sogenannte „Integrationsunwilligkeit" der Migranten muslimischer Herkunft in den Fokus. Dieser Begriff wurde von konservativen Politikern geprägt und soll dokumentieren, dass diese Bevölkerungsgruppe die Integration ablehnt, sich nicht öffnet und in sogenannten Ghettos lebt. Um die These von der „Integrationsunwilligkeit" vieler Migranten muslimischer Herkunft zu stützen, wird auf die Praxis der Zwangsheirat, auf häusliche Gewalt, geringe oder nicht vorhandene Deutschkenntnisse, die religionsbedingte Ablehnung bestimmter Schulfächer, die Unterdrückung der Frau, das Kopftuch u. a. verwiesen. Nun sind diese Problembereiche zwar nicht von der Hand zu weisen, aber neu sind sie nicht. Politik und Gesellschaft haben sich für die Belange der Migranten jahrzehntelang nicht interessiert. Dass beispielsweise die Praxis der Zwangsheirat in bestimmten muslimischen Milieus existiert, haben Andrea Baumgartner-Karabak und Gisela Landesberger unter dem Titel „Die verkauften Bräute" bereits im Jahre 1978 eindrucksvoll dokumentiert. Für dieses –

aus heutiger Sicht – brisante Thema interessierten sich damals nur wenige Experten.

In der aktuellen Diskussion fällt auf, dass die Debatte um Integration beziehungsweise „Integrationsunwilligkeit“ auf der Metaebene geführt wird: Es wird abstrakt intellektuell über die vorhandenen Probleme debattiert, ohne die betroffenen Gruppen einzubeziehen. Dies gilt sowohl für die Deutsche Islam Konferenz als auch für den Integrationsgipfel. Ein Beispiel dafür ist die Tatsache, dass der Schriftsteller Feridun Zaimoglu seine Mitarbeit bei der Deutschen Islam Konferenz zugunsten einer gläubigen Person aus dem Milieu mit Kopftuch zeitweise aufgab. Trotzdem hat die Deutsche Islam Konferenz keine Kopftuchträgerin nachnominiert.

In dieser Studie sollen daher die sogenannten „Integrationsunwilligen“ persönlich zu Wort kommen. Es wurden insgesamt 124 Personen aus Kulturvereinen, Jugendzentren, Schulen, Frauengruppen, Anti-Aggressivitäts-Trainings etc. interviewt, damit sie zu den wichtigen Themen, die mit „Integrationsunwilligkeit“ in Verbindung gebracht werden, Stellung nehmen. Die Daten wurden anhand eines halbstandardisierten Fragebogens zwischen 2007 und 2009 in den drei Großstädten Berlin, Dortmund und München erhoben. Um einschlägige und authentische Informationen zu bekommen, wurden als Methode sowohl Gruppen- als auch Einzelinterviews mit Tonbandaufzeichnung eingesetzt. Alle relevanten Themen, die aus Sicht des Autors die Öffentlichkeit interessieren und als Zeichen der „Integrationsunwilligkeit“ gedeutet werden, wurden aufgegriffen. In diesem Zusammenhang wurden nicht nur die in den Medien präsenten Themen Kopftuch, Gewalt, Zwangsverheiratung und Ehrenmorde behandelt, sondern auch die Randthemen. Hierzu zählen „Der Einfluss der Medien“, „Die Rolle der Kultur- und Moscheevereine“ und die Teilnahme oder Nichtteilnahme der muslimischen Schüler am Schwimm-, Sport- und Sexualunterricht.

Um die Lektüre nicht zu verkomplizieren, wurde die männliche Form der Schreibweise gewählt; selbstverständlich sind auch Frauen gemeint.

Methodisches Vorgehen

Das qualitative Interview

Die mündliche Befragung – hier das (qualitative) Interview – ist die sicherste Methode, um Informationen von Probanden zu bekommen, denn mindestens zehn Prozent der erwachsenen Bevölkerung sind nicht dazu in der Lage, einfache Fragebögen ordnungsgemäß auszufüllen. Fragebögen sind nur sinnvoll und angemessen bei Untersuchungen mit Versuchspersonen, die einen beträchtlichen Bildungsgrad haben. Sogar vielen Universitätsabsolventen fällt es schwer, etwas zu Papier zu bringen. In dieser Untersuchung wurde die mündliche Befragung gewählt, weil viele der Probanden keine höhere Schulqualifikation haben. Bei der mündlichen Befragung beziehungsweise beim Interview lassen sich verschiedene Formen unterscheiden.[1] Im Rahmen der vorliegenden Untersuchung wurden fokussierte Interviews geführt. Bei dieser Form „geht man zwar auch im Hinblick auf die Bedeutungsstrukturierung vom Befragten aus, aber Absicht ist nicht so sehr die Generierung von hypothetischen Konzepten, sondern es geht eher um die Falsifikation von deduktiv gewonnenen Hypothesen, die der Forscher vorab entwickelt hat" (Lamnek, 1995, Bd. 2, S. 79f.). Das Hauptaugenmerk des fokussierten Interviews richtet sich auf eine spezifische, konkrete, nicht experimentell konstruierte Situation des Befragten, die er persönlich erfahren und erlebt hat (vgl. ebd.).

Im Vorfeld des Interviews hat der Forscher die Feldsituation beobachtet. In einem zweiten Schritt versucht er, über eine Analyse der Situation die hypothetisch wichtigen Elemente herauszufiltern, indem er sich mit dieser Situation auseinandersetzt und die Reaktionen des Beobachteten ermittelt. Nachdem die Beobachtungsanalyse abgeschlossen ist, formuliert der Forscher einen Interviewleitfaden, der die relevanten Themen sowie die für die Situation wichtigen Aspekte und Elemente enthält. Das Hauptziel des fokussierten Interviews ist es, die subjektiven Erfahrungswerte der Befragten in der früher erlebten und vom Forscher analysierten Situation zu erfassen (vgl. ebd.). „Dabei dienen die Befunde des fokussierten

---

[1] Lamnek, 1995, Bd. 2, unterscheidet fünf unterschiedliche Formen des qualitativen Interviews. Er spricht vom narrativen Interview, vom problemzentrierten Interview, vom fokussierten Interview, vom Tiefen- bzw. Intensivinterview und vom rezeptiven Interview.

Interviews vor allem dazu, die auf der Basis der Beobachtung entwickelten und formulierten Hypothesen über vermeintlich relevante Elemente der Situation unter dem Aspekt der Gültigkeit neu zu betrachten“ (ebd.).

Der Fragebogen

Der Interviewleitfaden besteht aus zwei Abschnitten. Der erste beinhaltet allgemeine Fragen und dient dazu, persönliche Daten des Interviewpartners festzuhalten. Diese Art von Fragestellung wird in der Literatur als „Fragen nach Befragteneigenschaften“ bezeichnet. Die Antworten in diesem Teil wurden vom Interviewer wörtlich mitgeschrieben. Das Ziel war es hier unter anderem, den Interviewpartner mit allgemeinen und einfachen Fragen auf das Hauptinterview, das auf Tonband aufgezeichnet wurde, vorzubereiten und seine/ihre Nervosität nach Möglichkeit abzubauen.

Das Hauptinterview ist in zwölf Blöcke unterteilt. Diese wurden gewählt, weil so die in der Öffentlichkeit relevanten und diskutierten Themen am günstigsten angeschnitten werden konnten. Im Einzelnen handelt es sich um die folgenden Blöcke mit Unterthemen:

1. Kopftuch
2. Ehre/Ehrenmorde
3. Zwangsehe
4. Gewalt
5. Gleichberechtigung – Männlichkeit vs. Feminismus
6. Teilnahme am Schwimm-, Sport- und Sexualunterricht und an Klassenfahrten
7. Die Rolle der Kultur- und Moscheevereine
8. Die Rolle des türkischen Staates
9. Der Einfluss der Medien
10. Islamismus/Terrorismus
11. Diskriminierung
12. Integration/Integrationsdebatte

Im zweiten Teil des Interviews wurden die Fragen so formuliert, dass der/die Interviewpartner sie mit eigenen Worten beantworten konnten. Zu jedem Themenbereich gab es zwar zahlreiche Fragen, aber wenn der/die Befragte/n einige dieser Fragen bereits im Vorfeld beantwortet hatten, wurden diese nicht noch einmal explizit gestellt. Unabhängig von der geplanten Reihenfolge ging es in erster Linie also darum, den/die Befragten zu Wort kommen zu lassen.

Kontaktaufnahme und Eingrenzung des Themas

Im Rahmen einer qualitativen Untersuchung ist es allgemein schwierig, den Kontakt zu den Interviewpartnern herzustellen, denn es wird ein sehr offenes und persönliches Gespräch verlangt. Um ein vertrauensvolles Gespräch zu gewährleisten, werden mit den Interviewpartnern oder Vertrauenspersonen mehrere Vorgespräche geführt und dabei wird der Gegenstand des Interviews erläutert. Entscheidend ist hierbei ein transparentes Vorgehen, das heißt der Gegenstand des Interviews wird konkret und deutlich dargelegt. Ich habe mich in meinem Bekannten-, Freundes-, und Kollegenkreis erkundigt, um Probanden zu finden, die geeignet und auch gewillt sind, mit mir ein Interview zu führen. Die Interviewpartner sollten der ersten, zweiten und der dritten Generation der türkischen beziehungsweise arabischen Migranten angehören, um feststellen zu können, über welche Erfahrungen sie bereits in Deutschland verfügen. Manchen Migranten wird unterstellt, sie lehnten die Integration ab, obwohl sie in Deutschland geboren beziehungsweise aufgewachsen sind. Bei der Auswahl der Probanden wurden gerade die Milieus aufgesucht, denen in der Öffentlichkeit eine Integrationsunwilligkeit unterstellt wird beziehungsweise die nach außen hin wenig integriert erscheinen. Im Rahmen dieser Studie wurden insgesamt 45 Interviews (35 Einzel- und zehn Gruppeninterviews) in den Großstädten München, Berlin und Dortmund durchgeführt, 124 Personen zwischen 15 und 74 Jahren wurden befragt. Im Einzelnen sind dies:

1. Die Besucher eines türkischen Kulturvereins in München

   Männer und Frauen getrennt
   Methode: Gruppen- und Einzelinterviews
   (zwei Gruppeninterviews, zehn Einzelinterviews)

2. Die Besucher eines arabischen Kulturvereins in Berlin

   Männer und Frauen getrennt
   Methode: Gruppen- und Einzelinterviews
   (zwei Gruppeninterviews, neun Einzelinterviews)

3. Die Besucher eines Anti-Aggressivitäts-Trainings für Jungen und junge Männer

   Methode: Gruppen- und Einzelinterviews
   (ein Gruppeninterview, sechs Einzelinterviews)

4. Die Besucher eines Männercafés in Dortmund

   Methode: Gruppen- und Einzelinterviews
   (zwei Gruppeninterviews, fünf Einzelinterviews)

5. Die Besucher eines Jugendzentrums in München

   Methode: Gruppeninterviews
   (zwei Gruppeninterviews mit 13 Personen)

6. Der Vorsitzende und die Sprecherin eines Kulturvereins in Dortmund

   Methode: Einzelinterview (zwei Interviews)

7. Ein Imam aus Berlin

   Methode: Einzelinterview (ein Interview)

8. Eine ehemalige Hürriyet-Redakteurin

   Methode: Einzelinterview (ein Interview)

9. Ein Lehrer aus Dortmund, der türkischen Ergänzungsunterricht erteilt

   Methode: Einzelinterview (ein Interview)

Beschreibung der Untersuchungsgruppe

Die 124 Interviewteilnehmerinnen und -teilnehmer – 71 Männer und 53 Frauen zwischen 15 und 74 Jahren – gehören der ersten, zweiten und dritten Migrantengeneration an. 13 der 124 Interviewpartner haben zwar einen türkischen, arabischen beziehungsweise deutschen Pass, geben aber an, Kurden zu sein. 29 Interviewpartner stammen aus den arabischen Ländern, wie Irak, Libanon oder Syrien, die restlichen 95 Interviewpartner kommen aus der Türkei. 15 Befragte gaben an, Muslime schiitischen Glaubens zu sein, 20 waren Aleviten und 89 waren Sunniten. Der Altersdurchschnitt beträgt 37,9 Jahre. Knapp über die Hälfte der Befragten (64) sind in Deutschland geboren und aufgewachsen. Bei den nicht in Deutschland geborenen Interviewpartnern beträgt die durchschnittliche Aufenthaltsdauer in Deutschland 18,8 Jahre, wobei betont werden muss, dass acht Interviewpartner seit weniger als fünf Jahren in Deutschland leben. 13 der 124 befragten Personen sind im Besitz eines deutschen Passes. Insgesamt kann der Aufenthaltsstatus der Population als sehr sicher bezeichnet werden. Während der Befragungszeit waren 15 Personen Hausfrauen, 19 arbeitslos, 13 Schüler, elf Angestellte beziehungsweise Beamte, 15 selbstständig, 30 Arbeiter, acht Studenten und 13 befanden sich im Ruhestand. 43 Befragte, die sich nicht in der Ausbildung befanden, haben eine abgeschlossene Berufsausbildung; neun der Interviewten haben einen Universitäts- oder Fachhochschulabschluss. Auf der anderen Seite konnte festgestellt werden, dass 60 Interviewpartner über keine abgeschlossene Berufsausbildung verfügen. Ursprünglich stammen die befragten Menschen aus den ärmeren, ländlich geprägten Gebieten der Türkei, Syriens, des Irak oder Libanon.

Durchführung der Interviews

Jedem Interviewpartner wurde angeboten, sich den Interviewleitfaden im Vorfeld anzuschauen. Da es einigen schwerfiel, sich zu artikulieren, haben diese Kandidaten mindestens zwei Tage vorab den Leitfaden zugeschickt bekommen, damit sie sich auf die Fragen beziehungsweise auf das Interview vorbereiten konnten. Kurz nach jedem Interview hat der Interviewer ein Gedächtnisprotokoll angefertigt, um dieses später in die Auswertung einfließen zu lassen. Alle nonverbalen Äußerungen wie zum Beispiel Gestik, Mimik, Kopfschütteln oder Handzeichen wurden notiert und bei der Transkription an der entsprechenden Stelle eingebaut, um diese Passage besser verstehen und analysieren zu können.

Jedes Interview dauerte zwischen 45 und 90 Minuten – einige Gruppeninterviews dauerten über zwei Stunden – und wurde in der Regel in deutscher Sprache geführt. Den Interviewten wurde angeboten, notfalls auch Ausdrücke in türkischer Sprache zu formulieren; einige haben dieses Angebot angenommen. Die arabischen Ausdrücke wurden von einem fachkundigen Doktoranden übersetzt. Die Interviewsprache war deshalb Deutsch, weil viele Interviewpartner die deutsche Sprache besser beherrschen als die türkische. Außerdem konnte so auf eine Übersetzung verzichtet werden, bei der möglicherweise Bedeutungsnuancen verloren gegangen wären. Nach den Interviews wurde jedes Mal heftig diskutiert.

Transkription und Auswertung

Im Rahmen dieser Untersuchung wurden einige ausgewählte Interviews wörtlich und vollständig transkribiert. „Durch wörtliche Transkription wird eine vollständige Textfassung verbal erhobenen Materials hergestellt, was die Basis für eine ausführliche Interpretation bietet" (Mayring, 1999, S. 69f.). Die anderen Interviews wurden nicht vollständig transkribiert, sondern inhaltlich zusammengefasst und als kontextgebundene Auszüge transkribiert.

Alle 45 Interviews konnten ausgewertet werden. In einigen Interviews wurden kürzere Passagen in türkischer Sprache geführt, die der Autor sinngemäß ins Deutsche übersetzt hat. Die Interviews im arabischen Kulturzentrum wurden zwar in deutscher Sprache geführt, aber es wurden trotzdem arabische Begriffe benutzt, die übersetzt wurden. Bei der Auswertung wurde die qualitative Inhaltsanalyse als Methode gewählt, weil diese Methode das Material zergliedert und schrittweise bearbeitet sowie theoriegeleitet die Analyseaspekte aufgrund eines am Material entwickelten Kategoriensystems festlegt (vgl. ebd., 91f.).

Das Kopftuch: ein Stück Stoff – große Politik oder ein religiöses Symbol?

Die Debatte um das Kopftuch wird in der deutschen Öffentlichkeit sehr leidenschaftlich geführt. Bei dieser politischen Debatte geht es in erster Linie darum, ob die kopftuchtragende Frau in die deutsche Gesellschaft „integriert" ist oder nicht. Es wird auch betont, dass das Kopftuch einen Konflikt zwischen der muslimischen Minderheit und der christlichen Mehrheitsgesellschaft darstellt. Anhand des Kopftuches wird eine Trennlinie zwischen dem aufgeklärten Abendland und einer rückschrittlichen und nicht reformierbaren islamischen Gesellschaft gezogen. Oder anders im Sinne von Berghahn formuliert: Viele „(...) sehen im Kopftuchtragen ein widerständiges und abgrenzungsbereites Verhalten von Fremden, die sich der jeweiligen Landes- oder ‚Leitkultur' nicht anpassen wollen. Das Kopftuch wird dadurch zur Projektionsfläche" (Berghahn, 2009, S. 34f.). Dieser Konflikt wurde in der Öffentlichkeit breit diskutiert, als eine Lehrerin in Baden-Württemberg ihr Kopftuch während des Unterrichts nicht ablegen wollte. In diesem konkreten Fall verweigerte 1998 das Bundesland der muslimischen Lehrerin Fereshta Ludin aus diesem Grund die Einstellung in den Schuldienst. Ab diesem Zeitpunk wird das Tuch zum sogenannten Fall, wie Heide Oestreich es prägnant feststellt (vgl. Oestreich, 2005, S. 35ff.). Die Lehrerin klagte dagegen und der Fall ging durch viele Instanzen bis vor das Bundesverfassungsgericht. Hier wurde im Jahre 2003 entschieden, dass ohne besondere Rechtsgrundlage einer Lehrerin das Tragen eines Kopftuches nicht untersagt werden könne, und die Bundesländer wurden angewiesen, entsprechende Gesetze zu schaffen. Vor dem Fall Ludin jedoch trugen ca. 20 Lehrerinnen ein Kopftuch im Schuldienst (auch in Baden-Württemberg), ohne dass Probleme beziehungsweise Konflikte mit Schülern beziehungsweise Eltern bekannt oder beklagt wurden (vgl. Berghahn, 2009, S. 38f.). Außerhalb der Gerichtssäle lief und läuft die Debatte unvermindert weiter (vgl. exemplarisch Oestreich, 2005, und Berghahn/Rostock, 2009). Einige Bundesländer haben bereits die vom Bundesverfassungsgericht geforderten Gesetze verabschiedet. In Bayern, Baden-Württemberg, Berlin, Bremen, Hessen, Niedersachsen, Nordrhein-Westfalen und im Saarland verbieten inzwischen entsprechende Schulgesetze das Tragen des Kopftuches mit der Begründung der „Neutralität des Staates oder Landes". Bewerberinnen mit Kopftuch wurden abgelehnt und gegen Lehrerinnen, die im Schuldienst weiterhin ein Kopftuch trugen, wurden arbeitsrechtliche oder beamtenrechtliche Maßnahmen eingeleitet (vgl. Berghahn, 2009, S. 38f.). Exemplarisch sei auf einen Auszug aus dem Schulgesetz des Landes Nordrhein-Westfalen verwiesen: „Lehrerinnen und Lehrer dürfen in der Schule keine politischen, religiösen, weltanschaulichen oder ähnliche äußere Bekundungen abgeben, die geeignet sind, die Neutralität des Landes gegenüber Schülerinnen und Schülern sowie Eltern oder den politischen, religiösen oder weltanschaulichen Schulfrieden zu gefährden oder zu stören" (aus dem Schulgesetz des Landes Nordrhein-Westfalen). Wie dieser Auszug zeigt, ist die öffentliche Diskussion um das Kopftuch nicht nur eine religiös-weltanschauliche Auseinandersetzung, sondern eine politische. Die unterschiedlichen Sichtweisen der befragten Migrantengruppierungen und die Sichtung der Literatur zeigen hier ein etwas anderes – sehr vielschichtiges – Bild. Dieses Bild fällt allerdings je nach Kontext unterschiedlich aus und soll im Einzelnen diskutiert werden.

Kopftuch als Kleidungsstück

Das Kopftuch an sich ist für die deutsche Gesellschaft kein fremdes, unbekanntes oder neu erfundenes Kleidungsstück. Wie auch Gaby Franger (1999) bemerkt, tragen in vielen Gegenden wie zum Beispiel in Bayern oft ältere Frauen auf dem Markt oder zum Kirchgang ein Kopftuch (vgl. Franger, 1999). Auch wird das Kopftuch als modisches Accessoire benutzt, um sich vor Regen beziehungsweise Wind zu schützen, oder als Zeichen von Respekt, wenn beispielsweise Angela Merkel bei einer Papstaudienz ihren Kopf mit einem dünnen schwarzen Tuch bedeckt. Was an der Diskussion neu ist, ist der Umgang mit dem Kopftuch bei den türkischen beziehungsweise muslimischen Mädchen und Frauen in Deutschland. Im traditionalistisch-ländlichen Kontext ist das Tragen des Kopftuches, insbesondere für ältere Frauen, eine Selbstverständlichkeit und wird auch vielerorts nicht mit einer religiösen Einstellung begründet. „Kleidungsordnungen basieren sowohl in der christlichen wie jüdischen oder islamischen Kultur auf patriarchalischen Mustern, auf Versuchen der Machtausübung, denen sich Frauen beugen mussten, sich beugten, denen sie Widerstand entgegensetzten oder die sie verinnerlichten. Das

Kopftuch ist traditionelles Kleidungsstück, das dazu gehört, wenn Frauen im katholischen Spanien oder im protestantischen Franken in die Kirche gehen, das in anatolischen Dörfern, je nach Bindungsart eine eigene Sprache spricht, das ältere Aussiedlerinnen als Teil ihrer Identität nicht ablegen wollen“ (Franger, 1999, S. 14f.). Vor allem bei der ersten Generation der Frauen aus muslimisch geprägten Ländern kann beobachtet werden, dass das Tragen des Kopftuches in erster Linie eine traditionelle Schutzfunktion, wie zum Beispiel Schutz vor Dreck oder Wind, beinhaltet, und dass es in der Migration aufgrund der persönlichen Identität nicht abgelegt wurde. Frauen, die das Kopftuch aus diesen Motiven anlegen, binden ihre Tücher auch sehr locker und die Haare sind in den meisten Fällen sichtbar. In einem Berliner Kulturverein, wo ältere arabische und türkische Frauen einmal im Monat zusammenkommen, wird der Aspekt der persönlichen Identität und die Schutzfunktion vor Regen, Kälte oder Sonnenstrahlen betont. Ein Interviewauszug aus einer Gruppendiskussion mit einer 66-jährigen Frau aus dem Irak verdeutlicht diese Motivation: „Wissen du mein Sohn, ich tragen Kopftuch, weil ich in Irak Kopftuch hatte (...) wegen Arbeit. Ich immer draußen arbeiten. Winter immer kalt, Sommer immer warm. Kopftuch ist gut, wenn Sonne kommt, oder Regen kommt oder wenn viel Dreck ist. (...) Ich tragen immer Kopftuch. Wenn ich kein Kopftuch tragen, dann fehlen was. Ich denken, ich nackt“ (Naima, 66, im Ruhestand, Berlin-Neukölln). Es wird deutlich, dass das Kopftuch für Naima ein wichtiger Teil ihrer Identität geworden ist; nicht wegen ihrer religiösen Einstellung beziehungsweise Überzeugung, sondern aus Gewohnheit und als Schutz vor möglichen ungünstigen Umweltfaktoren wie Dreck, Wind, Regen etc. Inzwischen ist auch belegt, dass die Bedeckungsregeln zu Mohammeds Lebzeiten dazu gedacht waren, Frauen vor Belästigung zu schützen, den Privatbereich und die Familie des Propheten nach außen abzuschirmen und Frauen wie Männern Sittsamkeitsregeln zur Führung eines guten und gottgefälligen Lebens an die Hand zu geben (vgl. Berghahn, 2009, S. 33f.). Im Koran stehen also das Kopftuch betreffend nicht nur restriktive Aussagen, was gerne und oft zitiert wird, sondern auch Gebote einer sozialen Verhaltens- und Umgangsordnung, zu denen die Bedeckungsregeln gehören (vgl. ebd.). Eine andere Interviewpartnerin untermauert die These, dass sie sich durch das Tragen des Tuches vor Belästigungen besser geschützt sieht. „Ich bin nicht viel religiös, aber Kopftuch ist gut (...) wenn ich rausgehe, es ist windig oder es ist kalt, dann ist das gut. Und es ist gut, die Männer sprechen nicht mit mir“ (Gülay, 59, Reinigungskraft, München). Mit der Aussage „Männer sprechen nicht mit mir" möchte die Interviewpartnerin hervorheben, dass sie aufgrund des Kopftuches von Männern nicht belästigt wird. Es ist zwar nicht so, dass Frauen in Deutschland oder in muslimisch geprägten Ländern sofort belästigt werden, wenn sie kein Kopftuch tragen. Aber in den östlichen und südöstlichen Provinzen der Türkei, wo Gülay ursprünglich herstammt, schützt das Kopftuch Frauen in der Tat vor Belästigung, zumal wenn sie nicht in Begleitung von Männern sind.

Bei den Nachfolgegenerationen, die sich für das Tragen eines Kopftuchs entscheiden, ist das Motiv nicht ganz eindeutig und klar, denn die jungen Mädchen und ihre Eltern verhalten sich ambivalent gegenüber Institutionen wie zum Beispiel der Schule. Daher werden die muslimischen Mädchen in deutschen Schulen – nicht nur im Zusammenhang mit dem Kopftuch – in vier Lebenssituationen, in denen sie mit der deutschen Umwelt beziehungsweise im Schüler-Lehrer-Verhältnis in Konflikt kommen, als Außenseiterinnen dargestellt: beim Tragen des Kopftuches, bei der Verweigerung der Teilnahme am Sportunterricht, bei der Ablehnung von Sexualunterricht und bei der Form der Eheschließung (vgl. Boos-Nünning, 1999, S. 17f.). Hier soll zunächst nur das Tragen des Kopftuches näher betrachtet werden, die anderen Themen werden im Laufe der Studie noch aufgegriffen. Sobald die türkischen Mädchen in der Schule ein Kopftuch tragen, wird das als ein Zeichen für ihre religiöse Orientierung und als Ausdruck der Zugehörigkeit zu einer religiösen fundamentalistischen Gruppe gesehen. Der Grund dafür ist nach Karakasoglu-Aydin „der gesellschaftliche Konsens, dass ostentativ praktizierte Religion nicht vereinbar sei mit den Regeln und Normen und der modernen Industriegesellschaft, hier wird ihr nur die private Abgeschiedenheit zugewiesen. Präsentiert sich religiöses Empfinden und religiöse Zugehörigkeit dennoch öffentlich, so wird dies schnell gleichgesetzt mit einer Ablehnung der für alle Gesellschaftsmitglieder verbindlichen Errungenschaften der Moderne und damit mit mangelnder Integrationswilligkeit" (Karakasoglu-Aydin, 2000, S. 17ff.). Das Tragen des Kopftuches wird in der Schule in zweierlei Richtungen gedeutet: einerseits wird davon ausgegangen, dass das Kopftuch von den Eltern verordnet beziehungsweise den Mädchen aufgezwungen wird, andererseits wird es als Grundhaltung von Mädchen, Frauen beziehungsweise Familien interpretiert, die sich zum Islam bekennen und das Kopftuch als „Kampfmittel" einsetzen (vgl. Boos-Nünning, 1999, S. 18f.). Gerade hier in Deutschland ist es schwer nachzuvollziehen, ob die Mädchen von ihren Eltern gezwungen werden, das

Kopftuch zu tragen, oder ob es sich um selbstbewusste Mädchen und junge Frauen handelt, die das Kopftuch als Kampfmittel für politisch motivierte Vorhaben einsetzen. Dazu eine 19-jährige Frau aus Dortmund. „Wissen Sie, erst wollte ich kein Kopftuch tragen. Dann hat meine Mutter gesagt, dass ich erwachsen geworden bin und ich soll ein Kopftuch tragen. (...) Also, ich wurde nicht groß unter Druck gesetzt, ich wollt erst einmal ausprobieren. Dann habe ich gesehen, dass die Leute, also, die muslimischen Leute, mich anders behandelt haben, viel respektvoller. (...) Ich habe auch gemerkt, dass die Deutschen auch anders waren. Die dachten, ich werde geschlagen oder so. Ich bin sauer geworden, weil die denken sofort, muslimische Frauen werden geschlagen. Es war aber nicht so, es gefiel mir, Kopftuch zu tragen. Danach habe ich gedacht, okay ich trage weiter. Ich konnte ja damit zeigen, dass ich Muslimin bin, aber auch, dass muslimische Frauen anders sind als die deutschen Frauen. (...) Bis ich das so sah, hat das schon zwei Jahre gedauert" (Yasemin, 19, Abiturientin und Pressesprecherin eines Kulturvereins in Dortmund). Wie bei Yasemin exemplarisch zu beobachten ist, ist die Entscheidung für oder gegen das Kopftuch nicht eindeutig von einer einfachen Motivation geprägt, wobei aber eingeräumt werden muss, dass es durchaus Mädchen gibt, die zum Kopftuchtragen gezwungen werden.[2] Für die betroffenen Mädchen ist es ein komplexer und komplizierter Prozess. Bei vielen Interviewpartnerinnen ist eine innere Unsicherheit und Zerrissenheit in Bezug auf das Kopftuch spürbar. Daher haben äußere Faktoren wie Freunde, Lehrer und Bekannte einen großen Einfluss auf die Entscheidung für oder gegen das Kopftuch. Unter Berücksichtigung auch der anderen Interviews kann zusammenfassend festgestellt werden, dass Mädchen und junge Frauen sich für ein Kopftuch entscheiden, um einerseits ihre religiöse Zugehörigkeit zu demonstrieren, andererseits wollen sie öffentlich zeigen, dass sie die muslimische Bedeutung von Körperlichkeit und ihrer weiblichen Identität gegenüber der westlichen aufrechterhalten und verteidigen wollen (vgl. Mihçiyazgan, 1989, S. 21).

[2] Es ist allgemein zu bedenken, dass vor allem reflektierte und gebildete Frauen über solche inneren Prozesse offen reden können bzw. wollen.

Kopftuch als Teilhabe

Viele kopftuchtragende muslimische Frauen, vor allem die aus der Türkei, argumentieren, dass ihre gesellschaftliche Partizipation in Deutschland besser gelingt als in der Türkei. Konträr dazu wird in Deutschland in zahlreichen Debatten eine Verknüpfung des Kopftuches mit der Unterdrückung der Frau durch patriarchalische Gewalt (Spielhaus, 2009, S. 426) hergestellt: das Kopftuch erreiche genau das Gegenteil, nämlich die Exklusion. Das Klischee, kopftuchtragende Frauen würden unterdrückt, resultiert in erster Linie aus der Tatsache, dass die Emanzipation in Deutschland fortgeschritten ist und das Kopftuch als Folie für Unterdrückung und Abhängigkeit verwendet wird. Es ist selbstverständlich mühsam, die Situation der Frauen in muslimisch geprägten Ländern in die Kopftuchdebatte in Deutschland einzubeziehen. Aber viele junge Frauen, die aus der Türkei stammen, betonen, dass sie gerne in Deutschland leben, weil Deutschland ein offenes und liberales Land in Bezug auf die religiöse Identität ist. In der Türkei ist das Tragen des Kopftuches sowohl in den Schulen/Universitäten als auch in anderen öffentlichen Gebäuden verboten; dieses Verbot gilt nicht nur für Lehrende, sondern auch für Schülerinnen und Studentinnen. Eine Interviewpartnerin – exemplarisch für viele, die ähnlich argumentieren – formuliert ihr Anliegen wie folgt: „Also, sagen wir so: wenn ich in der Türkei wäre, hätte ich niemals studieren können, weil ich niemals mein Kopftuch ablegen würde. Einige Schwestern tun das in der Türkei. Aber ich finde das nicht gut. In der Türkei hätte ich das nicht getan. Ich hätte auch nicht studiert. Hier in Deutschland habe ich die Möglichkeit zu studieren. In der Türkei hätte ich niemals studieren können, weil dort Kopftücher verboten sind" (Bahar, 23, Jurastudentin, München). Dieser Ausschnitt macht deutlich, dass die Frauen trotz des Kopftuchs studieren können, denn in der Türkei mussten Studentinnen, die ihr Kopftuch nicht ablegen wollten, ihr Studium abbrechen. Deutschland wird als progressiv und weltoffen empfunden, da die restriktive politische Einstellung gegen das Kopftuch, die in der Türkei vorherrscht, in Deutschland nicht existiert. Es muss allerdings geklärt werden, ob Kopftuchträgerinnen mit hohem Bildungsniveau und qualifizierten Abschlüssen adäquate Stellen bekommen. Bei Bahar steht fest, dass sie mit ihrem Kopftuch den Staatsdienst (Staatsanwältin oder Richterin) nicht anvisieren kann: „Ja, ich wollte Staatsanwältin werden. Aber das kann ich nicht, weil ich mein Kopftuch nicht ablegen möchte. Ich werde entweder Rechtsanwältin werden oder in der freien Wirtschaft tätig arbeiten“ (Bahar). Zwar wird die Möglichkeit auch mit Kopftuch eine Universität zu besuchen positiv bewertet. Wenn es aber um die Chancen auf dem Arbeitsmarkt geht, wird deutlich, dass nicht alle Optionen –hier der Staatsdienst – offen sind. Die meisten jungen Frauen lehnen zwar die Ungleichbehandlung ab, aber sie haben sich mit den Rahmenbedingungen gut arrangiert. Denn das Studium bleibt im Allgemeinen für Migranten in Deutschland das oberste Ziel. Viele haben nicht die Möglichkeit, ein Abitur abzulegen. Wenn junge Frauen mit einem Kopftuch die Möglichkeit zum Studieren haben, sehen sie das als Teilhabe und Emanzipation. Dass sie später in bestimmten Arbeitsfeldern diskriminiert werden, wird hingegen einkalkuliert und hingenommen. Darüber hinaus wird die Teilhabe an Bildung als Fortschritt, Emanzipation, Selbstbewusstsein und Reflektiertheit in Bezug auf die eigene Religion gesehen, wie eine Interviewpartnerin aus Berlin bestätigt. „Ja, wenn man Kopftuch trägt, hat man schon paar Nachteile auf der Jobsuche. Ich meine aber schon, dass in Deutschland besser ist, weil man mit Kopftuch studieren kann. (...) Dadurch haben die Frauen bessere Chancen, was das eigene Interesse und Selbstbewusstsein geht. Bei Bildung geht es ja nicht nur um die gute Erwerbsmöglichkeit. Es geht darum, dass Frauen durch Bildung besser ihre Religion reflektieren und sich damit auseinandersetzen. Dann kann man das auch in Deutschland besser vertreten, dass der Islam nicht nur schlecht ist. Viele Frauen tragen ein Kopftuch. Sie wissen aber nicht warum. Frauen, die gebildet sind, können besser ihre Religion erklären, sie sind auch selbstbewusster und emanzipierter“ (Aynur, 25, Studentin der Literaturwissenschaften, Berlin). Das Tragen des Kopftuches in der Ausbildung wird nicht nur als Selbstbewusstsein gedeutet, sondern als ein Signal für reflexive Religion, die anschlussfähig ist an die säkulare Mehrheitsgesellschaft (vgl. Oestreich, S. 157f.).

Das Kopftuch und die Geschlechterrollen

In der öffentlichen Darstellung wird vor allem die kopftuchtragende muslimische Frau als abhängig, unterdrückt und schweigsam beschrieben (vgl. dazu die kritischen Anmerkungen von Beck-Gernsheim, 2007). Als Begründung wird dafür die These herangeführt, dass im Islam die dominierende Rolle dem Mann zugesprochen wird, weil auch berufstätige Frauen nicht immer frei sind, in der Familie ihre Rollen zu wählen (vgl. Wiese, 2009, S. 235f.). Weiterhin wird das Kopftuch im Kontext der Geschlechterrollen als Zeichen der Hierarchie verstanden, in der Männer das dominierende Geschlecht sind (vgl. ebd., S. 234ff.), und das Kopftuch wird von der Mehrheitsgesellschaft eindeutig als Unterdrückungsmerkmal beschrieben (vgl. Oestreich, 2005, S. 160f.). In den Medien wird die hierarchische Trennung der Geschlechter hervorgehoben, worauf im Kapitel „Gleichberechtigung zwischen Mann und Frau“ intensiver eingegangen wird. Anders formuliert: das Kopftuch wird als Mittel zur Unterdrückung des weiblichen Geschlechts gedeutet. Dass in bestimmten traditionellen Kontexten unterschiedliche Geschlechterrollen adaptiert werden, steht außer Frage. Es muss analysiert werden, ob das Tragen oder Ablegen des Kopftuches etwas über die Geschlechterrollen aussagt. Dazu sollen zwei Interviewpartnerinnen – eine mit Kopftuch, die andere ohne – im Hinblick auf die übernommenen Geschlechterrollen analysiert werden.

Bahar

Bahar Aksoy ist 23 Jahre alt und studiert im siebten Semester Rechtswissenschaften an der Ludwig-Maximilians-Universität München. Die Eltern von Bahar stammen aus der zentralanatolischen Provinz Eskisehir und bezeichnen sich als sunnitische Muslime. Bahar hat eine ältere Schwester, einen älteren und einen jüngeren Bruder. Weder die Mutter noch die Schwester tragen ein Kopftuch. Bahar beschreibt ihre Familie eher als unreligiös, weil – laut ihrer Aussage – die Familie außer Feiern von religiösen Festen nichts tut; das heißt die Eltern beten und fasten nicht. Im Vergleich mit ihren Brüdern hat Bahar in der Kind- und Jugendphase weniger Freiheiten bekommen. Von beiden Elternteilen wurde akribisch darauf geachtet, welche Freunde Bahar und ihre Schwester haben, wann sie nach Hause kommen, wann und warum sie aus dem Haus gehen. Es wurden mit der Mutter genaue Absprachen getroffen, wie viel Zeit die Mädchen außer Haus verbringen dürfen, was auch heute im Erwachsenenalter noch gilt. Bahars Brüder haben sehr viele Freiheiten, sie konnten ab einem bestimmten Alter selbst darüber bestimmen, was sie in ihrer Freizeit unternehmen. Die Jungen wurden auch nicht bestraft, wenn sie später nach Hause kamen; außerdem mussten sie nicht berichten, wo und mit wem sie sich getroffen haben. Ob die beiden Mädchen ein Kopftuch tragen oder nicht, stand nie zur Diskussion, weil weder die Mutter noch die Tanten oder andere Frauen in der Familie ein Kopftuch tragen. In Bahars Familie wird traditionell kein Kopftuch getragen. Als Einzige in der Familie hat sich Bahar trotzdem für ein Kopftuch entschieden. Ihre

Entscheidung wurde von ihren Eltern und Geschwistern zwar nicht verstanden, aber akzeptiert.

Aylin

Aylin Yavuz ist 25 Jahre alt und studiert im neunten Semester Soziologie und Politologie in Berlin. Ihre Eltern stammen aus der nordtürkischen Stadt Tokat und bezeichnen sich als alevitische Muslime. Aylin hat einen jüngeren Bruder und eine ältere Schwester. Muslime alevetischer Richtung tragen selten bis nie ein Kopftuch. Aylin beschreibt ihre Familie zwar als unreligiös, betont aber, dass ihre Familie bewusst an Traditionen festhält. Auch in der Familie Yavuz hat das Kopftuch keine Tradition, weder die Eltern noch Großeltern oder andere Verwandte legen Wert darauf. Aylins Eltern räumen ihrem Sohn mehr Freiheiten ein als den beiden Töchtern. Aylin und ihre Schwester werden in Bezug auf das Freizeitverhalten und den Freundeskreis reglementiert: Sie müssen sich an- und abmelden, es wird genau überprüft, wann die Mädchen das Haus verlassen, wann sie aus der Schule kommen etc. Diese reglementierende Kontrolle wird beim Bruder nicht praktiziert. Im Gegenteil, der Bruder kann ab einem bestimmten Alter – spätestens ab der Pubertät – eigenständig entscheiden, welche Freunde er trifft, er kann auch später nach Hause kommen, ohne dafür eine Begründung abzugeben. Obwohl den beiden Töchtern der Weg zur Bildung – Abitur und Studium – offensteht, legen die Eltern großen Wert auf die Übernahme von traditionellen Geschlechterrollen. Das Kopftuch ist bei der Familie kein Diskussionsthema.

Zusammenfassende Analyse der beiden Fälle

Die Familien der beiden Interviewpartnerinnen stammen aus unterschiedlichen Regionen der Türkei. Sowohl Eskisehir als auch Tokat gelten in religiösen Fragen eher als moderat bis liberal. Während Bahars Familie dem orthodoxen Islam (Sunniten) zugerechnet wird, werden die Aleviten als liberal bezeichnet. Es wäre zu erwarten, dass in orthodoxen Familien eher ein Kopftuch getragen wird als in liberalen. Bahar entscheidet sich für ein Kopftuch, was auf den ersten Blick konsequent erscheint. Aber es wird deutlich, dass das Kopftuch auch in orthodoxen Familien nicht unbedingt Standard ist, denn Bahar ist die Einzige in ihrer Familie, die ein Kopftuch trägt. In Bezug auf die religiöse Einstellung unterscheiden sich die beiden Familien zwar. Aber die Übernahme der traditionellen Geschlechterrollen läuft in beiden Familien fast identisch.

Deshalb wäre es von Interesse zu klären, ob die These haltbar ist, dass das Tragen des Kopftuches ein Indiz für die Unterdrückung der Frau ist. In der orthodoxen wie in der liberalen Familie spielt das Kopftuch traditionell keine Rolle. Trotzdem entscheidet sich Bahar für das Kopftuch, Aylin dagegen hat sich mit dem Thema nie auseinandergesetzt. In beiden Familien konnte festgestellt werden, dass die Söhne weniger reglementiert werden als die Töchter. Das heißt, die These, dass das Kopftuch als Unterdrückungsmerkmal bezeichnet werden kann, ist zumindest fragwürdig. Die Vermittlung der unterschiedlichen Geschlechterrollen beziehungsweise die Reglementierung und Kontrolle der Mädchen rührt in erster Linie aus dem Motiv der Ehre, hierzu mehr im Kapitel „Ehre/ Ehrenmorde". Aber auf einen Aspekt der Ehre muss schon an dieser Stelle eingegangen werden, damit der oben vorgestellte Ansatz besser verortet werden kann.

Ehre, im Türkischen *namus*, im traditionellen Sinne bestimmt das Verhältnis zwischen Mann und Frau. Wenn von *namus* gesprochen wird, bedeutet sie für den Mann und die Frau Unterschiedliches. *Namus* bedeutet für die Frau, dass sie bis zur Eheschließung ihre Jungfräulichkeit bewahrt und während der Ehe treu bleibt. Die *namus* eines Mannes hängt in erster Linie vom Verhalten seiner Frau ab. Ehre im Sinne von *namus* impliziert, dass die Männer die Sexualität ihrer Frauen, Ehefrauen, Töchter und Schwestern, kontrollieren und dass Männer Ehre besitzen, wenn ihre Kontrolle sozial anerkannt und gerechtfertigt ist. Pfluger-Schindlbeck beschreibt diese Beziehung folgendermaßen: „Von der Frau verlangt die namus korrekte Bekleidung, korrektes Verhalten im Umgang mit fremden Männern, keine vor- oder außereheliche Beziehungen usw." (Pfluger-Schindlbeck, 1989, S. 63.). Dieses ländlich-traditionelle Konzept der Ehre – hier die Jungfräulichkeit – ist bei beiden Interviewpartnerinnen das Hauptmotiv für die Reglementierung seitens der Eltern. Da die Ehre des Mannes in diesem Kontext damit begründet wird, dass er die Frauen kontrolliert und die Jungfräulichkeit des Mannes nicht im Mittelpunkt steht, genießt er auch mehr Freiheiten. Dies bestätigen die beiden Interviewpartnerinnen wie folgt: „Ich fand das schon unfair, dass meine beiden Brüder mehr durften als ich. Aber es ist halt bei uns so, wenn die Mädchen zu viel draußen sind, dann reden die Leute viel. Und die Eltern haben Angst, dass die Mädchen andere Jungs kennenlernen und viel Mist bauen. (...) Ja, Mist bauen bedeutet, dass die Mädchen ihre Jungfräulichkeit verlieren. Und danach können vielleicht die Mädchen nicht heiraten" (Bahar). „Ich durfte nicht viel raus, weil meine Eltern Angst hatten. (...)

Die hatten Angst, dass die Nachbarn oder andere Leute mich mit einem Jungen sehen. Wenn bei uns ein Mädchen vor der Ehe mit Jungs rummacht, dann ist sie ehrlos. Bei Jungs ist das nicht so schlimm – sagen meine Eltern –, wenn sie mit Mädchen rummachen, weil die Leute nicht schlecht reden" (Aylin). Hier thematisieren die Interviewpartnerinnen einen Aspekt, der von zentraler Bedeutung ist, nämlich was die Nachbarn und Bekannten über das Verhalten der Töchter denken. Das Urteil der Community entscheidet über das Ansehen einer Familie in der Gesellschaft – hierauf wird im nächsten Kapitel näher eingegangen.

Kopftuch als Zeichen der Desintegration

Im öffentlichen Leben wird das Kopftuch als eindeutiges Zeichen der Desintegration wahrgenommen. Ein aktueller „Beleg" für diese These kam vom ehemaligen Berliner SPD-Finanzsenator Thilo Sarrazin im Oktober 2009, indem er der Zeitschrift *Lettre International* Folgendes über das Kopftuch mitteilte: „Ich muss niemanden anerkennen, der vom Staat lebt, diesen Staat ablehnt, für die Ausbildung seiner Kinder nicht vernünftig sorgt und ständig neue kleine Kopftuchmädchen produziert" (zit. nach tageszeitung, Berlin, 12.10.2009, S. 9f.). Die Aussagen von Sarrazin wurden zwar mit großer Empörung zurückgewiesen. Die Auswertung der einschlägigen Presse zeigt jedoch, dass die Kritik sich nicht an den Inhalt, sondern an die Form richtete. Zusammenfassend kann exemplarisch die Aussage vom Regierenden Bürgermeister von Berlin – Klaus Wowereit – angeführt werden. Er distanziert sich nicht explizit inhaltlich von Sarrazins Aussage, sondern von der Form: „Für einen Sozialdemokraten, der zumindest das Parteibuch noch bei sich hat, gehört es zum Grundkodex, dass man Menschen – egal wo sie hergekommen sind und die seit Jahren hier leben – nicht sozial diffamiert" (zit. nach ebd.). Dieses aktuelle Beispiel aus der deutschen Öffentlichkeit zeigt, dass das Kopftuch in der Wahrnehmung eindeutig für Desintegration steht, weil Thilo Sarrazin die „Kopftuchmädchen" als Ergebnis beziehungsweise Konsequenz der Ablehnung der Integration sieht.

Während Teile der deutschen Öffentlichkeit im Kopftuch das Scheitern der Integration sehen und der Islam als das ganz Andere konstruiert wird, kann bei der muslimischen Community ein anderes, zum Teil gegenteiliges und differenzierteres Bild beobachtet werden. Da Deutschland im Vergleich zur Türkei in religiösen Fragen und Symbolen liberaler ist, fühlen sich die türkeistämmigen Frauen ermuntert, ihr Kopftuch in der Öffentlichkeit selbstbewusster zu tragen. „Ich fühle mich hier schon besser integriert, weil ich ja überall mit meinem Kopftuch gehen kann. In der Oberstufe bin ich auch mit dem Kopftuch in die Schule gegangen. Ich kann mich bewegen, ich bin frei, ich bin gut ausgebildet, kann sehr gut Deutsch in Wort und Schrift. Ich werde nach dem Studium einen Job finden, der mich erfüllt. (...) Wenn das Integration ist, dann bin ich sehr gut integriert. Das Kopftuch stört mich dann nicht, im Gegenteil" (Bahar, 23, Jurastudentin, München). Auch in diesem Kontext wird deutlich, dass eine Frau, die ein Kopftuch trägt, nicht unbedingt unterdrückt wird beziehungsweise die Integration ablehnt. Die automatische Einschätzung, eine Kopftuchträgerin sei desintegriert, ist theoretisch und praktisch eindimensional und überholt (vgl. auch Beck-Gernsheim, 2007). Wie im Falle von Bahar und anderen Interviewpartnerinnen bestätigt wird, müssen die Motive – und vor allem die Selbstverordnung der Kopftuchträgerinnen – genauer betrachtet und analysiert werden. Denn die Frauen, die sich im erwachsenen Alter aus intrinsischen Motiven für ein Kopftuch entscheiden, sehen ihre eigene Verortung in der Gesellschaft im Gegensatz zur Mehrheitsgesellschaft als positiv. Ein eindimensionaler, eurozentrischer und emanzipatorischer Blickwinkel greift zu kurz.

Kopftuch als politisches Deutungsmuster und Machtdemonstration

Wie oben betont, wird das Kopftuch als Zeichen der unterdrückten Frau in Deutschland und in Mitteleuropa von der Mehrheitsgesellschaft sehr kontrovers diskutiert (vgl. Oestreich, 2005, Beck-Gernsheim, 2007, oder Berghahn/Rostock, 2009). Was der deutschen Öffentlichkeit verborgen bleibt, ist die Diskussion um das Kopftuch in der Türkei. Diese Diskussion soll in einem Exkurs erläutert und auf die hiesige Situation übertragen werden.

Exkurs

Wie in einigen Interviewpassagen deutlich wurde, ist das Tragen des Kopftuches in öffentlichen Schulen und Hochschulen sowohl den Lehrerinnen/Dozentinnen als auch den Schülerinnen/Studentinnen verboten. Dieses Verbot ist in der türkischen Verfassung verankert. Für die Änderung der Verfassung braucht das türkische Parlament eine Zwei-Drittel-Mehrheit. Das Kopftuchverbot an Schulen und Hochschulen wird mit dem weltlichen Charakter des Staates begründet. Als Argument wird das Prinzip des Laizismus – die Trennung von Staat und Kirche – herangeführt. Gegner des Kopftuchverbots in der Türkei versuchen und versuchten sich rechtlich dagegen zu wehren. Im Jahre 2004 schließlich landete das Kopftuchverbot vor dem Europäischen Gerichtshof für Menschenrechte und wurde – mit der Begründung, um religiöse Fundamentalisten abzuwehren – bestätigt (vgl. SpiegelOnline, 26.04.2004). Im weiteren Verlauf hat die türkische Regierung im Februar 2008 einen Gesetzesentwurf vorgelegt, der das Kopftuchverbot an Hochschulen aufhebt. Die dafür nötige Verfassungsänderung sollte mit der Hilfe der Oppositionspartei realisiert werden. Trotz vieler Demonstrationen, zu denen neben Frauen- und Menschenrechtsorganisationen auch das Militär aufrief, wurde die Verfassung geändert, und die Studentinnen durften nun mit Kopftuch an den Vorlesungen teilnehmen. Nach vielen öffentlichen Protesten und Demonstrationen hat das türkische Verfassungsgericht die neuen Reformen wieder gekippt. Die Verfassungsrichter begründeten ihr Urteil damit, dass das Gesetz verfassungswidrig sei: die von der Regierung herbeigeführte Reform widerspreche der säkularen Verfassung der Türkei (vgl. FocusOnline, 06.06.2008). An dieser türkischen Diskussion wird deutlich, dass das Kopftuch nicht nur ein Stück Stoff ist, sondern politischer Zündstoff mit großer Sprengkraft. Um diesen politischen Konflikt verstehen zu können, ist ein Blick zurück in die Geschichte der Türkei hilfreich. Nach der Gründung der heutigen Türkei im Jahre 1923 wurden vom Republiksgründer Mustafa Kemal Atatürk viele Reformen vorangetrieben. Sein Ziel war es, ein modernes und säkulares Land nach dem Vorbild Frankreich zu etablieren. Im Zuge der vielfältigen Reformen bis zu seinem Tode im Jahre 1938 hat er nach dem französischen Vorbild den Laizismus eingeführt. Günter Seufert legt großen Wert darauf, Laizismus und Säkularismus voneinander zu trennen, weil er im Laizismus eher einen politischen und im Säkularismus einen soziologischen Begriff sieht (vgl. Seufert, 2004). Im türkischen Kontext bedeutete Laizismus im Jahre 1924 den kompletten Bruch mit der Religion und der islamischen Vergangenheit. Seufert fasst wie folgt zusammen: „Schon Anfang März 1924 wurde dem ehemaligen Sultan auch die religiöse Würde des Kalifen abgesprochen und der Islam unter die zentrale Verwaltung eines staatlichen Amtes für Religion gestellt. Diese Religionsbehörde verwaltet die Moscheen, beschäftigt die Vorbeter und Prediger und gibt religiöses Schrifttum heraus. Religiöse Zusammenkünfte und religiöse Veröffentlichungen außerhalb dieses Rahmens standen bis in die 90er Jahre hinein unter prinzipieller Strafandrohung“ (ebd.). Im Rahmen des Modernisierungsprozesses, der auch den Laizismus implizierte, sollte die moderne Frau das Kopftuch ablegen und der Mann den traditionellen Fes gegen den modernen europäischen Hut austauschen. Da diese und andere Veränderungen in den 1920er- und 1930er-Jahren nicht als Ergebnisse einer langen und breiten Debatte vonstattengingen, sondern vielmehr von einer politischen Elite vorgegeben wurden, war und ist in vielen Teilen der Gesellschaft und Politik der Widerstand gegen den Laizismus immer noch vorhanden. Aus diesem Grund wird das Kopftuch nicht nur als ein Stück Stoff betrachtet, sondern u.a. als politisches Kampfmittel gedeutet.

Der politische Aspekt des Kopftuches wird in Deutschland primär als eine innenpolitische Angelegenheit oder Besonderheit der Türkei gesehen. Aber bei der Interpretation einiger Interviews, vor allem aus dem politischen und Vereinskontext, zeigt sich, dass über das Kopftuch nicht nur Druck auf die Entscheidungen in der Türkei ausgeübt wird, sondern auch auf die deutsche Innen- und Bildungspolitik. Der Vorsitzende eines Moschee- und Kulturvereins in München bringt sein Anliegen mit sehr viel Selbstbewusstsein und unmissverständlich auf den Punkt: „Also, das Kopftuch ist für uns von zentraler Bedeutung. Deutschland ist ein Land, das offen ist. Das liegt natürlich auch daran, dass die bekenntnisorientierte Religion hier erlaubt ist. Weil wir das wissen, wollen wir den Islam als bekenntnisorientierte Religion genauso in der Schule etablieren. Wenn unsere Töchter und Frauen natürlich Kopftuch tragen, können wir dem deutschen Staat gegenüber besser argumentieren. Denn aus unserer Sicht ist Kopftuch eindeutig ein Symbol der Religiosität. Und das können wir dem deutschen Staat gegenüber so vertreten, um den Islamunterricht in der Schule einzuführen. (...) Wenn wir das hier in Deutschland geschafft haben, können wir damit unsere Brüder und Schwestern in der Türkei stärken. Sie können dann damit argumentieren, dass in modernen Ländern Religion nicht nur Privatsache ist. Und wir werden mit Hilfe unserer Brüder und Schwestern in der Türkei Druck auf politische Entscheidungen machen" (Oguz, 36, Jurist, München). Die Etablierung des islamischen Religionsunterrichts und des Tragens des Kopftuches an deutschen Schulen ist nicht nur eine reine religiöse Option, sondern vielmehr eine politische. Die hiesigen positiven Bedingungen für den Religionsunterricht und das Kopftuch an öffentlichen Schulen werden als Argumentationshilfe für die Implementierung des islamischen Religionsunterrichts in türkischen Schulen sowie gegen das Kopftuchverbot verwendet. Diese Überlegungen und Optionen sind kein Einzelfall, sondern werden in anderen Interviews in Kultur- und Moscheevereinen nur weniger offen formuliert.

Resümee

Wie wir gesehen haben, handelt es sich beim Kopftuch um ein sehr komplexes und diffiziles Thema. Im Gegensatz zur deutschen Debatte – das Kopftuch sei ein Zeichen für die Unterdrückung der Frauen – konnte aufgezeigt werden, dass die Trägerinnen und Befürworter des Kopftuches viel differenziertere Motive haben. Dass viele „Gastarbeiterinnen" der ersten Generation das Kopftuch aus Gewohnheit, Tradition oder als Schutz vor Umwelteneinflüssen tragen, ist der deutschen Mehrheitsgesellschaft wenig bekannt. Im Türkischen wird hier lexikalisch zwischen *basörtü* oder *esarp* und *türban* unterschieden. Bei *basörtü/esarp* fällt ins Auge, dass das Kopftuch sehr locker getragen wird. Die Kopfhaut oder die Haare werden dabei sichtbar. Die Frauen, die das Kopftuch in dieser Form tragen, bezeichnen sich als nicht religiös, wenig religiös oder als nicht praktizierende Muslime.

Abb. 1: Locker getragenes Kopftuch, *basörtü*: Wird in erster Linie aus Gewohnheit und/oder um sich vor Wind und Regen zu schützen getragen. Auffällig ist dabei, dass die Haare sichtbar sind.

In vielen Fällen wird das Kopftuch aber auch aus religiöser Überzeugung getragen. Bei dieser Motivation dürfen die Kopfhaut und die Haare nicht sichtbar werden. Aus diesem Grund tragen die Frauen ein Kopftuch im Bindestil des *türban* der die Haare vor dem öffentlichen Blick schützt. Der *türban* wird nicht nur aus religiösen, sondern auch aus politischen Gründen getragen. Denn der *türban* als politisches Motiv dient in diesem Milieu als Vorbild und Funktion, um den Islam in der Gesellschaft besser zu implementieren.

Vor allem wird aber in der Diskussion um den *türban* – in Deutschland wird unter dem Stichwort Kopftuch diskutiert – aus den Augen verloren, dass es sich bei den Trägerinnen um eine sehr ambivalente und widersprüchliche Gruppe handelt. Sie werden wahlweise als politisch, unpolitisch, fundamentalistisch, keusch vor der Eheschließung etc. bezeichnet. Es kann abschließend über Trägerinnen des *türban* gesagt werden, dass von allem etwas dabei ist. Dass aber die Trägerinnen des *türban*, öffentlich selbstbewusst einen Mann küssen, ist eine eindeutig neue und überraschende Entwicklung.

Abb. 2: Junge Frau mit *türban.* Bei diesem Stil legen die Trägerinnen großen Wert darauf, dass ihre Haare nicht sichtbar werden.

Abb. 3: Eine Frau mit *türban*, die öffentlich ihren Freund küsst.

Es konnte ein differenziertes Bild der Kopftuchträgerinnen aufgezeigt werden. Eine Frage aber, die die deutsche Öffentlichkeit interessiert, ist offengeblieben, nämlich aus welchem Motiv die Kinder ein Kopftuch tragen. Hier ist das Tableau nicht so differenziert wie bei den Erwachsenen. Aus den Interviews geht hervor, dass die Mädchen zum Tragen des Kopftuches entweder animiert beziehungsweise sozialisiert oder aber gezwungen werden. Wehren sich die Mädchen im Einzelfall dagegen, wird entweder subtiler Druck ausgeübt oder aber Gewalt angewendet. Es gibt Anzeichen dafür, dass in einigen Familien und Milieus die Mädchen sehr früh an das Kopftuch herangeführt werden, um sie vor äußeren Einflüssen, wie zum Beispiel frühe Partnerschaft, Sexualität, zu schützen. Denn diese Eltern legen großen Wert darauf, dass ihre Töchter sich nicht wie die deutschen Mädchen verhalten. Hier muss explizit darauf hingewiesen werden, dass ein von Vorurteilen und Stereotypen geprägtes Wissen nicht nur von Seiten der Mehrheitsgesellschaft über die Muslime weit verbreitet ist, sondern auch umgekehrt.

Ehre/Ehrenmorde

Um das Phänomen der sogenannten „Ehrenmorde" oder Mord im Namen der Ehre besser einordnen zu können, muss zunächst das Konzept der Ehre definiert und diskutiert werden. Ehre beinhaltet im Grunde drei voneinander untrennbare Einzelwerte. Wenn diese – *seref*, *namus* und *saygi* – definiert und erläutert werden, kann der komplexe türkische Ehrbegriff besser verstanden werden.

Begriffserklärung

seref = Ansehen: Ein Interviewpartner von Pfluger-Schindlbeck (1989) definiert die traditionelle Form von *seref* folgendermaßen „(...) wenn ein Mann, ein Mensch, gegenüber seinen Mitmenschen, gegenüber seiner Umgebung gute Dienste leistet, zum Beispiel ihnen hilft, ihnen in Notzeiten zur Seite steht, so erhöht sich das Ansehen dieses Mannes. Solch ehrbare Männer werden serefli kisiler (Männer mit Ehre, Ansehen) genannt. (...) Daneben gibt es Menschen, die das Eigentum der anderen Menschen nicht achten, deren namus verletzen, lügen, stehlen und schlecht über sie sprechen. Man nennt diese serefsiz insanlar (Menschen ohne Ehre, Ansehen)" (Pfluger-Schindlbeck, 1989, S. 47). Der Interviewpartner spricht hier zwar von *seref* (Ansehen) des Mannes, aber in einer anderen Passage betont er, dass *seref* die gleiche Bedeutung für die Frau hat: „(...) es gibt bei Männern solche mit seref, bei Frauen solche mit seref und bei beiden solche ohne seref, das heißt, diese Vergehen werden von Männern und Frauen begangen" (ebd.). Laut Kizilhan hingegen besitzen fast ausschließlich Männer *seref*, da dieser Wert nur in den öffentlichen und politischen Beziehungen, welche die Männer unterhalten, eine Rolle spiele (vgl. Kizilhan, 2006, S. 84f.). Der in erster Linie rurale und ambivalente Begriff der 1980er-Jahre wird von Männern in Dortmund im Gegensatz zu Pfluger-Schindlbecks Interviewpartner in einem Café, wie auch von Kizilhan vertreten, als ein Männlichkeitsbegriff interpretiert, während er in einem Münchener Kulturverein von Männern und Frauen als ein positiver, universeller Wertebegriff definiert wird. Die Gruppen- und Einzelinterviews in einem Dortmunder Männercafé können anhand der Aussage von einem Interviewpartner als Ergebnis für das Männlichkeitskonzept wie folgt generalisiert werden: „*Seref* ist schon etwas für Männer.

Männer haben doch *seref*. Für Frauen ist *namus* wichtig. Wenn ein Mann *seref* hat, wenn er gut ist, wenn die Leute Respekt zeigen, dann ist das gut für einen Mann. Ich sage schon, ich sage, dass *seref* bei Frauen nicht so wichtig ist. Ein Mann hat *seref*. Wenn der Mann *seref* hat, dann hat die ganze Familie *seref*" (Adem, 33, Handwerker, Dortmund). Das Ergebnis der Gruppen- und Einzelinterviews aus München bringt die Aussage eines Interviewpartners wie folgt auf den Punkt: „*Seref* ist wie ein guter Mensch sein: wenn die Menschen für andere Menschen etwas Gutes tun, dann werden sie dafür gelobt und geliebt. Wenn sie schlecht sind, werden sie dafür nicht beachtet. Die einen – die Muslime – sagen dazu seref, die Christen Nächstenliebe. (...) Das hat mit Mann und Frau nichts zu tun. Das hat mit dem Verhalten der Menschen in der Öffentlichkeit zu tun. Das gilt für alle Menschen, nicht nur für Muslime. Ich weiß, einige Männer sagen, *seref* hat mit männlicher Ehre zu tun. Aber das stimmt einfach nicht. Diese Leute sind ungebildet und haben keine Ahnung" (Yusuf, 37, selbstständiger Kaufmann, München). Zusammenfassend kann festgestellt werden, dass sich der Wert von *seref* durch gute Taten erhöht und durch schlechte Taten verringert. Männer und Frauen haben zwar gleichermaßen *seref* und dieses steht in Verbindung zu *namus*. Aber einige Männer sehen in diesem Begriff eine Männlichkeitsnorm, die nicht von allen Männern geteilt wird. *Seref* muss mühsam durch gute Taten und eine positive Lebensweise erarbeitet werden.

namus = Ehre: Werner Schiffauer (1983) unterteilt den klassisch-traditionellen Begriff *namus* in zwei verschiedene Bereiche, innen und außen: „Dem Wert der Ehre (namus) unterliegt die Vorstellung einer klaren Grenze, die Innen, den Bereich der Familie, vom Außen, der – männlichen – Öffentlichkeit des Dorfes oder der Stadt, scheidet. Die Ehre eines Mannes ist beschmutzt, wenn diese Grenze überschritten wird, wenn jemand von außen einen Angehörigen der Familie, womöglich eine der Frauen, belästigt oder angreift. Als ehrlos (namussuz) gilt der Mann, der dann nicht bedingungslos und entscheidend den Angehörigen verteidigt" (Schiffauer, 1983, S. 65f.). Diese traditionelle Auslegung des Ehrbegriffs wird zwar von vielen interviewten Männern bejaht. Aber auch hier ist es in der Praxis etwas differenzierter, zumal es in Deutschland Umsetzungsprobleme gibt. Vor allem Frauen sehen das Ehrkonzept in dieser Form als überholt an. „Ich wüsste nicht, was der Mann mit meiner Ehre (*namus*) zu tun haben sollte. Ich kann sehr gut auf mich aufpassen. (...) Das war vielleicht früher in der Türkei gut, die Familie zu verteidigen. Da gab es keine Polizei, keine Justiz. Das braucht man heute nicht mehr. Außerdem können die Frauen viel besser auf sich und andere aufpassen, ohne Gewalt anzuwenden. Die Männer nutzen das, um über Frauen zu bestimmen, also Macht auszuüben. Ehre wird dafür einfach vorgeschoben“ (Fatma, 32, Rechtsanwaltshelferin, München). Die Interviewpartnerin spricht im letzten Teil ihrer Aussage von einem Teil der Ehre, der in der einschlägigen Literatur oft erwähnt wird. Denn die Ehre (*namus*) regelt nicht nur die Beziehung nach innen und außen, sondern sie bestimmt auch das Verhältnis zwischen Mann und Frau. Wenn von *namus* gesprochen wird, bedeutet es für den Mann und die Frau Unterschiedliches. *Namus* bedeutet für die Frau, dass sie bis zur Ehe ihre Jungfräulichkeit bewahrt und während der Ehe treu bleibt. Die *namus* eines Mannes hängt vor allem vom Verhalten seiner Frau ab. Ehre im Sinne von *namus* impliziert, dass die Männer die Sexualität ihrer Frauen, Ehefrauen, Töchter und Schwestern, kontrollieren und dass Männer Ehre besitzen, wenn ihre Kontrolle sozial anerkannt und gerechtfertigt ist (Pfluger-Schindlbeck, 1989, S. 63ff.). Dass die Männer die Jungfräulichkeit der Frauen und Schwestern kontrollieren dürfen, trägt dazu bei, dass viele Männer, wie auch Fatma es formuliert, Macht ausüben wollen. Ob die Männer das Konzept der Ehre kennen oder nicht, bleibt davon unberührt. „Ehre bedeutet schon, dass der Mann wissen soll, was seine Frau oder Schwester treibt. Sonst hat er sein Gesicht verloren. Sonst kommt er bei andern Männern nicht gut an. Die anderen Männer denken dann eben, er kann nicht auf seine Familie aufpassen. Ich finde schon, dass das der wichtigste Punk bei Ehre ist“ (Ismael, 33, arbeitslos, Berlin). Resümierend kann festgehalten werden, dass *namus* von Männern in einigen Kontexten als Vorwand für Machtausübung missbraucht wird, da in modernen Gesellschaften – und dies gilt auch für die Herkunftsländer – die Frau auf den traditionellen Schutz nicht angewiesen ist.

In vielen Teilen der muslimischen, vor allem der türkischen, Community ist das Urteil von Verwandten, Bekannten oder Nachbarn, wie bereits in einigen Interviews angesprochen wurde, von großer Bedeutung. Dieser Aspekt spielt im Kontext der sogenannten Ehrenmorde eine wichtige Rolle. Für eine umfassende Definition des Ehrbegriffs ist es also notwendig, das Verhältnis zwischen Familie und Umfeld zu betrachten: „Die wesentliche Bedeutung für die Familienehre hat gerade nicht die innere Einstellung und Selbstbestätigung der einzelnen Familienmitglieder, sondern das von außen, das heißt von der sozialen Umwelt wahrgenommene Erscheinungsbild. Konsequenz dieser Priorität ist, dass nicht der Grad der Verinnerlichung gesellschaftlicher Normen, die persönliche Einstellung zählt, die sich ja kaum kontrollieren läßt, sondern allein die Handlung. Die Bewahrung der Regeln wird von der Dorfgemeinschaft oder, in Großstädten (auch in Deutschland), der Nachbarschaft kontrolliert und muss folglich kontrollierbar sein" (Özkara, 1988, S. 29f.). Bei den sogenannten „Ehrenmorden" wird von den Tätern neben der Verletzung der Jungfräulichkeit auf den Aspekt „Beschädigung des Rufes der Familie in der Gesellschaft" als Tatmotiv hingewiesen. Ausschlaggebend ist also, was Verwandte, Bekannte und Nachbarn über die Familie denken, wenn eine junge Frau beispielsweise eine uneheliche Beziehung führt.

saygi = Respekt, Achtung: Ein anderer wichtiger Begriff für die Ehre ist Achtung (*saygi*). In der Familienhierarchie werden ältere Brüder mit *abi* (großer Bruder) und ältere Schwestern mit *abla* (große Schwester) angesprochen. Die Ausführungen von Schiffauer (1983) bekräftigen diesen Sachverhalt: „Der Sohn schuldet dem Vater, die Frau dem Mann, der jüngere Bruder dem älteren Achtung. Sie kann ganz unterschiedlich bekundet werden: Der Höherstehende darf nicht mit dem Vornamen angesprochen, ihm darf nicht widersprochen werden, in der Öffentlichkeit muss man in seiner Gegenwart schweigen, man darf nicht in seiner Gegenwart rauchen oder trinken" (Schiffauer, 1983, S. 67f.). Die Verwandten dürfen nicht einfach mit dem Vornamen angesprochen werden, sondern mit dem Zusatz Onkel, Tante oder großer Bruder. Diese Anreden werden in der Regel auch für ältere, fremde, nicht der Familie angehörende Personen verwendet. Auch die für diese Studie durchgeführten Interviews zeigen, dass unabhängig von Bildungsgrad, Geschlecht und Generation die Werte Respekt und Achtung als unantastbare Säulen der muslimischen Community akzeptiert und adaptiert werden. Wie oben erwähnt, gibt es Unterschiede zwischen der Ehre (*namus*) der Frau und der Ehre des Mannes. Wie diese Unterschiede ausgelegt werden, soll kurz geschildert werden.

Die Ehre des Mannes

Bei der Begriffsklärung wurde hervorgehoben, dass die Ehre die Beziehung zwischen Mann und Frau sowie die Grenzen nach innen und außen klärt. Daraus ergibt sich, dass die Ehre des Mannes unmittelbar nach der Eheschließung und wenn er heiratsfähige Töchter hat am verletzlichsten ist (vgl. Kizilhan, 2006. S. 81ff.). Der Besucher eines Anti-Aggressivitäts-Trainings beschreibt einen Aspekt, der in der Literatur kaum Beachtung findet. „Ehre ist schon wichtig, ne. Weil wenn du ein Mann bist, musst du schon Ehre haben. Bei Frauen ist das schon anders. Wenn du eine Freundin hast, und du gehst mit ihr raus, oder du hast gerade geheiratet. Dann schauen die Leute, ne, die Männer, deine Frau oder deine Freundin an. Wenn du nichts tust, dann hast du keine Ehre, du bist schwach. (...) Die anderen Männer machen das schon mit Absicht, die wollen einen testen, provozieren“ (Yasin, 19, Hilfsarbeiter, München). Aus den Ausführungen wird deutlich, dass die Verteidigung der weiblichen Familienmitglieder nicht nur aus der Motivation rührt, die „Schwachen“ zu unterstützen. Es ist darüber hinaus ein Macht- und Kräftemessen zwischen Männern, die auf Kosten der Frauen ihre Stärke und Dominanz nach außen projizieren wollen. Denn ein Mann, der nicht extrem und empfindlich reagiert, wenn seine Frau, Tochter oder Schwester beleidigt oder belästigt wird, würde als ehrlos gelten. Als ehrenhaft gilt ein Mann, der seine Frau verteidigen kann, der Stärke und Selbstbewusstsein zeigt und der die äußere Sicherheit seiner Familie garantierende Fähigkeiten besitzt. Eine Frau, die einen Ehebruch begeht, befleckt damit nicht nur die eigene Ehre, sondern auch die ihres Gatten, weil er nicht Manns genug war, sie davon abzuhalten (vgl. Schiffauer, 1983, S. 33f.) „(...) ein Mann, der seine Frau nicht vom Ehebruch abhalten kann, gilt als schwach und unmännlich, er wird übervorteilt und gerät wesentlich häufiger in Auseinandersetzungen als andere Männer“ (ebd.). Es geht in erster Linie immer darum, die Frauen nach außen hin zu schützen: „(...) die Wahrung ihrer Ehre ist nicht Sache der Frauen alleine, sondern die männlichen Familienangehörigen haben die Aufgabe, Ehrverletzungen ihrer Mutter, ihrer Frau, ihrer Schwestern und Töchter zu ahnden“ (Özkara, 1988, S. 28f.). Weiterhin ist die Ehre des Mannes verletzt, wenn eine unerlaubte Überschreitung der Grenze seines Besitzes stattfindet und er darauf nicht reagiert (vgl. Kizilhan, 2006, S. 81f.), worauf ein anderer Interviewpartner dezidiert verweist: „Stell dir doch vor, jemand kommt und greift dich oder dein Feld oder deine Tiere an. Du musst doch darauf reagieren. Wenn du das nicht machst. Dann kommt doch jeder. (...) Okay, das geht in der Stadt oder in Deutschland nicht, weil man hat kein Feld oder Tiere. Aber wenn man das hat, muss man das verteidigen“ (Yusuf, 45, Gemüsehändler, Dortmund). Hier wird deutlich, dass dieser Bereich der Ehre in Gegenden praktikabel ist, wo der Besitz in Form von Feldern, Nutztieren oder Nutzfahrzeugen sichtbar ist. Im städtischen Kontext, vor allem in Deutschland, ist dieser Bereich der Ehre eine theoretische Variante, wie der Interviewpartner Yusuf bestätigt.

Ein ehrenhafter Mann muss klar und offen zu seinem Wort stehen. Er darf niemals mit „vielleicht“ oder „kann sein“ antworten, denn ein solches

Ausweichen wird als Schwäche gedeutet und wäre nur von einer Frau zu erwarten (vgl. Petersen, 1985, S. 25). „Der Mann muss schon dazu stehen, was er sagt. Hin und Her ist nicht gut. Das wird auch nicht erwartet. Wenn jemand sagt, ich werde das von dir kaufen. Wir machen dann einen mündlichen Vertrag. Dann kommt er morgen und sagt, ‚ich will nicht' dann hat dieser Mann keine Ehre. (...) Natürlich kann man seine Meinung ändern. Bei einigen Männern wird das nicht anerkannt. Sonst kann man keine Geschäfte machen. Aber wenn ein Mann zu Hause seine Meinung ändert oder wenn er für sein Kind oder Frau nichts kaufen kann, obwohl er versprochen hat. Das ist kein Problem" (Hasan, 40, Händler, Berlin). Auch hier wird deutlich, dass der Begriff der Ehre nicht starr ist, sondern in der Praxis an die Gegebenheiten angepasst werden kann. Während „zu seinem Wort stehen" in Geschäfts- und Handelsbeziehungen von großer Bedeutung ist, wird ein Schwanken im privaten Kontext akzeptiert. Denn von zentraler Bedeutung ist die Außenwirkung des Mannes, nicht sein Wort oder Verhalten nach innen.

Darüber hinaus muss ein ehrenhafter Mann willens und in der Lage sein zu kämpfen, wenn er hierzu herausgefordert wird (vgl. Schiffauer, 1983). Diese These wird von einem Interviewpartner, der regelmäßig ein Jugendzentrum im Münchener Westen besucht, bestätigt. „Schau doch mal, das ist doch bei uns muslimischen Männern so. Wenn jemand dich provoziert, zum Beispiel jemand schaut deine Freundin an, dann musst du als Mann kämpfen. Du kannst doch deine Frau nicht einfach so im Stich lassen. Wenn jemand meine Freundin anmacht, dann wird er geschlagen. Und ich kenne ihn nicht mehr. Für mich gibt es ihn nicht mehr. (...) Ich rede doch nicht mit jemand, der meine Ehre verletzt hat. (...) Ich muss doch auf die Ehre achten, was bei uns zu Hause ist, was ich mit meiner Freundin mache, das geht niemanden an. Das ist alles privat, darüber reden die Muslime nicht" (Reza, 17, Auszubildender für Automechanik, München). Demnach sind die Eigenschaften eines ehrenhaften Mannes einerseits Virilität, Stärke und Härte. Er muss auf jede Herausforderung und Beleidigung, die seine Ehre betrifft, reagieren können und darf sich nicht versöhnlich zeigen. Auf der anderen Seite muss er das Geheimnis seines Hauses und seiner Intimität wahren (vgl. dazu ausführlich Bourdieu, 1976). Mit Intimität ist laut Bourdieu die Ehefrau gemeint, die im sehr traditionellen Kontext nicht mit Namen, sondern immer indirekt oder mit Hilfe von Umschreibungen genannt wird, wie *Hanim* (Frau). Im Haus wendet sich der Mann nicht direkt an die Frauen noch zeigt er etwa Zuneigung oder Zärtlichkeit. Wenn im Haus auch der Vater oder der ältere Bruder wohnt, ist dieses Postulat noch strenger. Der Mann ignoriert seine Frau regelrecht (vgl. ebd.). Bourdieu begründet dieses Verhalten damit, dass der Anstand dem Mann verbietet, seine Frau zu erwähnen, da die Frau zu den Dingen gehört, derer er sich schämt, von denen er nicht spricht, ohne sich zu entschuldigen (vgl. ebd.). Bourdieu weiter: „(...) weil die Frau für den Mann von allen Dingen das heiligste ist, wie die üblichen Ausdrücke, die in Schwüren gebraucht werden, es bezeugen: ‚Meine Frau möge mir unerlaubt sein'" (ebd., S. 40f.). Alles, was zur Natur gehört, der Körper und alle organischen Funktionen, das Gefühl und die Affekte, gehört auch zur Intimität, und die Ehre gebietet, all diese Intimitäten zu verschleiern (vgl. ebd.). Diese von Bourdieu beschriebenen strengen Vorstellungen existieren im ländlichen Raum sicherlich auch heute noch. Aber in einer modernen städtischen Kernfamilie ist dies unwahrscheinlich. Krause-Dresbach widerlegt zum Beispiel die These, dass der Mann seine Frau nicht mit dem Namen anspricht oder sie ignoriert (vgl. Krause-Dresbach, 1993, S. 238–267). Auch die jüngeren Interviewpartner widersprechen dem, mit der Begründung, dass es veraltet ist. „Also, dass man, wenn die Eltern da sind, seine Frau nicht mit dem Namen anspricht, das kenne ich nicht. Das habe ich nie gehört, dass die Leute heutzutage so was machen. Das war vielleicht vor dreißig oder vierzig Jahren so. (...) Ja, mit Zärtlichkeiten ist es etwas anders. Also, wie bei Deutschen einfach die Frau oder Freundin küssen, wenn die Eltern oder die Geschwister da sind, das geht natürlich nicht. Das gilt für alle Muslime, egal wie gebildet sie sind oder woher sie kommen. Dann geht doch der Respekt verloren. (...) Ja, Respekt zu den Eltern oder anderen Verwandten" (Gül, 21, Hausfrau, München). Zärtlichkeiten und Küsse gehören in den Bereich der Sexualität und diese ist in Anwesenheit der Eltern, Geschwister oder Verwandten tabu. Neben anderen Gründen spielen für Menekse Cagliyan Achtung und Respekt, wie es oben erläutert wurde, eine entscheidende Rolle. „Da in der türkischen Kultur dem Vater hoher Respekt und Achtung seitens der Kinder entgegengebracht werden muss, befürchten türkische Väter, durch Gespräche über Sexualität die Achtung und den Respekt ihrer Kinder zu verlieren. Respekt und Achtung stellen nämlich eine Distanz zwischen dem Ranghöheren und Rangniedrigen dar" (Cagliyan, 2006, S. 56f.).

Die Ehre der Frau

Schiffauer (1983) und Petersen (1985) führen über die Ehre der Frau das Folgende aus: Die Ehre einer Frau wird darin gesehen, dass sie bis zur Ehe unberührt bleibt. Wenn eine Frau heiratet, muss sie als Jungfrau in die Ehe gehen und ihrem Mann treu sein. Schon ein geringer Verstoß gegen diese sexuellen Normen genügt, um ein Mädchen oder eine Frau in Verruf zu bringen. Die Ehrenhaftigkeit der Frau wird auch an ihrer Schamhaftigkeit festgemacht. Eine Frau ist schamhaft, „(...) wenn sie ihr Haar vor Männern bedeckt hält, vor ihnen ihre körperlichen Funktionen zu verbergen weiß und sich allgemein schüchtern und scheu gegenüber Männern verhält" (Petersen, 1985, S. 11f.). Das Verhalten einer ehrenhaften Frau wird von der Gesellschaft bis ins Einzelne festgelegt. Eine ehrenhafte Frau darf nicht mit fremden Männern sprechen; sie darf auch nicht alleine spazieren gehen oder ohne Erlaubnis des Mannes das Haus verlassen; sie muss die Kleidervorschriften beachten, Arme, Beine und die Haare bedeckt halten, und sie soll in der Öffentlichkeit nicht schreien oder laut sprechen (vgl. Kizilhan, 2006, S. 84f.). Diese Ausführungen beziehen sich auf die traditionellen Wertvorstellungen, die in den Dörfern zu beobachten sind, und können nicht ohne Abstriche auf die Stadt oder bildungsnahe Milieus übertragen werden. Viele Frauen in den Großstädten bewegen sich ziemlich frei, sind selbstbewusster, tragen moderne Kleidung und haben durchaus auch vor der Ehe sexuellen Kontakt zu Männern. Diese Differenziertheit wird auch durch die Interviews bestätigt. „Also, es ist schon wichtig, dass junge Mädchen als Jungfrau in die Ehe eingehen. Aber wenn man sich verliebt und miteinander heiraten möchte, ist das doch nicht so schlimm, wenn man vor der Ehe miteinander schläft. Viele Eltern wissen, dass ihre Töchter einen Freund haben. Und die Eltern wissen, dass man gemeinsam nicht nur Eis essen geht. Es ist halt nicht mehr so wie früher, dass Mann und Frau sich zum ersten Mal in der Hochzeitsnacht gesehen haben. (...) Diese altmodischen Kleider haben auch mit der Ehre nicht zu tun. Man sollte natürlich nicht nackt rumlaufen. Man kann und soll ruhig modisch sein. Auch enge Jeans sind voll cool" (Birsen, 29, Hausfrau, München). Auf die Jungfräulichkeit der Frau wird also – sei es in der Provinz oder in der Großstadt, bildungsnah oder bildungsfern – Wert gelegt. Aber eine Frau wird nicht sofort ausgestoßen oder umgebracht, wenn sie eine intime, sexuelle Beziehung zu einem anderen Mann unterhält. Ist die Option der Eheschließung gewahrt, dulden sogar die Eltern die sexuelle Beziehung ihrer Töchter, wenn der ausgewählte Mann in der Öffentlichkeit hohes Ansehen genießt, berufstätig ist und der gleichen religiösen Richtung angehört.

Anhand von drei Verhaltensmustern erweist sich eine Frau im traditionellen Sinne als ehrenhaft. Im Folgenden wird gezeigt, dass diese Muster nur noch ansatzweise zu erwarten sind. Diese Unterteilung ist zentral, da sich die Täter der sogenannten Ehrenmorde direkt oder indirekt neben dem Aspekt der Jungfräulichkeit auf das Verhalten und den veränderten Lebensstil der Frauen beziehen, die sie als unehrenhaft betrachten.

Die Bedeutung der Haare

Wie beim Themenkomplex Kopftuch deutlich wurde, ist allgemein gültig, dass eine islamische Frau den Kopf bedeckt halten muss – kein einziges Haar darf zu sehen sein, wenn das Kopftuch aus religiösen Motiven getragen wird. Diese Vorschrift wird u.a. damit begründet, dass sie im Koran festgeschrieben ist. Nach der Hochzeit, die auch einen neuen sozialen Status der Frau bedeutet, darf ein „Pony" aus dem Kopftuch herausschauen (vgl. Petersen, 1985, S. 13). Noch ein weiteres Mal kann über das Haar eine Statusveränderung ausgedrückt werden, nämlich nach der Menopause: Dann tragen die Frauen ihre Haare offen oder färben ihre weiß gewordenen Haare mit Henna. Petersen begründet die Strenge des Kopftuches damit, dass offen getragene Haare die Männer sexuell erregen und dass Frauen ihre sexuellen Wünsche offenlegen „(...). hier korreliert die gelockerte beziehungsweise in ihr Gegenteil verkehrte Regel, das Haar immer verborgen zu halten, mit der angenommenen Veränderung der sexuellen Wünsche der Frauen. Alte Frauen (...) können ihr Haar durch Rotfärbung sogar betonen (...) unverheiratete Mädchen – wenn auch indirekt – versuchen, die Aufmerksamkeit von Männern zu erregen, indem sie zum Beispiel das Kopftuch locker tragen." Diese dörflich geprägte Konzeption kann in der Migration und in den Städten den Modernisierungsprozessen nicht standhalten. Ein Interviewauszug bestätigt dies: „Die Sache mit der Ehre und Kopftuch sehe ich anders. Auch viele Freunde von mir denken so. Es ist schon wichtig, wie sich eine Frau so gibt. Aber Kopftuch und Ehre, das sind zwei unterschiedliche Dinge. (...) Eine Frau, ja, die trägt kein Kopftuch, ist aber sehr nett, lügt nicht, hat einen Freund, will mit ihm heiraten. Das ist für mich eine anständige Frau. Aber ich kenne Mädchen mit Kopftuch, die belügen nur ihre Eltern, küssen auch Jungs, die haben für mich keine Ehre. Viel wichtiger ist aber, dass Frauen sauber sind, zum Beispiel keine Haare an den Beinen oder so" (Nurcan, 16, Schülerin, München). Hier wird deutlich, dass Verhalten und Ehrlichkeit Indikatoren für eine ehrenhafte Frau sind, nicht die Bedeckung der Haare. Eine bedeckte Frau aber, die sich ihren Eltern und ihrer Umgebung gegenüber nicht ehrlich verhält, wird als unehrenhaft bezeichnet. Zur ehrenhaften und sauberen Frau gehört auch, dass die Achsel- und Beinhaare rasiert werden; dies gilt auch für die Männer.

Die Bedeckung des Körpers

Nach islamischem Brauch muss der Körper einer Frau so bedeckt werden, dass die körperlichen Eigenschaften nicht deutlich zu erkennen sind. Die Mädchen müssen schon mit drei bis vier Jahren lernen, auf ihre Kleidung zu achten. Spätestens im Alter von elf oder zwölf Jahren (Pubertät) müssen sie ein Kopftuch tragen, und das Haar darf darunter nie offen getragen werden (vgl. ebd.). Die Kleidung bedeckt den ganzen Körper, abgesehen von den Händen und dem Gesicht. Diese Kleidervorschriften, die in den Dörfern Bestand haben, werden in den Städten, zum Beispiel Istanbul, Ankara und Izmir, oder hier in Deutschland aber nicht so streng gehandhabt. Hier dürfen sich junge Mädchen und Frauen ab der Pubertät, spätestens im heiratsfähigen Alter, auch modisch kleiden.

Schamhaftigkeit in Sprache und Gestik

In Gruppen, in denen viele Männer anwesend sind, sprechen die Frauen leiser als üblich; sie rufen nicht laut, wenn Männer in der unmittelbaren Nähe sind. Wenn Männer und Frauen bei Festen tanzen, tun sie das in getrennten Räumen und Gruppen. Diese Verhaltensweisen finden sich ebenfalls am häufigsten in ländlichen Gebieten. Wenn eine Frau und ein Mann sich im ländlich traditionellen Kontext treffen, senken beide den Blick und grüßen sich nicht, auch wenn sie sich kennen. Mit zunehmendem Alter lockern sich die Anforderungen an die Schamhaftigkeit der Frauen. Frauen ergreifen auch in Anwesenheit vieler Männer das Wort, schreien laut und tragen das Kopftuch sehr locker oder überhaupt nicht. Ohne als unehrenhaft zu gelten, widersprechen die Frauen den Männern und machen sogar obszöne Scherze.

Organisation einer intakten Familie

Innerhalb der Familie ist es die (ehrenhafte) Frau, die die Fäden in der Hand hält und darauf achtet, dass sie nicht auseinanderbricht und dass sowohl die Kinder als auch der Ehemann versorgt werden. In konservativ-traditionellen Kreisen ist es undenkbar, dass eine Frau eine Scheidung anstrebt, weil sie dadurch nicht nur den Mann im Stich ließe, sondern auch die Kinder. Die Erhaltung der Ehe ist das oberste Gebot, etwaige Motive für eine Scheidung sind nachrangig. Gewaltanwendung, Missbrauch oder Ehebruch werden zwar als Gründe für eine Scheidung akzeptiert. Aber diese werden von den Frauen aus Schamgefühl, Angst und Respekt selten angeführt.

Ehrenmorde

Um das Phänomen der sogenannten Ehrenmorde besser „verstehen" zu können, wollen wir uns einen solchen Fall einmal näher ansehen. Der Autor dieser Studie hat im Rahmen einer Untersuchung[3] im Jahre 2005 mehrere Interviews mit einem jungen Mann geführt, der einen Anschlag auf seine Schwester verübt hat. Er selber bezeichnete im Vorfeld der Interviews den Anschlag als Ehrenmord, was er, wie auch die Dokumentation zeigt, später revidiert. Als Osman 17 Jahre alt ist, wird er von seinem Vater und dem älteren Bruder beauftragt, seine „Lieblingsschwester" umzubringen. Zwei Gründe legitimieren diesen extremen Schritt aus der Sicht der Männer:

1. In konservativ-patriarchalischen Familienstrukturen steht es der Frau nicht zu, ihren Mann zu verlassen. Die traditionelle Rolle der Frau besteht darin, das Funktionieren der Familie, unabhängig von ihren Bedingungen, zu gewähren.
2. Wird aber die Ehe trotzdem geschieden, weil der Mann seine Frau verlässt, muss die Frau wieder zu ihren Eltern zurückkehren. Denn nur eine verheiratete Frau darf ihr Elternhaus verlassen. Besteht die Ehe nicht mehr, muss sie wieder zu ihren Eltern zurückkehren.

Die Schwester von Osman widersetzt sich diesen Regeln, indem sie ihren Mann verlässt und selbstständig in München wohnt und arbeitet, statt zu ihren Eltern nach Freising zu gehen. Für die männlichen Familienmitglieder sind nicht die Motive der Scheidung von Bedeutung, sondern die Scheidung als Akt, der von der Frau vollzogen wird. Osman äußert sich zu diesem Punkt sehr präzise: „Es kam raus, dass meine Schwester Schluss gemacht hat. Also, ich meine, sie wollte sich scheiden. Bei uns, bei meinem Vater, war die Hölle los, ne. Alle haben gesagt, wie kann sie

---

[3] Toprak, Ahmet: Das schwache Geschlecht – die türkischen Männer. Zwangsheirat, häusliche Gewalt, Doppelmoral der Ehre. 2. Auflage, Freiburg i. Br. 2007.

ihren Mann verlassen oder so. Es hat überhaupt niemanden interessiert, niemand wollte wissen, warum sie Schluss gemacht hat. (...) Sie haben nur gesagt, die hat den armen Mann verlassen, der muss jetzt in die Türkei und so. Die haben über meine Schwester geschimpft. (...) Meine Mutter hat nicht viel gesagt, aber sie war gleiche Meinung. Ich war auch damals dieser Meinung, ne." Bis Ende der 1990er-Jahre galt im Zuge der Familienzusammenführung mit Personen aus Ländern außerhalb der EU, dass eine Ehe mindestens vier Jahre Bestand haben musste, bevor dem zugezogenen Partner ein eigenständiger Aufenthalt zuerkannt wurde. Bei einer Scheidung vor Ablauf dieser Frist muss, wie im Falle von Osmans Schwager, der/die Zugezogene das Land verlassen. Denn der Aufenthalt wegen Familienzusammenführung wird von der Ausländerbehörde nur temporär erteilt. Die Betrachtungsweise der Eltern fokussiert sich auf den Mann, der „leider" das Land verlassen muss, weil die Ehe nicht mehr existiert. Die Beweggründe und Motive der Tochter werden nicht berücksichtigt.

Auf die Frage, warum sein Schwager seine Ehre nicht selbst geschützt habe, gibt Osman die folgende Antwort. „Er konnte ja nicht. Meine Schwester hat ihn angezeigt. (...) Ja, weil er immer meine Schwester geschlagen hat. Er war in Knast wegen gefährlicher Körperverletzung, Nötigung und so. Ja, dann wurde er sofort in Türkei abgeschoben. Er konnte seine Ehre gar nicht schützen, ne." Da der Ehemann aufgrund der Inhaftierung seine verletzte Ehre nicht wiederherstellen kann, sieht sich die Familie in der Pflicht, die Verletzung der Familienehre zu ahnden. Das Hauptmotiv für den Beschluss, die Schwester zu töten, liegt in ihrem freizügigen Lebensstil nach der Scheidung. Sie arbeitet, lebt alleine in München und hat männliche Bekanntschaften, die nicht in eine Eheschließung münden. Dieses Verhalten bringt die Familie in der Community in Erklärungsnot, da es mit der traditionell-ehrenhaften Rolle einer Frau nicht kompatibel ist. Warum ausgerechnet Osman den Mordanschlag ausführen musste, schildert er wie folgt. „Irgendwann stand fest, dass man was machen muss. Wir mussten auf alle Fälle unsere Familienehre schützen. Ganz Freising hat über uns gesprochen. Alle haben über uns schlecht geredet. Das Mädchen der Familie (...) lebt in München, hat viele Freunde, geht halbnackt auf die Straße und keiner macht was. Die Leute haben nicht mehr mit uns geredet, weil meine Schwester unehrenhaft ist. Dann war mein Onkel da, der kam aus Stuttgart, hat mit meinen Vater gesprochen. Die Freunde von meinem Vater haben gesagt, man muss was tun, die Ehre sauber machen und so. (...) Dann haben viele gesagt, ich soll machen, ich bin jung, ne. Und ich wollte schon machen, ich hab mein Schwester schon gemocht, sie hat Scheiße gemacht. Ich hab damals so gedacht, weißt du.“ Eine Analyse des gesamten Interviews ergibt die folgende Chronologie, die in dem Beschluss zu einem Mordanschlag „im Namen der Ehre“ mündet:

- Die junge Frau verlässt den Ehemann und bricht mit ihrer Familie, indem sie nicht ins Elternhaus zurückkehrt, sondern in einer Großstadt selbstständig lebt.
- Dieses Verhalten der Tochter wird in der Community und im Verwandtenkreis ausnahmslos abgelehnt, aber intern zunächst geduldet. Um Härte, Unnachgiebigkeit und Kompromisslosigkeit zu demonstrieren, wird die Tochter vom Vater öffentlich verstoßen. Er verbietet allen Familienmitgliedern den persönlichen und telefonischen Kontakt mit ihr.
- Der Vater demonstriert damit Stärke und gewinnt in der Öffentlichkeit an Ansehen und Respekt, indem er auf diese Weise das Fehlverhalten der Tochter offiziell missbilligt.
- Dem Vater und anderen Familienmitgliedern kommen Wahrheiten und Halbwahrheiten über den Lebensstil der Tochter in München zu Ohren. Diese Gerüchte werden nicht überprüft, sondern allein der Umstand, dass sie existieren und die Familie mit negativen „Schlagzeilen“ in der Öffentlichkeit steht, zählt.
- Der Vater gerät von allen Seiten unter Druck und Zugzwang, weil die Tochter ihr Verhalten nicht ändert und ihre Verstöße fortlaufend an ihn herangetragen werden.
- Andere Familienmitglieder und enge Verwandte beraten, was für eine Maßnahme ergriffen werden muss, um die Familienehre wiederherzustellen sowie den Gerüchten ein Ende zu bereiten. In einer solchen Runde wird meistens der Vater unter Druck gesetzt, bis eine „adäquate“ Maßnahme, in diesem Falle der Mordanschlag, ergriffen wird.
- Häufig wird die Tat selbst an die minderjährigen (männlichen) Familienmitglieder delegiert, weil bekannt ist, dass das deutsche Strafrecht für Jugendliche „lediglich“ eine Höchststrafe von zehn Jahren vorsieht. Entscheidend ist nicht, welches männliche Familienmitglied den Anschlag verübt, sondern dass die Familie reagiert. Die Strafe, die der Täter auf sich nimmt, muss im Sinne der „Schadensbegrenzung“ so gering wie möglich ausfallen.
- Der Minderjährige, in diesem Falle Osman, wird unter Druck gesetzt. Ihm wird suggeriert, dass er als Märtyrer der Familie in die Geschichte

eingehen wird, wenn er sich für die Familie aufopfert. Bei Osman wird darüber hinaus mit einem weiteren Tatbestand argumentiert, nämlich mit der Liebe und dem Vertrauen zu seiner Schwester. Beides hat sie durch ihr Verhalten zerstört und kann nur mit rigider und entschlossener Ahndung wiederhergestellt werden.

Osman bleibt kein Spielraum für eine eigene Entscheidung, sondern sie wird vom Kollektiv beziehungsweise vom Vater bestimmt und vorgegeben. Weigert er sich, diesen Beschluss in die Tat umzusetzen, schadet er nicht nur sich selbst, sondern ein weiteres Mal seinem Vater, dem in diesem Fall erneut eins seiner Kinder den Gehorsam und die Loyalität verweigern würde. Die Relation zwischen dem Fehlverhalten und dem Strafmaß wird nur mit dem aktuellen Verhalten der Tochter (uneheliche sexuelle Beziehung zu Männern) begründet, das den Mordanschlag rechtfertigt.

Um die Ehre der Familie wiederherzustellen, reist Osman im Jahre 1994 kurz vor seinem 18. Geburtstag mit einem Messer nach München und passt seine Schwester vor ihrer Haustür ab. Als er auf sie einzustechen versucht, stolpert er und trifft sie am Oberschenkel, worauf die beiden zu Boden stürzen. Die Schwester fängt sich schnell und schreit um Hilfe. Daraufhin läuft Osman weg, weil sehr viele Menschen sich um seine Schwester bemühen. Zwei Stunden nach dem Attentat wird Osman in der Nähe von Freising verhaftet und bleibt bis zu seiner Verhandlung ein halbes Jahr in Untersuchungshaft. Aus einem Auszug des Interviews wird allerdings deutlich, dass er nicht ernsthaft beabsichtigt hat, seine Schwester umzubringen. „Ich war am Morgen in München. Wir wussten, wann sie in die Arbeit geht und wann sie von der Arbeit kommt. Morgen war besser, weil auf der Straße nicht viel los war als am Abend. (…) Dann stand ich vor dem Haus. Ich war schon aufgeregt. Das ist ja meine Lieblingsschwester, sie hat für mich gesorgt, sie war wie eine Mutter für mich. Aber, ich habe gedacht, wenn du das nicht machst, dann ist die Ehre nicht mehr in Ordnung. Mein Vater hat dann Probleme, seine Kinder haben keine Ehre. Auch sein Sohn hört nicht auf ihn. Ich bin dann zu ihr, ich war sehr langsam. Dann habe ich mein Messer rausgezogen. In dem Moment hat sie sich umgedreht, ich habe voll Angst bekommen. Also keine Angst, sondern, ich habe gedacht, wie kannst du jetzt deine Schwester umbringen, die ist doch deine Mutter. Dann hab ich an die Familie gedacht und wollte sie abstechen. Dann bin ich halt gestolpert und hab sie nicht getroffen. (…) Ich glaub schon, dass ich sehr aufgeregt war. Vielleicht wollte ich gar nicht töten, aber zumindest versuchen." Dieser Auszug belegt, dass Osman nicht ernsthaft in Erwägung zog, seine Schwester umzubringen. Der Mordversuch war eine Lösungsvariante, um einerseits der Community und dem Vater zu beweisen, dass die Familie entschlossen und handlungsfähig ist, andererseits aber gleichzeitig die Schwester doch am Leben zu lassen.

Nach der halbjährigen Untersuchungshaft wird Osman in der Hauptverhandlung in München zu zwei Jahren Jugendstrafe wegen gefährlicher Körperverletzung verurteilt, deren Vollzug zur Bewährung ausgesetzt wird. Seine Schwester hat mit ihrer Aussage wesentlich dazu beigetragen, dass er nicht wegen versuchten Mordes verurteilt wurde. Unmittelbar nach der Haftentlassung wird er in seiner Familie und der näheren Umgebung als Held gefeiert und heiratet kurze Zeit später seine Cousine aus dem Heimatdorf seiner Großeltern. Die Zeit nach seiner Haftentlassung beschreibt Osman wie folgt: „Nach der Verhandlung in München konnte ich sofort gehen. Alle waren da, mein Bruder, meine Mutter, die Verwandten, alle. Nur mein Vater war nicht da, er war in der Arbeit. (...) Die haben alle applaudiert, als ich gehen konnte. (...) Ich war dann in Freising, alle haben mich gegrüßt. Die haben gesagt, ‚hast du gut gemacht. Du hast die Ehre eurer Familie gerettet. Du hast es gemacht, das ist wichtig' und so weiter. Alle hatten Respekt vor mir. Mein Vater hat auch gesagt, ‚ich bin stolz auf dich, Junge'. (...) Das war damals schon cool, wenn alle Respekt vor dir haben."

Nach der Eheschließung mit der Cousine ändert sich Osman kaum. Durch den Umstand, dass er aus dem Mordanschlag auf die Schwester gestärkt herauskommt, unterdrückt und schlägt er seine junge Frau und seine beiden Kinder regelmäßig. Er kommt selten nach Hause, kümmert sich nicht um seine Frau und die Kinder, trifft in seiner Freizeit seine Freunde, hat mehrere Affären mit anderen Frauen und besucht regelmäßig Bordelle und Diskotheken. Acht Jahre nach dem Mordanschlag, im Jahr 2002, vollzieht sich ein Wandel. Osman beginnt sich mit dem Mordanschlag intensiv auseinanderzusetzen. Anlass dafür war eine zufällige Begegnung mit seiner Schwester in München. Bis zu diesem Zeitpunkt hatte kein Familienmitglied Kontakt zu ihr, ihr Name wird nicht erwähnt und bei der Anzahl der Kinder wird sieben statt acht angegeben. Nach mehreren Gesprächen mit der Schwester erfährt Osman, dass sie keine Wahl hatte, als ihren Mann zu verlassen und nach München zu gehen. Eine Rückkehr ins Elternhaus kam für sie nicht in Betracht, weil sie regelmäßig von ihrem Vater geschlagen und sexuell missbraucht wurde. Osman schildert in einem Münchener Café unter Tränen und Weinkrämpfen die Versöhnung mit seiner Schwester. „Sie hat mir gesagt, warum sie nicht nach Hause kann. Ich war total baff. Ich konnte erst gar nicht glauben. Ich hab ihr natürlich geglaubt, aber ich konnte mir nicht vorstellen, dass mein Vater so ein Arschloch ist. Also, sie hat mir gesagt, dass ihr Mann sie immer geschlagen hat. (...) Sie war keine Jungfrau. Deshalb hat er sie immer geschlagen, beleidigt und immer als *orospu*[4] bezeichnet. Er hat immer zu ihr gesagt, wie viele Männer sie schon hatte, wie viele Männer sie schon gefickt haben und solche Sachen. (...) Ja, sie konnte das nicht mehr aushalten. Dann hab ich ihr gesagt, dass ihr Mann recht hatte, weil sie nicht mehr Jungfrau war. Ich hab gesagt, ich hätte meine Frau auch geschlagen. Das macht jeder Mann so. Dann hat sie mich aber gefragt, warum sie nicht Jungfrau war. (...) Ja, dann sagt sie mir, dass der Vater sie immer vergewaltigt hat. Schon als Kind hat er sie zum Sex gezwungen. (...) Ich konnte das nicht glauben. (...) Ja, dann war ich bei meiner Mutter. Ich habe sie gefragt, was sie dazu sagt. Sie hat überhaupt nichts gesagt, weder ‚ja' noch ‚nein'. Sie hat das die ganze Zeit gewusst und hat mein Vater gedeckt. Dann bin ich wieder zu meiner Schwester und hab sie umarmt. Seitdem sind wir nicht nur Geschwister, sondern Freunde. Mit anderen rede ich nicht mehr. Ich bin der Einzige, der mit meiner Schwester redet."

Hier wird die Doppelmoral der Ehre sehr deutlich: Der Vater verhält sich unehrenhaft, indem er seine Tochter nicht nur schlägt und demütigt, sondern auch sexuell missbraucht. Die Tochter traut sich nicht, ihren Vater anzuzeigen, weil einerseits niemand ihr glauben würde und andererseits sie ihren Vater in der Öffentlichkeit nicht schwächen möchte. Der Vater steckt in einem Dilemma, als beschlossen wird, dass die Tochter umgebracht werden soll. Verhielte er sich zurückhaltend und passiv, würde sein Bild in der Öffentlichkeit beschädigt. Wenn er die Wahrheit erzählt, würde er erst recht als unehrenhafter und gewalttätiger Mann sein Ansehen und die Achtung der anderen verlieren. Denn sexuelle Übergriffe innerhalb der Familie sind absolut tabu und werden nicht verziehen; der Täter wird geächtet. Statt sich seinen Taten zu stellen, opfert der Vater seine Tochter für die Aufrechterhaltung des Scheins.

Nach den Gesprächen mit der Schwester bricht Osman mit seiner Familie, ohne darüber mit seinem Vater und dem Bruder zu sprechen. Er ist davon überzeugt, dass seine Schwester die Wahrheit sagt und sein Vater

---

[4] Nutte, Hure

alles abstreiten wird. Zum Zeitpunkt der Interviews (mit ihm wurden zwei Gespräche geführt) bestätigt ihm seine Mutter die Aussagen der Schwester.

Um die Hintergründe für diese Tat und das Verhalten der Familie zu „verstehen", könnte es hilfreich sein, die Familienverhältnisse näher kennenzulernen.

Osmans Eltern stammen ursprünglich aus der Region um die Küstenstadt Trabzon. Die Stadt liegt am östlichen Ende des Schwarzen Meers und ist u.a. als große Hafenstadt bekannt. Das Heimatdorf der Eltern liegt ca. 70 Kilometer von der Stadt entfernt. Die gesamte Schwarzmeerküste ist dafür bekannt, dass die Bevölkerung sehr mobil ist. Die Menschen gehen nicht nur ins Ausland, um zu arbeiten, sondern sind auch über das gesamte Land verteilt. Nach Angaben von Osman leben im Heimatdorf seiner Eltern nur noch ca. 1.000 Menschen, bis vor 15 Jahren waren es noch knapp 2.000. Nicht nur die Menschen im Dorf, auch die Stadtbevölkerung ist konservativ geprägt. Im Dorf gibt es zwei große Moscheen, die auch rege besucht werden. In den ländlichen Gebieten herrscht große Arbeitslosigkeit. Eine genaue Statistik, wie hoch sie tatsächlich ist, existiert nicht, weil die Menschen sich nicht registrieren lassen. Die meisten leben von der Landwirtschaft oder gehen in den Sommermonaten als Saisonarbeiter in den reichen Süden oder Westen. Im ländlichen Trabzon wird sehr auf die Tradition geachtet. Zwei Parallelwelten leben hier nebeneinander: zuhause die Frauen in ihrer traditionellen Rolle als Mutter und Hausfrau, die Männer als Versorger und Ernährer der Familie sind nach außen gerichtet. Obwohl es im Dorf eine Grundschule gibt und etwa gleich viele Mädchen und Jungen, schließen viel weniger Mädchen die Grundschule ab. Osman begründet das damit, dass die Väter ihre Töchter von der Schule nehmen, sobald sie einigermaßen lesen und schreiben können. Schließlich müssen die Mädchen im Dorf nicht arbeiten und finanziell für die Familie sorgen, deshalb bräuchten sie auch keine gute Schulbildung, so die Argumentation von Osman, die er von seinem Vater übernommen hat. Vor der Migration nach Deutschland arbeitet Osmans Vater als Landwirt und Saisonarbeiter. Bis Ende der 1960er-Jahre hat er vier Töchter, was ihm nicht gefällt. In dieser Gegend zählen Söhne mehr, außerdem gilt es als Ausweis von Männlichkeit, der Vater eines Sohnes zu sein. Er setzt seine Frau unter Druck, sie solle einen Sohn gebären, ansonsten nähme er sich eine zweite Frau. Als er endlich doch Vater eines Sohnes wird, nimmt er Abstand von diesem Vorhaben. Im Laufe der Jahre kann der Vater für die siebenköpfige Familie nicht ausreichend sorgen und geht erst nach Ankara und später nach Istanbul, um andere Finanzquellen zu erschließen.

Nachdem der Vater drei Jahre lang in Istanbul und Ankara in unterschiedlichen Bereichen gearbeitet hat, kehrt er wegen Heimweh wieder zurück. Das Geld, das er verdient, reicht für den Unterhalt der Familie nicht aus. Seine Frau erzählt ihm, dass viele Männer aus dem Dorf nach Deutschland gefahren sind, um schneller Geld zu verdienen. Er solle sich im Dorfcafé informieren und gegebenenfalls nach Deutschland gehen. Die damals siebenköpfige Familie lebt am Rande des Existenzminimums und der Vater kann sich nicht einmal die Reise nach Istanbul oder Ankara für die nötige Gesundheitskontrolle leisten. In der Migration sieht der Vater die letzte Möglichkeit zur Absicherung seiner Familie und leiht sich das Geld für die Reise nach Ankara von Verwandten und Bekannten. Hier besteht er die Gesundheitskontrolle, doch bevor er ausreisen kann, muss er nochmals warten: Er arbeitet ein halbes Jahr auf dem Bau und spart für die Zugfahrkarte nach Deutschland. 1971 schließlich erreicht Osmans Vater München und bekommt einen Wohnheimplatz im Norden der Stadt. Mit seinen Mitbewohnern versteht er sich nicht sehr gut, weil sie eine andere Mentalität haben. Aus einem Brief seiner Frau erfährt er von einem Bekannten, der in Freising arbeitet. Er nimmt Kontakt zu ihm auf, bemüht sich dort um eine Anstellung und zieht ein Jahr später nach Freising. Nach dem Erlass des Anwerbestopps von 1973 holt er seine Familie nach. Er mietet eine große, aber günstige Wohnung in Freising. In diesen Jahren bewohnen Gastarbeiter oft Wohnungen ohne Badezimmer, bei denen die Toiletten mit den Nachbarn geteilt werden müssen. In Freising kommen Osman (1976) und eine weitere Schwester (1978) zur Welt. Osmans Mutter ist Analphabetin, hat in Deutschland selten gearbeitet und spricht kaum Deutsch. Osmans Vater hat in der Türkei die Grundschule abgeschlossen, hat kontinuierlich bis 2001 in Freising gearbeitet und spricht gebrochen Deutsch. Sowohl die fünf Schwestern von Osman als auch er und sein älterer Bruder schließen Ehen, die von den Eltern nach traditionellen Vorgaben arrangiert wurden.

Einen Kindergarten besucht Osman nicht, da sich die Familie das erstens nicht leisten kann und sich zweitens die Mutter oder die älteren Schwestern um ihn kümmern können und sollen. Die Erziehung der Kinder sei die Aufgabe der Familie und der Besuch eines christlich geprägten Kindergartens habe eine negative Auswirkung auf die türkischen Kinder, so Osman. Weil er aufgrund seiner mangelnden Deutschkenntnisse nicht regulär eingeschult werden kann, besucht Osman zunächst eine Übergangsklasse. Innerhalb eines Jahres lernt er zwar ausreichend Deutsch, aber er bringt in der Grundschule stets schlechte Leistungen und wird von der Klassenlehrerin in eine Förderschule empfohlen. Auf Druck des älteren Bruders kommt er dennoch in eine Hauptschule. In seiner Klasse sind über fünfzig Prozent der Kinder ausländischer Herkunft, überwiegend aus der Türkei. Das Wiederholen der sechsten Klasse bezeichnet Osman als Schlüsselerlebnis, weil er danach allen beweisen möchte, dass er kein „dummer Junge" ist. Er beschäftigt sich intensiver mit der Schule und schließt die Hauptschule mit einem Notendurchschnitt von 1,7 ab. Seine Abschlussnote wäre sogar noch besser geworden, wenn es nicht das Problem mit der Schwester gegeben hätte, so rechtfertigt Osman sein „schlechteres Abschlusszeugnis". Mit 17 beginnt er 1993 eine Lehre als Auto-Mechaniker, die er aber nicht abschließt.

Die Söhne der Familie haben in Deutschland alle Freiheiten, beide Jungen werden nur wenig reglementiert. Die fünf Schwestern stehen dagegen unter der scharfen Beobachtung des Vaters beziehungsweise des älteren Bruders. Jeder Schritt, jeder Kontakt wird vom Vater oder Bruder genau registriert. Obwohl Osman seine Freizeit außerhalb des Hauses verbringen kann, nutzt er dieses Privileg nicht oft. Mit zweien seiner Schwestern versteht er sich sehr gut und erledigt mit ihnen die Einkäufe oder die Hausaufgaben. Schon bald missfällt dem Vater die enge Beziehung und er meldet Osman beim örtlichen Fußballverein an. Hierdurch will er seinem Sohn den Zugang zur Männerwelt erschließen. Osman trainiert zwar zweimal die Woche, aber er behält auch den Kontakt zu seinen beiden Schwestern. Vor allem die ältere der beiden Schwestern ist für ihn wie eine Mutter, weil sie ihn zum großen Teil erzogen hat. Die Beziehung zwischen ihnen ist liebevoll und von gegenseitigem Respekt und von Achtung gekennzeichnet. Erst in der Adoleszenz löst sich Osman langsam von seiner Schwester und orientiert sich stärker nach außen. Er trifft sich öfter mit seinen Freunden vom Fußballverein und besucht Diskotheken. Nach der Eheschließung mit seiner Cousine nimmt er sich vor, abends nicht mehr wegzugehen. Als die Familienzusammenführung sich verzögert, lässt er sich von seinen Freunden zu einem Bordellbesuch überreden, schließlich sei das die letzte Gelegenheit, bevor er sich endgültig bindet. Von 1995 bis 1999 wohnt Osman mit Frau und Sohn bei seinen Eltern in Freising, bis sein zweites Kind (eine Tochter) auf die Welt kommt. In den ersten vier Jahren verbietet er seiner Frau jeglichen Kontakt zur Außenwelt. Sie ist für den gesamten Haushalt seiner Eltern zuständig. Einen Deutschkurs besucht sie erst seit einem halben Jahr, weil sie unbedingt arbeiten möchte. Im Jahre 2002 löst sich Osman endgültig von seinen Eltern und gibt seiner Frau mehr Freiheiten als vorher. Mittlerweile darf sie sich mit anderen Frauen treffen und ihr Kopftuch ablegen, wenn sie das möchte.

Der Vater vertritt die Familie nach außen und wird dabei von seinem älteren Sohn unterstützt. Die Mutter und die Töchter haben wenig Einfluss auf die beiden Männer und dürfen auch nicht arbeiten. Der Vater verbietet allen fünf Töchtern eine Berufsausbildung und verheiratet sie ziemlich früh. Vor allem dem ältesten Sohn obliegt die Kontrolle der weiblichen Familienmitglieder, Osman wird nach und nach an diese Rolle herangeführt. Der Vater ist mit Osmans Verhalten nicht immer zufrieden, weil er zu sehr die Nähe seiner Schwestern sucht. Daher fürchtet der Vater, dass sich männliche Eigenschaften wie Härte und Entschlossenheit nicht ich dem von ihm gewünschten Maße entwickeln. Die Töchter und die Mutter sind ausschließlich mit dem Haushalt und der Kindererziehung beschäftigt, die Männer mit der finanziellen Absicherung der Familie.

Gewalt wird in der Familie von Osman als Disziplinierungsmaßnahme bewusst eingesetzt. Er beobachtet in seiner Kindheit oft, dass sein Vater die Mutter und die Schwestern oder seine Mutter die Töchter schlägt. Als Kind bekommt Osman von seinem Vater häufig Schläge, das lässt erst in der Pubertät nach. Verbale Gewalt, in Form von Beschimpfungen und Beleidigungen, erfährt er von seinem Bruder und Vater regelmäßig, bis er heiratet. Bis 2002 hat Osman, wie er berichtet, seine Frau regelmäßig mit Ohrfeigen und Tritten traktiert, jetzt habe er sie aber seit mindestens drei Jahren nicht mehr geschlagen.

Ebenfalls bis 2002 bestand die Ehre für Osman darin, dass Frauen nicht negativ auffallen und sich in der Öffentlichkeit zurückhalten, damit sie nicht von anderen Männern angesprochen werden. Eine nach außen intakte Familie verkörpert den Wert der Ehre, vor allem die der Männer. Nach den Gesprächen mit seiner Schwester definiert er Ehre aber anders: Es geht nicht mehr um das Verhalten der Frauen, sondern um den gegenseitigen Respekt und die Anerkennung beider Geschlechter. Der Maßstab der Ehre ist nun für beide Geschlechter der gleiche und gerade Männer, die ihre Ehefrauen schlagen und betrügen, bezeichnet er als ehrlos.

Die Funktion der Ehre oder Ehre im Wandel

Nicht nur die Interviewauszüge und der beschriebene Einzelfall können als Beleg dafür gelten, dass der Begriff Ehre nicht statisch ist und gegebenen Lebensbedingungen angepasst oder modernisiert werden kann, sondern auch die einschlägige Literatur beschreibt dies (vgl. dazu exemplarisch Schiffauer, 2008, S. 22ff.). An diesem Einzelfall wird darüber hinaus deutlich, dass der sogenannte Ehrenmord sich in Wahrheit nicht aus der verletzten Ehre ergibt, sondern dass die Straftaten des Vaters mit dem Mord überdeckt werden sollen. Das Fehlverhalten des Vaters darf auf keinen Fall an die Öffentlichkeit gelangen. Bei Osman kann festgestellt werden, dass er sich vom klassischen Konzept der Ehre distanziert und für beide Geschlechter den gleichen Maßstab anlegt. Die Migranten der ersten Generation, die vor allem aus den ländlichen Gegenden der Türkei nach Deutschland ausgewandert sind, legen großen Wert auf den Begriff der Ehre. Dieser wird allerdings aufgrund der Migration, persönlicher Erfahrungen und durch den fehlenden Druck durch die Community gelockert.

Wie bei der Begriffsklärung erläutert, basiert Ehre für die Familie von Osman auf den traditionellen Bereichen: Sexualität, Verhalten der Frauen und Außenbild der Familie. Die Eltern, vor allem der Vater, legen großen Wert darauf, dass die Ehre der Familie gewahrt bleibt. Was Ehre genau bedeutet, wird den Kindern nicht erklärt, maßgebend ist ein bestimmter Verhaltenskodex. Das scheint zunächst gut zu funktionieren, da die Kinder sich an die Vorgaben der Eltern halten. Als die Tochter nach der Scheidung von ihrem Mann aber nicht ins Elternhaus zurückkehrt und sich für ein selbstständiges Leben in einer anderen Stadt entscheidet, wird der Ehrverlust im traditionellen Sinne in der Öffentlichkeit sichtbar. Das Bild der scheinbar intakten und „ehrenhaften“ Familie wurde lange gewahrt, da alle Beteiligten, die von der Vergewaltigung der Tochter durch den Vater wussten, geschwiegen haben. Ob außer der Mutter andere Familienmitglieder von dem Missbrauch wussten, konnte mit dem Interviewpartner nicht geklärt werden. Die Familie von Osman stammt aus einer Gegend, in der Traditionen hochgehalten werden. Aber die Wahrung bestimmter Normen und Werte basiert auf sozialer Kontrolle. Diese strikte soziale Kontrolle hat in den ländlichen Gebieten, wo Polizei und Justiz sowie andere Institutionen (Schulen oder Jugendämter) nicht präsent sind, für sozialen und rechtlichen Frieden gesorgt. Sie bezieht sich nicht nur auf den Besitz der Familie und die Unantastbarkeit der einzelnen Familienmitglieder, sondern auch auf die Sexualität und das allgemeine Verhalten der Frauen in der Öffentlichkeit. Diese allgemein gültigen, aber nicht niedergeschriebenen Regeln funktionieren dort deshalb gut, weil sie erstens von allen Mitgliedern eines Dorfes respektiert und beachtet werden und zweitens die soziale Kontrolle auf dem Land so engmaschig ist, dass ein Fehlverhalten unmittelbar ermittelt und sanktioniert werden kann. Durch die Migration verliert die Ehre in diesem Sinne ihre Bedeutung, weil die auf sozialer Kontrolle basierenden Regeln aufgrund der Anonymität in der Großstadt, der fehlenden Community mit denselben Normen und Werten und der deutschen Umwelt nicht umgesetzt werden können. Der Begriff der Ehre wird auf die Sexualität der Frau reduziert, weil das Verhalten der Frau ein kontrollierbarer Bereich zu sein scheint. Genau an diesem Punkt setzt auch unser Fallbeispiel an: Die „außer Kontrolle geratenen" Männerbekanntschaften der Tochter werden dem Vater hinterbracht. Von der Community wird erwartet, dass er „angemessen" reagiert. Diesen Anspruch erfüllt er zunächst, indem er seine Tochter verstößt. Nicht nur in diesem, sondern auch in vielen anderen Fällen wird die verletzte Ehre als Motiv angegeben, um eine Tat zu legitimieren. In diesem Fall wollte der Vater mit der Tötung der Tochter jedoch seine eigenen Taten überdecken. Das heißt, das Motiv der Ehre wird missbraucht, um eigenes Fehlverhalten zu vertuschen. Aus dem Interview mit Osman geht hervor, dass der Vater nach dem Verstoßen der Tochter keine weiteren Maßnahmen ergreifen wollte. Das ändert sich erst durch die Einmischung der Verwandtschaft. „Also, mein Vater hat gesagt, ich habe keine Tochter mehr, und das war für ihn vorbei. Es war auch für meinen Vater nicht so schlimm, wenn die Leute über meine Schwester schlecht gesprochen haben. Es waren auch nicht so viele Leute. Die meisten Verwandten wohnen ja woanders. Aber er hat auch nie probiert, dass meine Schwester nach Hause kommt. Das war schon irgendwie komisch. Er hat gesagt, er hat keine Tochter. Nach diesem Besuch von mein Onkel hatte er Panik. Er hat dann sofort gesagt, das muss passieren" (Osman). Aus der Aussage, er habe keine Tochter, kann abgeleitet werden, dass das neue Lebenskonzept der Tochter, wenn auch indirekt, akzeptiert beziehungsweise geduldet wird. Denn die sozialen Beziehungen und die soziale Kontrolle sind in Deutschland nicht so intensiv wie im Heimatdorf. Der Vater steht durch die Anonymität einer Stadt in Deutschland nicht unter ständiger Kontrolle, Beobachtung und Erklärungsnot. Durch den Besuch des Onkels gerät der Vater in Panik, da er befürchtet, dass durch andere

Interventionsmaßnahmen durch die Verwandten, wie zum Beispiel Versöhnung und Rückkehr ins Elternhaus, sein Fehlverhalten ans Tageslicht gelangen wird.

Resümee

Es konnte herausgearbeitet werden, dass der Wert der Ehre sehr komplex ist. Die Ehre der Frau hängt davon ab, ob sie als Jungfrau in die Ehe geht und ihrem Mann treu ist. Es wurde aber auch gezeigt, dass dieser Wert stark im Wandel ist. Vor allem kann festgehalten werden, dass Männer, die in der Öffentlichkeit keinen großen Einfluss und kein Prestige haben, über die Kontrolle der Frauen ihre Macht demonstrieren wollen, das heißt die Verteidigung der Ehre (der Frau) wird zu einer Machtoption der Männer. Männer, die Ansehen und Anerkennung durch Bildung, Beruf oder materiellem Erfolg haben, verbinden die Ehre einer Frau nicht mit ihrer Jungfräulichkeit. Für sie ist es wichtiger, dass Ehre im Sinne von Denken, Fühlen und Leben für beide Geschlechter denselben Wert hat. Ehre, die sich auf die Gestik, Mimik und Kleiderordnung der Frau bezieht, ist in der Form, wie es in der älteren Literatur beschrieben und analysiert wird, kaum noch zu beobachten. Da die Autoren (wie z. B. Schiffauer, Petersen, Bourdieu oder Özkara) ihre Theorien und Analysen auf die ländlich geprägten Gebiete der Herkunftsländer beziehen, ist anzunehmen, dass diese Form des Ehrverständnisses den ruralen Kontext betrifft und im urbanen Zusammenhang, auch in den Herkunftsländern, nur noch selten vorkommt. Einige Bereiche der Ehre, wie zum Beispiel die Verteidigung des sichtbaren Besitzes (Vieh oder Felder), bleiben auf der theoretischen Ebene, da sie im urbanen Kontext und verbunden mit der Migration an Bedeutung und Legitimation verlieren. Bei den sogenannten „Ehrenmorden“ ist das Motiv nicht – wie es auf den ersten Blick scheint – unbedingt kulturell begründet. Nicht nur das Fallbeispiel, sondern auch andere Fälle zeigen, dass die Täter zwar Ehre als Motiv angeben, bei einer genaueren Analyse aber persönliche Motive wie Eifersucht, Missbrauch, Minderwertigkeitskomplexe oder Macht eine wichtigere Rolle spielen. Ehre dient häufig als Legitimationsgrundlage für das eigene Fehlverhalten.

Zwangsehe

Um das Phänomen der sogenannten Zwangsverheiratung verstehen zu können, muss zunächst der Begriff der arrangierten Ehe geklärt werden. Denn während die Zwangsverheiratung, also die durch subtilen oder offensichtlichen Druck beziehungsweise durch Gewaltandrohung und -anwendung herbeigeführte Eheschließung, in großen Teilen der muslimischen Community abgelehnt wird, findet die Form der arrangierten Ehe zuweilen breiten Zuspruch.

Die Brautwerbung beziehungsweise die arrangierte Ehe im traditionellen Kontext

Ein junger Mann im heiratsfähigen Alter, in der Regel nach dem Militärdienst oder nach Abschluss seiner Berufsausbildung, wird vom Vater oder der Mutter gefragt, ob er sich Gedanken darüber gemacht hat, wen er heiraten will. Wenn der Sohn sich bereits entschieden hat, teilt er seine Entscheidung der Mutter mit, damit die Familie als Brautwerber um die Hand des Mädchens anhalten kann. Wenn die Familie mehrere Söhne hat, wird darauf geachtet, zuerst den ältesten Sohn zu verheiraten. Nur in Ausnahmefällen, wenn der ältere Bruder krank ist oder sich in einer Berufsausbildung befindet, kann sein jüngerer Bruder vor ihm heiraten. Vielerorts gilt diese Reihenfolge nur für gleichgeschlechtliche Geschwister, eine jüngere Schwester kann ohne Rücksicht auf die Reihenfolge heiraten, wenn ein adäquater Brautwerber um ihre Hand anhält. Diese Regel gilt auch in umgekehrter Weise: Ein jüngerer Sohn kann vor einer älteren Schwester verheiratet werden. Wenn sich der älteste Sohn noch nicht entschieden hat, beginnt die Familie (Mutter, Schwester, Oma oder Tante), eine geeignete Braut für ihn zu suchen. In dieser Phase der Brautschau – im Türkischen *görücü usulü* – werden zuerst Mädchen aus der Nachbarschaft, dem Bekanntenkreis und der Verwandtschaft mit demselben Glauben in Erwägung gezogen (vgl. Gartmann, 1981, 67f.). Es werden Mädchen bevorzugt, die in der Gesellschaft einen guten Ruf genießen (das Mädchen darf nicht verlobt oder mit einem Mann befreundet sein, muss sich gegenüber älteren Personen und Gästen respektvoll verhalten, soll fleißig und zurückhaltend sein und ein freundliches Wesen haben). Helene Gartmann (1981) beschreibt die ersten Besuche der Brautwerberinnen wie folgt: „Bei den Besuchen im Hause des Mädchens achten die Brautschauerinnen besonders auf das Verhalten des Mädchens, u.a. wenn es den Gästen etwas zu trinken anbietet. Wenn es zum Beispiel die Reihenfolge beim Servieren, wonach zuerst den älteren Gästen und danach den jüngeren angeboten werden muss, nicht einhält oder beim Verlassen des Raumes den Gästen den Rücken zuwendet, sehen dies die Brautschauerinnen als Respektlosigkeit an und nehmen von ihrem Vorhaben Abstand“ (ebd., S. 68f.).

Vor allem die Mitglieder der ersten Generation bevorzugen eine Heiratsanbahnung nach dem beschriebenen traditionellen Vorgehen der Brautschau. „Ich auch so geheiratet. Ich war in Dorf, in Syrien. Jede Woche kam Besuch, ich war sehr hübsch. Ich immer ‚Nein‘ gesagt. (...) Einmal kam Besuch aus Nachbardorf. Sie wollten mich sehen. Der junge Mann war sehr, sehr hübsch, er war anständig, die Familie hatte Ansehen. Ich habe gesagt, zu meine Mutter, ich überlege. Dann mein Vater sagte denen, wir überlegen. Kommt später wieder. Zwei Wochen danach kamen sie wieder. Ich wollte schon, aber ich habe wieder gesagt, ich überlege. Dann kamen sie wieder, ich gesagt ja. Ich seit 45 Jahren verheiraten und habe sechs Kinder“ (Laila, 63, Hausfrau, Berlin). Da die Eltern mit dieser Form der Eheschließung positive Erfahrungen gemacht haben – der Verweis von Laila auf 45 Ehejahre und sechs Kinder unterstreicht die positive Erfahrung –, wünschen sie diese Form der Eheschließung auch für die eigenen Kinder oder Enkelkinder. Dieses Verfahren der arrangierten Eheschließung ist in bestimmten Milieus gesellschaftlich hoch anerkannt.

Wichtig ist hier zu betonen, dass die Eheschließung nur mit der Zustimmung und der freien Willenserklärung der Brautleute erfolgt. Wenn die Familie des Mädchens in Absprache mit der Tochter geneigt ist, der Hochzeit zuzustimmen, sagen sie (siehe auch Interview) „besuchen Sie uns doch ein anderes Mal“ oder „wir müssen noch etwas darüber nachdenken“. Eine Ablehnung der Familie des Mädchens erfolgt mit den Worten „es gibt in unserem Haus kein Mädchen zu vergeben“ oder „Mein Kopf stimmt nicht zu“ (vgl. ebd. und Schiffauer, 1987, S. 16f.). Das Ansehen der Familie des jungen Mannes erleidet durch eine Absage keine Einbuße; sie sucht dann selbstbewusst nach einer anderen für die Familie in Frage kommenden Brautkandidatin. Wenn die Familie des Mannes, wie im Falle von Laila, von einem bestimmten Mädchen einen angenehmen Eindruck gewonnen hat, ihre Nachforschungen über das Mädchen positiv ausgefallen sind und die Eltern der „Mädchenseite" auch ihre Zustimmung erteilt haben, das heißt die Brautschau erfolgreich war, wird entschieden, als Brautwerber (*dünürcü*) zu den Eltern des Mädchens zu gehen. Bevor die Familie gemeinsam mit dem Sohn das Haus des Mädchens besucht, wird die Familie des Mädchens vorher (in der Regel zwei bis drei Tage) benachrichtigt und der Besuch angekündigt. „Der letzte Besuch war dann schön. Viel Besuch war da, die Verwandte und Bekannte. Wir vorher die Wohnung sauber gemacht. Der Junge und seine Eltern waren da. Er war schüchtern, er hat mich immer angeschaut. Aber nicht geredet. Die Eltern haben geredet" (Laila). In der Regel nimmt der Junge nicht aktiv am Gespräch teil, sondern zeigt sich der Familie, damit sie zumindest einen optischen Eindruck von ihm gewinnt. Er gibt nur Antworten auf direkt an ihn gestellte Fragen. Ein Kontakt oder ein kurzes Gespräch mit der Braut kommt bei Laila nicht in Frage. Die Brautwerbung wird in der Regel vom Vater des jungen Mannes, wenn der Großvater lebt, vom Großvater, mit den folgenden Worten formuliert: „Auf Gottes Befehl und mit dem Worte des Propheten wollen wir deine Tochter für unseren Sohn." Wie oben erläutert, stimmen die Eltern der Tochter bei dem ersten Besuch nicht zu und sagen: „Wir müssen in der Familie darüber beraten." In dieser Zeit stellen die Eltern des Mädchens Nachforschungen über den jungen Mann und seine Familie an. Wichtig ist es jetzt, dass die Familie und der Sohn ein gutes Ansehen in der Nachbarschaft und Bekanntschaft genießen, der junge Mann keine schlechten Gewohnheiten (starkes Rauchen, Alkoholkonsum, Glücksspiele etc.) hat und einer Arbeit beziehungsweise einem angesehenen Beruf nachgeht, damit er seine zukünftige Familie ernähren kann. Wenn die Nachforschungen positiv verlaufen sind und die Tochter der Eheschließung zugestimmt hat, wird die Tochter den Brautwerbern versprochen. „Mein Vater gesagt, wenn meine Tochter ‚ja' sagt, ich sage auch ‚ja'. Dann war ich verlobt. Ich durfte den Mann nicht sehen. (...) Ich konnte ihn sehen, aber wenn andere da waren, nicht alleine" (Laila). Ab diesem Zeitpunkt ist die Phase der Brautwerbung beendet. Alle Vereinbarungen zwischen den beiden Familien über den Brautpreis (damals gab es den sogenannten Brautpreis) und die Festlegung des Hochzeitstermins werden nach diesem Versprechen getroffen. Insbesondere auf dem Land wird nach den ersten Hochzeitsverhandlungen das ohnehin strenge Kontaktverbot des künftigen Paares besonders nachdrücklich befolgt. Auch kurze Gespräche bei einem zufälligen Treffen sollten vermieden werden (vgl. Schiffauer, 1987, S. 17f.). Hingegen wenn andere Familienmitglieder dabei sind, waren Gespräche zwischen dem Paar legitim und angesehen. In den Städten der Herkunftsländer gibt es zwar regionale Unterschiede beim Kontaktverbot des zukünftigen Paares. Aber wenn in den größeren Städten ein Mädchen einem bestimmten Jungen versprochen wird, lässt die Rigidität merklich nach: Das zukünftige Paar besucht sich in Anwesenheit anderer Familienmitglieder gegenseitig, plant und bereitet die Hochzeitsfeier gemeinsam vor und erledigt Einkäufe für den Hochzeitsabend beziehungsweise für die Hochzeitstage.

Da die Mädchen die Ehre und das Ansehen der Familie am stärksten beeinflussen – sei es positiv oder negativ –, ist es für die Familie wichtig, dass junge Frauen so früh wie möglich heiraten. Darüber hinaus wird das Mädchen im ländlichen (und im unterentwickelten städtischen) Kontext gleichermaßen als Hausfrau und Arbeitskraft betrachtet. Die Eltern wollen, dass es ihrer Tochter im „fremden Haus" gut geht, das heißt der zukünftige Schwiegersohn soll eine Arbeit haben und gut verdienen. Wenn ein wohlhabender junger Mann, bei dem auch die oben genannten Voraussetzungen gegeben sind, um die Hand der Tochter anhält, versuchen die Familienmitglieder, insbesondere aber die Mutter, das Mädchen mit suggestiven Bemerkungen wie „er hat einen guten Beruf!", „er verdient viel!" oder „dort wird es dir gut gehen" zu einer Entscheidung zu drängen. Der wichtigste Aspekt für eine Ehe, nämlich die Liebe, hat in dieser Argumentation keinen Platz.

Wenn eine junge Frau ihren zukünftigen Ehemann eigenständig kennenlernt und sich mit ihm über eine Heirat einigt, wird sie dieses Vorhaben gegenüber ihrem Vater aus Respekt nicht erwähnen (vgl. Gartmann, 1981, S. 72f.). „Wenn Mädchen heiraten möchte, kennt ein Mann, dann muss erst die Mutter erfahren. (...) Meine Tochter erzählte mir. Der passt zu uns. Sie hat ein Mann gesehen. Sie wollte heiraten. Aber meine Tochter erzählte vorher meiner älteren Tochter. Ich habe gesagt, der Mann ist gut" (Laila). Die Tochter weiht also zuerst ihre ältere Schwester ein, dann die Mutter. Findet der Auserwählte deren Zustimmung, teilt sie die Entscheidung ihrem Mann mit, damit die Familie des Jungen offiziell mit der Brautwerbung beginnen kann. Stößt die Wahl der Tochter hingegen aus bestimmten Gründen bei der Mutter auf Ablehnung, versucht sie ihre Tochter umzustimmen. „Andere Tochter wollte auch heiraten. Ich kenne die Familie, ich kenne den Jungen. Das war nix für unsere Familie. Der war schlechter Junge, hatte keine Arbeit, trinkt Alkohol, hatte andere Mädchen. Die Familie passte nicht zu unsere Familie" (Laila). Auch hier wird mit äußeren Gegebenheiten argumentiert, wie zum Beispiel „er war schon mal verlobt beziehungsweise verheiratet!", „er hat keine gute Arbeit!", „er hat schlechte Eigenschaften" (z.B. Alkoholkonsum) oder „er hat nicht unseren Glauben!". Lässt sich das Mädchen davon nicht umstimmen, werden der Vater und die anderen männlichen Familienmitglieder über das Vorhaben der Tochter in Kenntnis gesetzt. Danach können der jungen Frau im Extremfall rigide Sanktionen, wie zum Beispiel Hausarrest oder die Verheiratung mit einem anderen Mann, auferlegt werden. „Also, meine Eltern wollten nicht, dass ich mit meinem Mann heirate. (...) Ja, wegen der Religion, und er war vorher verlobt. Die haben auch gesagt, der trinkt Alkohol, aber das stimmte nicht. Ich wollte aber trotzdem mit ihm heiraten. Mein Vater hat dann gesagt, ich darf nicht mehr raus. Ich sollte danach einen Cousin heiraten. Ich wollte das aber nicht. Dann bin ich mit meinem Mann abgehauen" (Zeynep, 39, Hausfrau, München). In diesem Fall setzt die junge Frau ihren Wunsch durch, indem sie mit dem Mann ihrer Wahl flieht. Diese Flucht wird von den Eltern missbilligt, weil sie dem Ansehen der Familie und der Ehre des Vaters schadet.[5] „Es war schon schwer am Anfang. Keine große Feier, eigentlich überhaupt keine Feier. Dann hat mein Vater mich verstoßen. Und wenn die Ehe nicht geklappt hätte, hätte ich meine Familie auch nicht mehr sehen können. (...) Aber als wir unser erstes Kind bekommen haben, war es wieder ganz gut mit meinen Eltern. Wir haben seit langem eine normale Beziehung" (Zeynep). Für Mädchen, die wie Zeynep die Flucht ergriffen haben, werden in der Regel keine großen Feierlichkeiten vorbereitet, sie bekommen keine Aussteuer, sie werden von den Eltern verstoßen und haben nach einer Scheidung nicht das Recht, wieder in ihr Elternhaus zurückzukehren. Oft versöhnen sich aber die Eltern, auch aufgrund des gesellschaftlichen Drucks, wieder mit der Tochter, wenn sie ein oder mehrere Kinder bekommen hat. Diese Ambivalenz von Verstoßung und Versöhnung beruht auf einer gesellschaftlich tief verankerten und anerkannten Regel: Ein ehrenhafter und angesehener Vater muss die Stärke zeigen, seine Tochter zu verstoßen und ihr ggf. zu verzeihen.

[5] Hier wird die Ehre des Vaters verletzt, weil er nicht stark und autoritär genug war, die Tochter von ihrem Vorhaben abzubringen. Auch das Mädchen verliert an Ansehen, weil sie nicht gehorsam war.

Arrangierte Freiheit oder postmoderne arrangierte Ehe

Die arrangierte Ehe im klassischen Sinne, wie sie im vorangehenden Abschnitt vorgestellt wurde, gibt es – von wenigen Ausnahmen abgesehen – in der Migration nicht mehr, das heißt die Paare haben die Gelegenheit, miteinander zu sprechen, um sich besser kennenzulernen. „Also, meine Ehe wurde vor fünfzehn Jahren arrangiert. Meine Schwester hat mich gefragt. Sie hat mir gesagt, dass eine Bekannte von ihr sehr nett ist. (...) Die ist auch Verwandte, aber nicht so nah, Cousine oder so, das war sie nicht. Ich kannte sie auch vom Sehen. Dann war diese Freundin bei meiner Schwester. Sie war aber nicht alleine da. Da war noch ein Mädchen, ich kannte sie nicht. Wir haben bisschen geredet. (...) Danach habe ich meiner Schwester sofort gesagt, ‚ich möchte sie heiraten, wenn sie auch will'. Den Rest haben meine Schwester und meine Eltern geregelt. (...) Bis zur Hochzeit haben wir uns schon gesehen. Wir haben auch miteinander geredet. Aber es war immer jemand dabei" (Ali, 38, Arbeiter, Dortmund). Obwohl die Entscheidung von Ali sehr schnell und spontan getroffen wurde, hatte er die Gelegenheit, mit seiner zukünftigen Frau zu sprechen, und sie etwas näher kennenzulernen. Aber auch hier wird darauf geachtet, dass das zukünftige Ehepaar nicht alleine bleibt. Die Angst, ein Paar könnte vor der Eheschließung sexuellen Kontakt haben und damit die Eheschließung gefährden, trägt dazu bei, dass rigide vorgegangen wird.

Eine Betrachtung sämtlicher Interviews zeigt einen Strukturwandel bei der arrangierten Ehe: Häufig werden junge Paare von Familienmitgliedern unverbindlich miteinander bekannt gemacht, in der Hoffnung, dass sie sich gut verstehen und dann heiraten werden. Unverbindlich heißt aber, dass grundsätzlich beide Optionen offenstehen. Dass eine Ehe in die Wege geleitet wird, bei der sich die jungen Leute vorher überhaupt nicht kennen, wird es in der Zukunft wohl immer seltener geben. Die Art und Weise der Eheschließung der Interviewpartner Yasin und Gül kann als eine postmoderne arrangierte Ehe bezeichnet werden. „Ich wollte mit Gül heiraten, sie wollte, glaube ich, auch mit mir heiraten. Meine Eltern wollten Gül als Schwiegertochter und ihre Eltern wollten mich als Schwiegersohn. Wir durften uns ab und zu mit Erlaubnis unserer Eltern treffen, aber nur tagsüber. Wir durften zum Beispiel nicht über Nacht bleiben" (Yasin, 32, Einzelhandelskaufmann, München).

Eine Interpretation der beiden Interviews mir Yasin und Gül zeigt den folgenden Verlauf einer Eheanbahnung: Die beiden Familien kennen sich seit Jahrzehnten und wohnen in derselben kleinen Stadt in der Nähe von München, wo die Anonymität nicht gewährleistet ist. Entsprechend stark ist die soziale Kontrolle, sodass die Mädchen kaum Freiheiten haben. Die beiden Partner kennen sich bereits seit dem Kindesalter. Nachdem der Sohn seine Berufsausbildung abgeschlossen hat, bemüht sich die Mutter darum, ihn zu verheiraten, indem sie ihm Mädchen aus der Nachbarschaft und aus dem Bekanntenkreis vorschlägt, die für die Familie in Frage kommen. Als der Sohn einem Vorschlag zustimmt, nimmt die Mutter Kontakt zu der Familie des Mädchens auf und erläutert das Anliegen. „Ja, dann hat meine Mutter mich gefragt, ob der Yasin für mich als Ehemann in Frage kommen würde. Sie hat auch gesagt, ich muss nicht sofort mit ihm heiraten. Ich kann ihn auch besser kennenlernen. Ich kannte ihn schon vom Sehen, aber nicht so gut“ (Gül, 29, Bürokauffrau, München). In Übereinstimmung mit Gül beschließt die Familie, dass die jungen Leute sich treffen sollen, um sich etwas besser kennenzulernen. Ihre Zustimmung zu einem Treffen kann noch nicht dahingehend interpretiert werden, dass sie ihn auch heiraten möchte, ihre diesbezügliche Entscheidung steht noch aus. „Ich wollte ihn einfach kennenlernen. Ich fand ihn ja nett. Also, wenn er ein Idiot wäre, hätte ich ihn niemals getroffen, um später zu heiraten. Das habe ich auch meiner Mutter vorher gesagt“ (Gül). Nachdem sie sich näher kennengelernt und auch angefreundet hatten, mussten sie sich sehr bald verloben, da das vordringliche Anliegen der Eltern – insbesondere der Eltern des Mädchens – in einer Eheschließung lag und somit eine Freundschaft nur in Form einer Verlobung geduldet werden kann. „Sagen wir mal so: Wir hatten fast drei Monate Zeit gehabt, ich hätte etwas länger Zeit gebraucht. Aber das war voll okay. Denn ich kenne viele Mädchen, die ihre Männer vielleicht zwei Mal vor der Hochzeit gesehen haben. Meine Eltern haben mir gesagt, ich soll mich entscheiden. Dann habe ich ‚ja‘ gesagt“ (Gül). Die Verlobung wird im engsten Familienkreis gefeiert und die beiden können nun offiziell als Paar auftreten. „Ich war froh, dass Gül ja sagte, dann war ja offiziell und wir konnten uns noch mehr sehen. Und ich konnte sie als meine Verlobte vorstellen“ (Yasin). Auch die Verlobungsphase dient dem besseren Kennenlernen, diese Zeitspanne darf maximal ein Jahr betragen. Gül betont in einer anderen Passage, dass sie durch die Eheschließung nach eigenem Wunsch mehr Freiheiten und Autonomie bekommen wird: „Es ist schon schwer einen Mann zu finden, der nett ist und nicht so eifersüchtig. Bei Yasin hatte ich das Gefühl, er ist der Richtige. Ich wollte auch von meinen Eltern weg und mein eigenes Leben selbst bestimmen. Ich wusste, dass das mit ihm klappen würde und es hat geklappt“ (Gül). Diese Form der Eheschließung unterscheidet sich sehr von der traditionellen Form der arrangierten Ehe nach dem Vorbild der Brautschau und kann wie folgt zusammengefasst werden:

- Das Arrangement der Eheschließung wird in Absprache mit beiden Kindern und Familien getroffen. Das bedeutet, eine überraschende Brautwerbung oder Brautschau für die Tochter, die sie u. U. unter Druck setzen könnte, ist bei dieser Form ausgeschlossen. Einschränkend muss allerdings hinzugefügt werden, dass die Eltern, vor allem die der Tochter, einem Arrangement, in dem sich auch die Kinder sehen und treffen, nur zustimmen, wenn die Familie und der zukünftige Partner bekannt sind. Vertrauen spielt in diesem Zusammenhang eine entscheidende Rolle, denn Eltern möchten ihre Kinder mit einem Mann beziehungsweise einer Frau verheiraten, den/die sie gut kennen. Die Eheschließung ist also keine private Angelegenheit zweier Heiratswilliger, sondern ein Bündnis zwischen zwei Familien.
- Die postmoderne arrangierte Form der Eheschließung hat im Vergleich zur klassischen arrangierten Eheschließung mehrere Vorteile für die Kinder. Denn beide bekommen die Gelegenheit, über einen „längeren“ Zeitraum miteinander zu reden, gemeinsam Freunde und Bekannte zu treffen und herauszufinden, ob sie zueinander passen. Sie können selbst entscheiden, ob sie die Ehe mit dem betreffenden Partner eingehen möchten oder nicht; die Option, nach einer gewissen Zeit abzulehnen, ist ein wichtiges Merkmal. Im Falle, dass einer der beiden sich gegen die Ehe entscheidet, wird dies als einvernehmliche Übereinkunft beider verkündet, damit keines der Kinder und keine der Familien ihr Gesicht verliert.
- Vor allem die jungen Frauen profitieren von der postmodernen arrangierten Eheschließung, weil sie nach einer Phase des Kennenlernens selbst entscheiden können, ob sie zustimmen wollen. Durch diese Form erhoffen sich die jungen Mädchen mehr Freiheiten und Autonomie. Wenn sie einen Mann aus der eigenen Community heiraten, von dem sie überzeugt sind, können sie sich den Wunsch nach mehr Freiheit und Autonomie besser erfüllen. Für die meisten Frauen kommt nur ein Mann aus der eigenen ethnischen Gruppe in Frage (vgl. Boos-Nünning/Karakasoglu, 2006, S. 271f.).

- Eine postmoderne arrangierte Ehe birgt die Möglichkeit, nicht nur bei den Kindern, sondern auch bei beiden Familien Akzeptanz zu finden. Die Interviews zeigen, dass eine Absage für die Familien keinen Gesichtsverlust bedeutet. Lehnt ein Mädchen jedoch mehrfach ab, kann das das Ansehen der Familie in der Öffentlichkeit beschädigen. Aus diesem Grund überprüft die Familie der potenziellen Braut sehr genau, ob eine Zustimmung der Tochter wahrscheinlich erscheint.

Zwangsverheiratung als letztes Mittel?

Neben der arrangierten oder postmodernen arrangierten Ehe gibt es die Form der Zwangsverheiratung, die in der deutschen Öffentlichkeit kontrovers und emotional diskutiert wird. Genaue Zahlen und Daten zu diesem Thema liegen nicht vor. Aber mittlerweile wird die Zwangsverheiratung nicht nur in den Feuilletons und in Romanen behandelt, sondern auch in wissenschaftlichen Publikationen (vgl. Straßburger, 2003; Toprak, 2007; Bundesministerium für Familie, Senioren, Frauen und Jugend, 2007; Sütcü, 2009; Eisenrieder, 2009). Jedoch nicht nur in der öffentlichen Wahrnehmung wird die arrangierte Ehe mit der Zwangsverheiratung gleichgesetzt. Auch einige wissenschaftliche Beiträge unterscheiden nicht zwischen den verschiedenen Formen (vgl. Kelek, 2007, S. 93ff.), während die Abgrenzung in anderen Beiträgen essenziell ist (Straßburger, 2007, S. 73f.). Hier zeigt sich, wie schwer diese Grenze zu ziehen ist, denn häufig ist der Übergang zwischen der arrangierten Ehe und der Zwangsehe fließend. Wie oben beschrieben wurde, kann die freie Willensentscheidung der Brautleute manipuliert werden. Auch kommt es vor, dass eine arrangierte Ehe in einer Zwangsverheiratung endet, wenn die negative Entscheidung der Tochter beziehungsweise des Sohnes nicht akzeptiert wird. Aber sowohl in den Herkunftsländern als auch in Deutschland müssen die heiratswilligen Paare einer Eheschließung formal zustimmen. Erst durch die Zustimmung und später durch die Unterschriften der Betroffenen wird besiegelt, was auf die freiwillige und mündige Entscheidung der Ehepaare zurückzuführen ist. Bei einer Zwangsverheiratung wird die „freie“ Willenserklärung stark manipuliert. Wenn die Grenzen der Zwangsverheiratung streng gezogen werden, das heißt dass eine freiwillig beschlossene Ehe nur auf der romantischen Liebe des Paares beruht, muss festgestellt werden, dass die allermeisten Befragten zwangsverheiratet wurden – ausgenommen die postmodernen arrangierten Ehen. Allerdings muss hinterfragt werden, ob die romantische Liebe die einzig legitime Voraussetzung für eine Eheschließung ist. Vielleicht ist ja das Konzept der Ehe, die auf romantischer Liebe basiert, für die Mittelschicht in der Regel zutreffend, lässt sich aber nicht ohne Abstriche auf Unterschichtmilieus übertragen. Die Logik der Eheschließung im traditionellen Kontext, wo auch wirtschaftliche, religiöse und soziale Rahmenbedingungen eine große Rolle spielen, könnte demnach folgendermaßen aussehen: (1.) (konsensuelle oder arrangierte) Ehe, (2.) Kinder, und dann stellt sich auch (3.) Liebe zwischen den Ehepartnern und – durch die Kinder – (4.) ökonomische Sicherheit ein (vgl. Nauck, 1997, S. 171f.). Eine Definition zum Thema Zwangsverheiratung von Rahel Volz scheint bei vielen Wissenschaftlern und Praktikern Konsens zu finden: „Im Gegensatz zur arrangierten Ehe, die auf der freiwilligen Zustimmung beider Ehegatten beruht, liegt Zwangsheirat dann vor, wenn die Betroffene sich zur Ehe gezwungen fühlt. Zwar spielt die Familie auch bei der arrangierten Ehe eine zentrale Rolle, trotzdem haben die Heiratskandidaten das letzte Wort“ (Volz, zit. nach Straßburger, 2007, S. 74f.). Die Definition scheint zwar eindeutig zu sein, problematisch bleibt aber die Frage, inwiefern die Heiratskandidaten frei ihren Willen äußern können, wenn der Druck zu groß ist. Andererseits ist es auch kontraproduktiv, jede nicht eigenständig zustande gekommene Ehe zu verdächtigen, eine Zwangsheirat zu sein (vgl. Straßburger, 2007, S. 75f.). Denn oben wurde aufgezeigt, dass sowohl die klassische arrangierte Ehe als auch die postmoderne arrangierte Ehe erfolgversprechend sein können und auch bei den betroffenen Kindern große Zustimmung finden. Ein wichtiger Aspekt bei der Zwangsverheiratung sind die Motive der Eltern. Die Sichtung der Interviewergebnisse und der einschlägigen Literatur ergab vier zentrale Motive für die Zwangsverheiratung. Diese sind jedoch auch bei der klassischen arrangierten und postmodernen arrangierten Eheschließung von großer Bedeutung.

Zwangsverheiratung hat eine soziale Komponente

Wenn die Eltern für ihre Kinder eine bestimmte Person auswählen, suchen sie vor allem jemanden, dem sie vertrauen, dessen Familie sie nach Möglichkeit schon lange kennen. Denn „(. . .) die Braut ist in diesem Falle bekannt, man weiß um ihre Fähigkeiten und Fertigkeiten und glaubt sich damit von Seiten des Bräutigams und seiner Eltern vor Überraschungen sicher. Aber auch die Situation des Bräutigams ist den Eltern der Braut bekannt, und so können sie einschätzen, was auf die Tochter zukommt; gegebenenfalls können sie eingreifen, wenn es Probleme geben sollte" (Atabay, 1998, S. 43f.). Hier wird deutlich, dass die Eheschließung nicht als Bund zwischen zwei Personen betrachtet wird, sondern als kollektive Entscheidung, die die gesamte Familie betrifft. Auch wenn das Modell der patriarchalischen Großfamilie im Schwinden begriffen ist, so gilt es dennoch als Folie für kollektive Entscheidungen im Kontext der Eheschließung. Dazu ein Interviewpartner: „Wenn die Tochter oder der Sohn heiratet, muss man ganz genau schauen, wer die Familie ist. Wenn die Familie nicht in Ordnung ist, dann geht das nicht. (...) Weil die Kinder müssen sich schon verstehen. Aber wenn die Familien sich nicht verstehen und sich nicht mögen, dann verstehen sich die Kinder auch nicht. (...) Am besten ist die Familie bekannt, wenn die Kinder mit Verwandten heiraten. Also, nicht unbedingt Cousine und Cousin, aber Verwandte, da weiß man, wer das ist. Früher war das doch so. Es gab im Dorf Familien, da war der Vater, Großvater, Kinder. Alle haben gemeinsam gelebt. Und wenn alle zusammenleben, kann der Junge oder das Mädchen doch nicht alleine entscheiden" (Umar, 51, Hilfsarbeiter, Berlin). Umar spricht hier einen weiteren Aspekt an, der bei der Zwangsverheiratung eine entscheidende Rolle spielt, nämlich die Verheiratung mit Verwandten (vgl. dazu ausführlich Atabay, 1998; Schiffauer, 1987, und Toprak, 2007). Von einer Heirat unter Verwandten erhoffen sich die Eltern mehr Loyalität und Unterordnung der frisch verheirateten Eheleute. Die Geschlechter- und Sozialrollen sind bekannt und es wird davon ausgegangen, dass durch die soziale Kontrolle innerhalb der Familie diese Rollen und Strukturen besser adaptiert und umgesetzt werden. Auch aus finanziellen Gründen wird eine Verbindung mit Verwandten anvisiert, „denn durch die Kinder erhoffen viele der im Heimatland lebenden Verwandten eine finanzielle Unterstützung" (Atabay, 1998, S. 43f.). Diesen Bereich hebt ein Interviewpartner explizit hervor: „Ich habe doch eine Tochter. Wenn meine Tochter mit Cousin oder so heiratet, dann ist das gut. (...) Da kommt ein Verwandter aus Türkei. Die Menschen sind nicht so reich wie hier. Dann kann der Cousin hier arbeiten und seine Eltern, also unsere Verwandte in Türkei, unterstützen. Sonst können Verwandte nicht nach Deutschland kommen" (Kamil, 49, Arbeiter, Dortmund). Hier wird deutlich, dass bei der Heirat ihrer Kinder nicht nur soziale und wirtschaftliche Gesichtspunkte berücksichtigt werden, sondern dass indirekt auch die Migrationspolitik beeinflusst wird. Deutschland hat im Jahre 1973 einen Anwerbestopp von sogenannten Gastarbeitern verfügt, wonach Menschen aus Nicht-EU-Ländern nur langfristig nach Deutschland einreisen und hier arbeiten können, wenn eine Familienzusammenführung nachgewiesen werden kann.

Auch die religiösen Einstellungen der jeweiligen Familien spielen bei Zwangsverheiratungen eine entscheidende Rolle. Vor allem bei türkeistämmigen Migranten kann nachgewiesen werden, dass eine Heirat zwischen Sunniten (die orthodoxe Richtung des Islam) und Aleviten (eher für eine liberale Interpretation bekannt) von beiden Seiten abgelehnt wird. „Wenn meine Tochter oder mein Sohn kommt und sagt, ich heirate mit jemandem. Und der ist Alevit, das geht natürlich nicht. (...) Ja, Aleviten sind nicht anständig, die sind nicht so gläubig, deren Kinder sind sehr frech, die Frauen sind nicht anständig, laufen halbnackt durch die Gegend. Die haben schlechte Eigenschaften. (...) Besser ist, aus der eigenen Religion jemand zu heiraten. Aleviten und Sunniten passen halt nicht zusammen. Die Ehe wird auch nicht gut gehen. Es ist besser, wenn ich meine Tochter mit einem aus unserer Religion verheirate" (Bülent, 43, selbstständig, München). An diesem Beispiel wird deutlich, dass manche Eltern nur einer Partnerin/einem Partner der eigenen religiösen Richtung zustimmen und es aus dieser Motivation heraus zu einer Zwangsverheiratung kommt. Denn die religiöse Einstellung oder die religiöse Richtung der jeweiligen Familie kann im Einzelfall so zentral sein, dass die Eltern ihre Kinder, um einen bestimmten religiös-weltanschaulichen Habitus zu verhindern, in eine Eheschließung zwingen. Die Ablehnung der beiden religiösen Richtungen beruht auf Gegenseitigkeit, was eine andere Interviewpartnerin bestätigt: „Ich habe zwei Töchter. Wenn meine Töchter mit einem Sunniten heiraten möchten, dann bin ich dagegen. (...) Ja, die Sunniten sind streng, unterdrücken die Mädchen und Frauen, man muss Kopftuch tragen, die fasten die ganze Zeit, und immer Moschee und so weiter. (...) sie sollen lieber einen Aleviten heiraten. Ich sage meinen Töchtern, sie sollen alevitische Männer suchen. Ansonsten habe ich halt keine Töchter, wenn sie Sunniten heiraten. Ich weiß nicht, was ich mit der Familie reden soll. Wir passen nicht zusammen" (Arzu, 44, Arbeiterin, München). Auch die religiöse Einstellung trägt dazu bei, dass eine Heirat zwischen zwei Personen nicht nur einen Bund zwischen zwei Personen darstellt, sondern die gesamte Familie betrifft. Denn wenn die religiös-weltanschaulichen Richtungen nicht kompatibel sind, werden die sozialen Kontakte zwischen den beiden Familien nicht optimal verlaufen. Die von beiden Seiten auf Vorurteilen und Stereotypen basierenden Kenntnisse der Eltern tragen dazu bei, dass die Fronten verhärtet sind und die Bereitschaft, die andere Seite besser kennenzulernen, wenig ausgeprägt ist. Das erschwert den Dialog und die sozialen Kontakte zwischen den beiden Richtungen. Intrareligöse soziale Kontakte verlaufen besser als interreligiöse, daher beeinflussen die Eltern die Partnerwahl ihrer Kinder bewusst in eine Richtung.

Zwangsverheiratung hat eine wirtschaftliche Komponente

Oben wurde kurz angeschnitten, dass die Zwangsverheiratung neben der sozialen Komponente auch eine wirtschaftliche hat. Dies kann unterschiedlich ausgelegt werden. In den 1950er- bis 1990er-Jahren stellte die Eheschließung der Kinder auf dem Lande einen Tauschakt dar. Schiffauer beschreibt diesen Tauschakt wie folgt: „Die Gabe einer Tochter an einen anderen Haushalt gilt als der wichtigste und bedeutsamste Tauschakt im Dorf. Fast jede enge Beziehung zwischen zwei Haushalten gipfelt früher oder später in dem Wunsch, die Tochter des Tauschpartners als Frau für den eigenen Sohn zu bekommen" (Schiffauer, 1987, S. 181f.). Dadurch konnte verhindert werden, dass der Besitz der Familien geteilt wurde. Denn eine Verheiratung außerhalb der familiären Bindung würde eine Aussteuer und den Verlust der Arbeitskraft der Tochter mit sich bringen. Und das würde die Familie wirtschaftlich schwächen. Diese Form der wirtschaftlichen Stärkung durch die Verheiratung der Kinder unter befreundeten Familien oder Geschäftspartnern gibt es in einigen Teilen der muslimischen Community heute vereinzelt immer noch. „Es war schon wichtig, meine Tochter mit dem Sohn von meinem Freund und Partner zu verheiraten. (...) Unser Besitz wurde nicht geteilt. Ja, und die Geschäftsbeziehungen sind noch intensiver geworden. Man macht halt keine Geschäfte mehr mit Fremden. Es bleibt alles in der Familie" (Amir, 45, selbstständig, Berlin). Hier wird darüber hinaus deutlich, dass die Verheiratung der Kinder zwischen zwei Familien nicht nur den Besitzstand stabil hält beziehungsweise steigert, sondern auch die Abhängigkeit und Loyalität in Geschäftsbeziehungen wird dadurch gestärkt. Denn die sozialen Beziehungen zwischen den beiden Familien, wie sie oben beschrieben wurden, sind so zentral, dass sie die Geschäftsbeziehungen intensivieren und diese selbstbewusster in der Öffentlichkeit vertreten können.

Die Form der wirtschaftlichen Vorteile durch eine Eheschließung hat sich in der Migration aber trotzdem stark gewandelt. Häufig geht es vor allem darum, durch Heiratsmigration einer Familie zu helfen, die einem nahesteht. Wie oben kurz erwähnt wurde, hat Deutschland am 23.11.1973 entschieden, die Anwerbung von sogenannten Gastarbeitern zu stoppen. Ausgenommen davon waren der Zuzug von Eheleuten und minderjährigen Kindern. Dieser Anwerbestopp hat immer noch Bestand, obwohl er zunächst nur für ein Jahr beschlossen wurde. Um ihn zu umgehen, werden Verwandte und Bekannte vor allem aus den ländlichen Gebieten, die sich finanziell in einer prekären Situation befinden, durch Verheiratung nach Deutschland geholt. „Es ist gut, wenn Kinder in Heimat heiraten und nach Deutschland kommen. Dann kommen Verwandte nach Deutschland. (...) Weil in Syrien sind Menschen sehr, sehr arm, im Dorf sehr arm. Die haben auch sehr, sehr viele Kinder. Wenn die Tochter heiratet und kommt nach Berlin, die Familie bekommt von uns etwas Geld. Dann kann die Tochter hier arbeiten und Geld nach Hause schicken. Dann geht es den in Syrien auch besser. Es gibt sonst keine Möglichkeit, nach Deutschland zu kommen" (Racheed, 50, arbeitslos, Berlin). In den ländlichen Gebieten der Türkei, Syriens, Iraks und des Libanon sind die Familien auch heute noch sehr kinderreich, da Verhütung entweder abgelehnt wird oder nicht bekannt ist. Außerdem wollen die Menschen in den ländlichen Regionen viele Kinder, um im Alter abgesichert zu sein. Durch eine Verheiratung der Tochter oder des Sohnes nach Deutschland erhoffen sich die Eltern finanzielle Entlastung: die Eltern der Braut erhalten bei der Verheiratung einen einmaligen Brautpreis, der, wie der Interviewpartner bestätigt, in einigen Regionen noch üblich ist, außerdem hoffen sie auf eine kontinuierliche finanzielle Unterstützung durch Tochter oder Sohn beziehungsweise Schwiegersohn oder Schwiegertochter.

Auch die besseren Lebensbedingungen sprechen für eine Eheschließung nach Deutschland. Hierbei spielen die ökonomischen Rahmenbedingungen, wie zum Beispiel eine funktionsfähige Wohnung mit fließend warmem Wasser, Waschmaschine und Kühlschrank, Autos, Kranken-und Arbeitslosenversicherung, Sozialhilfe etc., eine entscheidende Rolle. „Ich war in Türkei, im Dorf. Da gibt kein Wasser, warmes Wasser muss man auf dem Ofen kochen. Es war ganz schwer, dort gut zu leben. Ich habe Wäsche immer mit Hand gewaschen, wir hatten kein Kühlschrank. Wir hatten Strom. Strom war viel weg. (...) Arzt war 35 Kilometer weg. Ach, ich finde in Deutschland schon alles gut. Alles ist da: Wasser, Strom, wir haben ein Auto, ich kann zum Arzt gehen und so weiter. Es ist gut, dass ich nach Deutschland gekommen bin. (...) Meine Eltern haben schon gesagt, ich soll mit dem Mann heiraten. Der kommt aus Deutschland. Ich kann dort besser leben als im Dorf, in Türkei. Meine Schwester lebt im Dorf. Es geht ihr nicht so gut. Sie will auch nach Deutschland kommen. Aber das geht nicht" (Ipek, 33, Hausfrau, München). Da die Lebensbedingungen in den Herkunftsländern vor allem auf dem Land schwer sind, erhoffen sich junge Frauen und Männer ein besseres Leben in Deutschland. Einer Eheschließung wird zugestimmt, um sich aus einer prekären Situation zu befreien. Ob man diese aus wirtschaftlich-persönlichen Motiven getroffenen Entscheidungen als Zwangsverheiratung bezeichnen kann, ist nicht explizit festzustellen.

Zwangsverheiratung und Sexualität

Im Kapitel „Ehre/Ehrenmorde" wurde detailliert erläutert, dass die Ehre der Frau bis zur Ehe in ihrer Jungfräulichkeit, in der Ehe in ihrer Treue liegt. Eine Beziehung vor der Ehe ist für die Töchter nahezu ausgeschlossen – dadurch würde ihre Ehre „beschmutzt" und es wäre nahezu unmöglich für sie, einen Ehemann in der eigenen Community zu finden. Die zu bewahrende Jungfräulichkeit ist eines der wichtigsten Motive, warum Eltern ihre Töchter so früh wie möglich verheiraten möchten: „Ja, warum die Tochter früh verheiraten? Ja, wegen der Ehre. Weil wenn ein Mädchen nicht heiratet, muss der Vater oder der Bruder die Ehre schützen. Die Tochter darf ja nicht mit anderen Männer reden und spazieren gehen und so weiter. Wenn die Tochter heiratet, dann muss der Mann auf Ehre der Frau achten" (Bilal, 44, Arbeiter, Berlin). Hier wird deutlich, dass die Jungfräulichkeit der Töchter bis zur Eheschließung als eine große Bürde auf den Schultern der Väter lastet. Mit einer frühen Verheiratung soll also der Spielraum für eine außereheliche Beziehung eingegrenzt werden, was auch in der einschlägigen Literatur bestätigt wird (vgl. Atabay, 1998, und Schiffauer, 1987). Nach der Verheiratung wird die sexuelle Kontrolle vom Vater auf den Schwiegersohn übertragen, das heißt ab diesem Zeitpunkt ist er für die Ehre im Sinne von sexueller Treue verantwortlich. Dass die Väter großes Interesse an einer frühen Verheiratung ihrer Töchter zeigen, weil sie dadurch die Kontrolle abgeben können, wird in der einschlägigen Literatur allerdings wenig berücksichtigt. Die Interviews mit Männern beziehungsweise Vätern zeigen, dass dieser gesellschaftliche und familiale Druck dazu führt, dass sie ihre Töchter in eine Ehe zwingen. „Man kann schon sagen, dass ich meine Tochter gezwungen habe, mit dem Sohn von einem Bekannten zu heiraten. (...) Meine Tochter war sehr hübsch und alle haben über sie geredet. Viele junge Männer haben sich für sie interessiert. Wenn natürlich viele junge Männer sich für ein junges Mädchen interessieren, dann hatte ich Angst, dass meine Tochter mit einem Jungen vor der Ehe was anfängt. (...) Im Verein und in der Moschee haben viele hinter meinem Rücken über mich und über meine Familie geredet. (...) Ja, sie haben gesagt, die Tochter hat bestimmt ein Freund und so weiter. Dann habe ich meine Tochter mit achtzehn verheiratet und es war überall still. Ich wollte eigentlich, dass sie ihre Ausbildung zu Ende bringt. Aber das ging nicht mehr" (Murat, 51, arbeitslos, München). Hier zeigt sich ein Dilemma, das viele Väter unter Zugzwang setzt: Auf der einen Seite möchte Murat, dass seine Tochter ihre angefangene Ausbildung zu Ende bringt. Andererseits befürchtet er, dass seine attraktive Tochter womöglich eine außereheliche Beziehung eingeht, was sein Ansehen in der Community beschädigen würde. Die frühe Verheiratung scheint aus seiner Sicht ein legitimes Mittel zu sein, um unerwünschte Kontakte zu verhindern. Auch wird deutlich, dass die soziale Kontrolle innerhalb des Kulturvereins das Handeln des Vaters beschleunigt, um so den Gerüchten ein Ende zu setzen.

Es gibt auch junge Frauen, die sich für eine Ehe entscheiden, um ihre Sexualität besser ausleben zu können. Denn die Ehe ist für sie die einzige legitime Möglichkeit, um sexuelle Erfahrungen zu sammeln. Dieser Aspekt kommt in der einschlägigen Literatur nicht vor, weil viele Interviewpartnerinnen über Sexualität nicht offen Auskunft geben. In einem Gruppeninterview (sechs Frauen zwischen 19 und 34 Jahren) in München wurde dieser Bereich offen angesprochen und alle Gesprächpartnerinnen vertraten dieselbe Meinung. „Frauen haben in unserer Gesellschaft schwer. Männer haben ja viele Frauenbekanntschaften, sie können ihre Sexualität ausleben. Aber wegen der Ehre ist das bei Frauen nicht möglich. Wir Frauen möchten auch sexuelle Erfahrungen machen. Deshalb heiraten halt viele türkische oder muslimische Frauen früh, damit sie auch ihre Erfahrungen machen. (...) Darüber reden viele nicht. Aber Frauen wissen, dass das sehr wichtig ist, warum man heiratet" (Asuman, 23, Hausfrau, München). Die restriktive Sexualmoral führt also dazu, dass junge Frauen sehr früh heiraten, um sexuelle Erfahrungen zu machen. Da bei Männern die Ehre nicht von ihrer Jungfräulichkeit bis zur Ehe abhängt, dürfen Männer auch vorher sexuell aktiv sein. Wenn es um das Ausleben der Sexualität geht, stimmen Frauen einer Eheschließung eher zu als Männer.

Zwangsverheiratung hat in der Familie Tradition

Eine Analyse der generationsübergreifenden Interviews in Bezug auf die Ehe oder Eheschließung zeigt, dass vor allem in den Familien die klassische arrangierte Ehe oder Zwangsverheiratung praktiziert wird, in denen schon die Großeltern und Eltern auf diese Weise verheiratet wurden. Das heißt, die Form der Eheschließung wird von Generation zu Generation weitergegeben, wobei die älteren Generationen nicht von Zwangsverheiratung sprechen. Eine entscheidende Voraussetzung dafür, dass sie bei den eigenen Kindern eine arrangierte Ehe im klassischen Sinne favorisieren, ist, dass sie, auch wenn die Ehe de facto unter Zwang zustande gekommen ist, dies nicht so erlebt haben. „Ich habe so geheiratet, meine Mutter hat so geheiratet, meine Tochter wird auch so heiraten. (...) Ja, wenn die Eltern sagen, dieser Mann ist gut, heirate mit ihm, dann müssen die Mädchen auf die Eltern hören. Ich habe auch auf meine Eltern gehört. (...) Die Mädchen sollen nicht ‚nein' sagen, das ist nicht gut. Ich habe auch auf meine Eltern gehört. Ein anständig erzogenes Mädchen sagt ja, wenn die Eltern das wollen" (Soraya, 44, Hausfrau, Berlin). Diese exemplarische Aussage macht deutlich, dass Eltern ihre Erfahrungen auf ihre Kinder übertragen und das gleiche Verhalten von ihren Kindern verlangen, das sie selbst seinerzeit an den Tag gelegt haben, also in erster Linie Loyalität und Unterordnung. Was von außen betrachtet als Zwang gedeutet werden könnte, begreifen die Beteiligten als Loyalität: Ein gut erzogenes Kind hat die Entscheidungen seiner Eltern zu respektieren und umzusetzen. Von einer freien Willensentscheidung kann nicht die Rede sein – und wenn dies der Maßstab ist, liegt eindeutig eine Zwangsverheiratung vor. Es ist also eine Frage des Blickwinkels. Da in den betroffenen Familien die Sozialisation der Kinder dem Prinzip folgt, dass Loyalität und Gehorsamkeit gegenüber den Eltern und Älteren unabdingbar sind, wird diese Form der Eheschließung als Selbstverständlichkeit wahrgenommen und positiv verortet. Andere Formen der Eheschließung kommen in diesen Familien nicht vor. „Wir haben alle so geheiratet. Das ist gar nicht so schlimm. Ich habe mit siebzehn geheiratet. Meine Frau war damals sechzehn. Es läuft bei uns die Ehe ganz gut. Warum soll man anders heiraten. Meine Tochter ist fünfzehn. Sie wird auch so heiraten. (...) Es gibt schon Leute, die meine Tochter wollen. Ich habe einen Bekannten gesagt, meine Tochter wird mit deinem Sohn heiraten. Aber erste die Ausbildung. Beide müssen erst die Ausbildung fertig machen. (...) Meine Tochter hat kein Problem damit. Sie ist einverstanden. Nach der Ausbildung werden sie heiraten" (Adem, 33, Handwerker, Dortmund). Auch wenn in der Familie die traditionelle Form weitergeführt wird und die Kinder keinen großen Entscheidungsspielraum haben, legen die Eltern Wert darauf, dass die Kinder zunächst ihre Ausbildung abschließen. Es ist also nicht so – wie bislang angenommen –, dass Kriterien wie Berufsausbildung oder Schule nicht berücksichtigt werden. Diese Erkenntnis stützt die These, dass den Eltern gar nicht bewusst ist, dass sie Zwangsverheiratung praktizieren.

Resümee

Bei den sogenannten Zwangsehen konnte aufgezeigt werden, dass das Thema viel komplexer ist, als es in den öffentlichen Diskussionen dargestellt wird. Vor allem konnte nachgewiesen werden, dass arrangierte Ehe nicht gleichbedeutend ist mit Zwangsverheiratung. Bei der postmodernen arrangierten Eheschließung haben die Kinder nicht nur die Möglichkeit, ihren freien Willen zu bekunden, sie können auch ihren zukünftigen Partner intensiver kennenlernen. Bei der sogenannten Zwangsverheiratung spielen neben sozialen und religiösen Aspekten vor allem wirtschaftliche Interessen und die Ehre eine wichtige Rolle. Die Gründe für die Ablehnung eines bestimmten Ehepartners durch die Familie können folgendermaßen zusammengefasst werden:

- Da die Verheiratung der Kinder auch als Bündnis zwischen zwei Familien gesehen wird, wollen die Eltern, dass ihre Kinder den Ehepartner aus einer ihnen bekannten Familie wählen.
- Die Eltern lehnen die Entscheidung der Kinder ab, wenn sie die Tochter beziehungsweise den Sohn mit einem Verwandten oder einem Bekannten verheiraten wollen.
- Reiche Eltern lehnen oft die Wahl ihrer Kinder ab, wenn sie die andere Familie als nicht adäquat in Bezug auf Wohlstand und Sozialstatus einschätzen.
- Wenn jemand alevitischen Glaubens einen Partner sunnitischen Glaubens (oder umgekehrt) heiraten möchte, sind die Ablehnung und der Widerstand der Eltern am stärksten.
- Die Entscheidung der Kinder wird abgelehnt und die Kinder werden gezwungen, jemanden aus dem Heimatland zu heiraten, wenn damit einem/einer Bekannten die Migration nach Deutschland ermöglicht werden kann.

Eine wichtige Erkenntnis ist, dass einige Eltern die praktizierte Form der Eheschließung als arrangierte Ehe bezeichnen, obwohl es sich nach unseren Kriterien um eine Zwangsverheiratung handelt. Die Trennlinie verläuft hier in den betroffenen Migrantenkreisen anders als in der Mehrheitsgesellschaft und in der Wissenschaft.

Gewalt, Gewaltanwendung und Homophobie

In diesem Kapitel soll es um zwei Themen gehen, die in der Öffentlichkeit stark wahrgenommen beziehungsweise diskutiert werden: Gewalt beziehungsweise Gewaltanwendung der jugendlichen Migranten muslimischer Herkunft und Homophobie. In einschlägigen Untersuchungen werden Gewaltanwendung (Wetzels/Brettfeld, 2003) und Homophobie (Simon, 2008) bei den Jugendlichen mit der religiösen Einstellung beziehungsweise dem Islam begründet. Nach Wetzels und Brettfeld weisen weibliche und männliche muslimische Jugendliche im Vergleich aller Religionsgruppen in erhöhtem Maße eine traditionelle Geschlechterrollenorientierungen und eine erhöhte Akzeptanz gewaltlegitimierender Männlichkeitsnormen auf. Nach Einschätzung beider Autoren hängen Traditionalismus und Männlichkeitsnormen positiv mit Religiosität zusammen (vgl. Wetzels/Brettfeld, 2003, S. 160f.). In Bezug auf Homophobie ist die Argumentation ähnlich gelagert wie bei der Gewalt: „Parallel zur unterschiedlichen Homosexuellenfeindlichkeit von Jugendlichen mit und ohne Migrationshintergrund konnte gezeigt werden, dass Jugendliche mit Migrationshintergrund weniger persönliche Kontakte zu Homosexuellen haben, weniger gut in die deutsche Gesellschaft integriert sind, sich aufgrund ihrer Herkunft stärker diskriminiert fühlen, eher traditionelle Männlichkeitsnormen akzeptieren und religiöser sind als Jugendliche ohne Migrationshintergrund“ (Simon 2008, S. 22f.). In der folgenden Untersuchung wird der Frage nachgegangen, inwieweit Religion und Homophobie beziehungsweise Gewalt zusammenhängen. Anders formuliert: Ist die muslimische Community – bezogen auf die Stichprobe – gewalttätiger oder befürwortet Gewalt und ist schwulen- und lesbenfeindlich aufgrund ihrer religiösen Einstellung? Da in der einschlägigen Literatur die eigene Gewalterfahrung – vor allem innerhalb der Familie – als wichtiger Auslöser für die spätere Gewaltkarriere ausgemacht wird (vgl. Pfeiffer u.a., 2005; Kriminologisches Forschungsinstitut, 2002; Wetzels u.a., 2001), soll zunächst auf die innerfamiliäre Gewalt eingegangen werden.

Innerfamiliäre Gewalt

Gewalt ist ein ubiquitäres Phänomen und ist in jedem Kulturkreis und in allen gesellschaftlichen Milieus anzutreffen. Eine Studie des Bundesfamilienministeriums zeigt, dass Gewalt in Paarbeziehungen gängig ist, auch in deutschen Familien: „Während in der Hauptuntersuchung 40 Prozent der befragten Frauen angaben, körperliche und/oder sexuelle Gewalt und Übergriffe seit dem 16. Lebensjahr erlebt zu haben, waren es bei den Frauen osteuropäischer Herkunft mit 44 Prozent und bei den Frauen türkischer Herkunft mit 49 Prozent deutlich höhere Anteile" (Bundesministerium für Familien, Senioren, Frauen und Jugend, 2005, S. 118f.). Während psychische und strukturelle Gewalt in der Gesellschaft wenig Beachtung finden, erregt die physische Gewaltanwendung, vor allem die der Jugendlichen mit muslimischem Migrationshintergrund, die Gemüter. Die tragischen Einzelfälle, die an dieser Stelle nicht verharmlost werden sollen, werden sowohl von den Politikern und der Justiz als auch von den Medien für unterschiedliche Zwecke instrumentalisiert, wie zum Beispiel in dem Fall, als zwei Jugendliche mit Migrationshintergrund einen Rentner geschlagen haben, weil er die Jugendlichen aufforderte, in der S-Bahn nicht zu rauchen, oder der Fall eines minderjährigen türkischen Jugendlichen, der ohne seine Eltern in die Türkei abgeschoben wurde. Des Weiteren wurden in einer Untersuchung des Kriminologischen Forschungsinstituts Niedersachsen Jugendliche der neunten Jahrgangsstufe danach gefragt, ob sie in den letzten zwölf Monaten Opfer von Gewalt wurden. Laut dieser Studie sind Jugendliche türkischer Herkunft zwei bis drei Mal häufiger von elterlicher Gewaltanwendung betroffen als andere Jugendliche (vgl. Kriminologisches Forschungsinstitut Niedersachsen, 2002). Das heißt: Gewaltanwendung scheint vor allem in türkisch-islamischen Familien ein verbreitetes Mittel zu sein, um Kinder und Jugendliche zu bändigen. Die Frage nach dem Warum brachte folgende Motive zutage: Neben den sozialen Rahmenbedingen wie Arbeitslosigkeit, Armut, beengte Wohnverhältnisse, Bildungsniveau, migrationsbedingte Stressfaktoren und eigene Gewalterfahrung konnten nach der Sichtung und Analyse der Interviews drei zentrale Faktoren ausgemacht werden, die die elterliche Gewaltanwendung bei Migranten mit muslimischer Herkunft begünstigen.

1. Restriktive Kommunikation

Spätestens während der Adoleszenz beginnen Autorität und Respekt die familiären Beziehungen, insbesondere zwischen den Kindern und dem Vater, zu prägen. Offene Zornesäußerungen werden weder gegenüber Vätern noch gegenüber anderen Autoritätspersonen, wie zum Beispiel Lehrern, toleriert. In der Adoleszenz besteht fast immer eine merkliche Distanz zum Vater; diese Distanz schlägt sich in der Kommunikation nieder, wie ein Interviewpartner beschreibt. „Die Kinder müssen schon Respekt vor Eltern haben. Das ist wichtig. Wenn die Kinder kein Respekt für Eltern oder andere ältere Menschen haben, ja, dann sind das keine guten Kinder. Die sind dann nicht gut erzogen. (...) Es ist wichtig, dass Kinder Respekt haben. Wenn die Kinder keinen Respekt haben, dann gebe ich eine Ohrfeige. Oder ich sage meiner Frau, die sollen anständig sein und nicht gegen mich reden. (...) Ja, Respekt heißt, die sollen ruhig sein, wenn Erwachsene reden, nicht gegen die Erwachsene reden und so weiter“ (Umar, 51, Hilfsarbeiter, Berlin). Es wird auch deutlich, dass in der weiteren Entwicklung des Kindes die Mutter eine Vermittlerrolle für das Verhältnis zum Vater übernimmt. Wenn die Kinder sich überhaupt einem Elternteil anvertrauen, dann mit hoher Wahrscheinlichkeit der Mutter. „Die Mutter ist schon wichtig. Der Vater ist nicht so oft da. Die Mutter ist immer da und hört sich auch die Probleme der Kinder an. (...) Die Mutter vermittelt meiner Meinung nach zwischen Vater und Kind oder Kindern“ (Gülay, 59, Reinigungskraft, München). Die Mutter ist auch diejenige, die im Streitfall beim Vater ein gutes Wort für das Kind einlegt. Außerdem überbringt sie den Kindern Wünsche des Vaters, seine Anweisungen und sogar Strafen (vgl. Kagitcibasi/Sunar, 1997, S. 155ff.).

Diese Art von Kommunikation, in der die Mutter die Vermittlerin ist, verläuft nicht immer reibungslos, falls die Mutter entweder die Wünsche des Vaters falsch weitergibt oder interpretiert. Oft ist diese Kommunikation auch dadurch gestört, dass die Mutter die Kinder schützt und nicht alle Wünsche – vor allem aber nicht alle Strafen – des Vaters weitergibt. „Der Vater ist manchmal streng, ja. Und ich sage nicht immer alles zu meinem Mann. Dann sagt der Vater die Kinder sollen das und das machen. Ich sage dann nicht alles den Kinder und so weiter. Ich will manchmal die Kinder schon schützen. Weil mein Mann oft streng ist und so. Aber wenn ich nicht alles sage, gibt es schon manchmal Probleme. Weil mein Kind macht das nicht. Dann mein Mann schlägt mein Kind“ (Emine, 40, Hausfrau, München). Wenn die Kinder die Weisungen des Vaters nicht befolgen, weil die Mutter sie nicht weitergeleitet hat, ist die Autorität des Vaters beschädigt und wird oft durch physische Bestrafung der Kinder wiederhergestellt.

Neben dieser traditionellen Kommunikationsschwierigkeit gibt es noch einen Aspekt, der von immenser Bedeutung ist: Eltern in diesem Erziehungskontext sind aufgrund ihrer verbalen Fähigkeiten (mangelnde Schulbildung, geringe, einfache und veraltete Türkisch- oder Arabischkenntnisse) nicht in der Lage, ihren Kindern Sachverhalte zu erklären und zu begründen. „Sagen wir so: Bei uns gibt es keine Bücher. Deshalb lese ich meinem Kind nicht vor. Ich lese schon ab und zu türkische Zeitung, aber ganz wenig, vielleicht am Wochenende, wenn ich Zeit habe. (...) Buch habe ich einmal in der Schule gelesen. Sagen wir, das war schon über zwanzig Jahre. Seitdem habe ich kein Buch gelesen. (...) Ich sage schon meinen Kindern, die sollen lesen. Aber das machen sie nicht, ich weiß auch nicht“ (Okan, 38, Arbeiter, Dortmund). Wie hier im Interview exemplarisch deutlich wird, lesen viele Eltern selbst nicht und können deshalb auch ihre Kinder nicht zum Lesen motivieren; in den seltensten Fällen lesen sie dem Kind vor. Deshalb werden auch altersadäquate Bücher und Gesellschaftsspiele, die den Horizont des Kindes erweitern würden, nicht gekauft. Kinder lernen zunächst durch Beobachtung, dann durch direkte Imitation und später durch das Nachspielen. Wenn die Kinder hartnäckig nach einer Begründung fragen, gar diese in Frage stellen, reagieren die Eltern aufgrund mangelnder verbaler Fähigkeiten beziehungsweise Fertigkeiten mit Schlägen, um „rebellierende“ Kinder zur Räson zu bringen beziehungsweise zu disziplinieren.

2. Bestrafung zum Disziplinieren

In einer Untersuchung in der Türkei, bei der Mütter danach gefragt wurden, welche Verhaltensweisen ihrer Kinder sie begrüßen würden, wurden folgende Ergebnisse erzielt: Während die Indikatoren „Mit anderen gut auskommen“, „gehorsam sein“ und „Nähe und Loyalität gegenüber den Eltern“ von 80 Prozent befürwortet werden, finden die Eigenschaften „Individualismus“ und „Selbstbewusstsein“ nur bei 3,6 Prozent der Mütter Resonanz (vgl. Kagitcibasi, 1996). Auch bei der Stichprobe der folgenden Untersuchung konnte festgestellt werden, dass Gehorsam und Loyalität bei den Eltern eine große Rolle spielen. Im Kontext von Armut und materieller Abhängigkeit von der Gemeinschaft entwickeln sich diese Wertvorstellungen am besten, weil die Familie Loyalität, Gehorsam und eng interpersonelle Bindungen untereinander für wichtig erachtet. „Also, wir sind schon arm. Die Familie muss schon zusammenhalten. Die Kinder können die Eltern später einfach nicht wie bei Deutschen in Altenheim abgeben. (...) Wir haben später kein Geld für Altenheim. Die Kinder müssen schon an die Familie denken. Das ist sehr, sehr wichtig. Wir unterstützen die Kinder. Die Kinder unterstützen uns später" (Racheed, 50, arbeitslos, Berlin). Es wird deutlich, dass in der traditionellen Familie die gegenseitige Unterstützung wichtiger ist als individuelles Fortkommen. Bei der traditionellen Erziehung wird davon ausgegangen, dass sich gehorsame Kinder später ihren Eltern gegenüber loyal verhalten, während unabhängige Kinder vielleicht eher eigene Interessen im Auge haben, wenn sie erwachsen sind (vgl. Kagitcibasi/Sunar, 1997, S. 154). Das wichtigste Erziehungsprinzip in diesem Familientyp ist der Respekt vor Autoritäten (vgl. Toprak, 2004; Özkara, 1988). Kagitcibasi und Sunar beschreiben den Respekt vor Autoritäten folgendermaßen: „Eine von den Eltern getroffene Entscheidung darf nicht angezweifelt werden. ‚Widersprechen' wird als höchst aufsässiges Verhalten betrachtet. Erwachsene Kinder sind aufgefordert, mit der Ehrerbietung und der Bezeugung von Respekt den Eltern und besonders dem Vater gegenüber fortzufahren und sogar wird von ihnen erwartet, dass sie ihre Eltern konsultieren, wenn eine wichtige Entscheidung ansteht. Die Sozialisationspraktiken, die das ehrerbietige, loyale, gehorsame Familienmitglied hervorbringen, bauen auf die Aufrechthaltung externer Kontrolle über die Person. Das Kind wird ermuntert und aufgefordert, seinen Eltern zu gehorchen. Und auch die anderen erwachsenen Verwandten und Mitglieder der Gemeinschaft erwarten Respekt und Folgsamkeit. Diese an das Kind gestellten, immer präsenten Anforderungen, stellen zusammen mit der vom heranwachsenden Nachwuchs erwarteten Loyalität und Unterstützung der Familie, eine schwer auf den Kindern lastende Bürde dar" (vgl. Kagitcibasi/Sunar, 1997, S. 157).

Werden die oben angeführten Anforderungen von den Kindern in Frage gestellt und nicht befolgt, betrachten es Erwachsene aus den niedrigen sozio-ökonomischen Schichten als legitim, die Kinder auch mit Hilfe von Schlägen zu disziplinieren. „Normalerweise schlage ich meine Kinder nicht. Aber wenn die Kinder nicht auf mich hören und nicht fleißig sind. Oder wenn sie mir oder anderen in der Familie nicht helfen. Dann gebe ich ab und zu eine Ohrfeige. (...) Wenn du das nicht machst, dann hören die Kinder später nicht auf dich. Wenn du das nicht sofort machst, dann ist später alles umsonst. Man muss die Kinder schon früh erziehen, damit sie später besser für ihre Familie und Verwandte sind. Wenn sie erwachsen sind, dann ist es zu spät. (...) Ich meine, Gewalt ist nicht gut. Aber eine Ohrfeige hat niemanden geschadet“ (Bülent, 43, selbstständig, München). Wenn die Kinder nicht das gewünschte Verhalten zeigen, sich den Eltern gegenüber unsolidarisch und aufsässig verhalten, den Eltern widersprechen und nicht die geforderte Leistung erbringen, werden sie, wie bei Bülent deutlich wird, von den Eltern bestraft, um sie zu disziplinieren. Damit soll verhindert werden, dass die Kinder in der späteren Entwicklung ihren Eltern und ihrem sozialem Umfeld untreu werden. Ordnung, Aufrichtigkeit und Loyalität sollen vermittelt werden, indem jeder Verstoß unmittelbar und konsequent geahndet und spürbar bestraft wird.

3. Überforderung in Erziehungsfragen und eingeschränktes Sprachvermögen

Zwei der wichtigsten Motive für elterliche Gewalt scheinen die Überforderung in Erziehungsfragen und ein eingeschränktes Sprachvermögen zu sein. Die Eltern – vor allem die Mütter, weil sie mehr als die Väter mit Erziehungsfragen befasst sind – teilen die Meinung, dass Erziehung viel schwerer und komplizierter geworden ist als noch eine Generation zuvor. Diese Schwierigkeiten führen die Eltern auf die Kommerzialisierung der Kinder zurück, das heißt auf die veränderte Medien- und Techniklandschaft sowie auf das Konsumverhalten der Kinder, wie zum Beispiel Computer, Internet, E-Mail, Mobiltelefon, Konsolenspiele, Fastfood, Markenkleidung etc. „Ich sage schon, es war früher einfacher mit der Kindererziehung. In der Türkei auf dem Land war sehr einfach. (...) Heute ist es sehr schwer. Die Kinder haben viele Wünsche. Die haben auch viele Fragen. Die sehen was im Internet oder im Fernsehen oder aber in der Schule und dann fragen mich. Ich weiß das dann nicht. Dann schäme ich mich, weil ich keine Antwort weiß. Als Mutter ist es schon schlimm, wenn man nicht Bescheid weiß. Ich antworte manchmal nicht. Aber das geht natürlich auch nicht. (...) Dann rutscht mir manchmal die Hand aus. Ich will aber nicht schlagen. Aber es geht manchmal nicht anders“ (Gülsüm, 33, Reinigungskraft, München). Das veränderte Lebenskonzept der Kinder ist den meisten Eltern allerdings nicht explizit bewusst. Viele sind sich nicht einmal darüber im Klaren, dass sie ihre Kinder aufgrund von Überforderung schlagen: Eine Ohrfeige erscheint ihnen als einzige Möglichkeit, das Kind temporär ruhigzustellen. Das Erlernen von allgemeinen Sachverhalten in niedrigen sozioökonomischen

Schichten erfolgt in erster Linie, wie oben beschrieben, zunächst durch Beobachtung, dann durch das direkte Imitieren und später durch das Nachspielen (vgl. Kagitcibasi, 1996). Viele Eltern sind schon durch ihre mangelnden verbalen Fähigkeiten nicht imstande, die oben angeführten schwierigen Fragen ihrer Kinder zu beantworten. Viele berichten auch, zuletzt in der Schule ein Buch gelesen zu haben. Es ist nachgewiesen, dass Lesen die verbale Begründungs- und Argumentationsfähigkeit stärkt, was bei den meisten der befragten Eltern nicht der Fall ist. „Wir machen abends nichts mit Kindern. Die machen manchmal die Hausaufgaben. Meistens schauen wir Fernsehen. (...) Die Kinder schauen auch Fernsehen. Oder aber die spielen Computer oder so" (Gülsüm, 33, Reinigungskraft, München). Wie von der Interviewpartnerin hervorgehoben, werden die Abende vor dem Fernseher verbracht; Gesellschaftsspiele, die die innerfamiliäre Kommunikation stärken, werden nicht gespielt.

Jugendliche Gewaltanwendung und Homophobie

Um einen Einblick in die Motive für Gewaltanwendung und Homophobie zu bekommen, wurden in München mit Teilnehmern eines Anti-Aggressivitäts-Trainings und in einem Münchner Jugendzentrum Interviews durchgeführt. Auf diesen basierend werden drei typische Biografien analytisch dargelegt, die thematisch zugeordnet werden konnten.

Zahir – „Für meine Freunde tue ich alles!"

Zahir ist zur Zeit des Interviews 17 Jahre alt und wurde wegen mehrfacher gefährlicher Körperverletzung zu einem Anti-Aggressivitäts-Training verurteilt. Ursprünglich stammen Zahirs Eltern aus Syrien, aus der Nähe der großen nordsyrischen Stadt Aleppo. Er ist zwar Kurde, spricht aber kein Kurdisch, laut eigener Aussage kann er aber etwas Arabisch, da seine Eltern es zu Hause sprechen. Zahir hat einen jüngeren Bruder (14 Jahre alt) und zwei ältere Schwestern (19-jährige Zwillinge), die alle in München geboren wurden. Der Vater war Schichtarbeiter in einer kleinen Glasfabrik in der Nähe von München, die Mutter hat eine Nebentätigkeit als Kassiererin in einem Supermarkt. Der Vater ist Mitte der 1980er-Jahre nach Deutschland gekommen, um seine Frau – gleichzeitig seine

Cousine – hier in Deutschland zu heiraten. Zunächst war er arbeitslos, während die Mutter erwerbstätig war und sich um die Zwillinge kümmerte. Aufgrund ihrer Doppelbelastung wurde die Kindererziehung sehr oft von Großeltern, Tanten und anderen Verwandten übernommen. Aus der Rückschau gibt Zahir an, dass sein Vater als „stolzer Kurde" diese Zeit der Nichterwerbstätigkeit schwierig fand, was die Kinder auch zu spüren bekamen. Sein Vater hat ihn und die Zwillinge aus Frustration oft geschlagen. Nachbarn und Bekannte haben ihn ausgelacht, weil nicht er, sondern seine Frau für den Unterhalt der Familie gesorgt hat. Als Zahir sieben Jahre alt war, hat sein Vater eine Anstellung gefunden. Er hat Tag und Nacht gearbeitet, um zu beweisen, dass er für die Familie sorgen kann. Deshalb hat er seiner Frau auch verboten zu arbeiten; sie sollte sich lieber um die Kinder kümmern. Der Vater hat Überstunden gemacht, um die sechsköpfige Familie zu ernähren. Das ging drei Jahre lang gut. Danach hat der Vater nicht nur gearbeitet, sondern das verdiente Geld in Männercafés und Spielcasinos ausgegeben. Er kam selten nach Hause, hatte Frauenbekanntschaften und kümmerte sich weder um seine Frau noch um die Kinder. Zahir fühlte sich von seinem Vater verraten und im Stich gelassen. Auch haben sich die Eltern viel gestritten. Und der Vater hat in dieser Zeit nicht nur seine Frau, sondern auch seine Kinder geschlagen. In einem Fall war die Mutter so schwer verletzt, dass sie mehrere Tage stationär im Krankenhaus behandelt werden musste.

Ab diesem Zeitpunkt hat Zahir das Interesse an seinem Vater beziehungsweise der Familie verloren. Er fand Halt bei seinen Freunden, seine bis zu seinem 12. Lebensjahr stabilen Schulleistungen ließen so nach, dass er von der Realschule in die Hauptschule wechseln musste. Dort hat er sich selten blicken lassen, alle Elterngespräche blieben folgenlos, und seine Eltern mussten mehrere Bußgeldbescheide bezahlen. Bereits mit 13 Jahren war Zahir in kleinere Körperverletzungsdelikte verwickelt, konnte aber aufgrund seines Alters nicht strafrechtlich belangt werden. Die vier aktenkundigen Körperverletzungsdelikte brachten ihm nicht nur das Anti-Aggressivitäts-Training, sondern auch einen zweiwöchigen Dauerarrest sowie zivilrechtliche Verfahren. Bei den aktenkundigen Strafverfahren fällt bei Zahir ein Motiv ins Auge: Alle seine Körperverletzungsdelikte sind entweder aus der Gruppensituation heraus entstanden oder er handelte, um seinen Freunden zu helfen. Zahir legt großen Wert auf Freundschaften, vor allem mit Migrantenjugendlichen. Er ist bereit, zu handeln oder einem Freund im Konfliktfall zu helfen, auch wenn er nicht genau weiß, worum es im Einzelnen genau geht. Nach seinem Freundschaftskonzept setzt man sich handgreiflich ein, selbst auf die Gefahr hin, dabei verletzt zu werden. Vertrauen, ein zuverlässiger Umgang miteinander sowie bedingungslose Solidarität sind eine Selbstverständlichkeit (vgl. Tertilt, 1996, S. 177f.). Bedingungslose Solidarität bedeutet in diesem Kontext, dem Freund, wenn er Unterstützung braucht, ohne weitere Fragen Hilfe zu leisten. Wenn die bedingungslose Solidarität nicht gewährleistet wird, ist nicht nur die Freundschaft, sondern auch die Männlichkeit des Jugendlichen in Frage gestellt (vgl. Tertilt, 1996, sowie Toprak, 2001). In der Übergangsphase des Jugendalters müssen Kinder beziehungsweise Jugendliche sich verschiedenen Herausforderungen stellen, zum Beispiel dem Schulabschluss, der Berufs- und Partnerwahl und dem Abnabelungsprozess vom Elternhaus. Diese Übergänge – oder die Identitätsentwicklung – vollziehen sich je nach Kultur, Tradition und Religion unterschiedlich und sind von einer Kontrollorientierung abhängig. Es gibt eine primäre und eine sekundäre Kontrollorientierung. Primäre Kontrolle ist der Versuch, die gegebenen Realitäten so zu verändern und zu beeinflussen, dass sie mit den eigenen Zielen und Wünschen übereinstimmen. Die sekundäre Kontrolle ist der Versuch, eigene Ziele und Wünsche den gegebenen Bedingungen anzupassen (vgl. Essau/Trommsdorf, 1995, S. 211f.). Bei der primären Kontrolle werden die Umweltgegebenheiten durch persönliche Aktivität, Dominanz und andere Einflussversuche geändert. Bei der sekundären Kontrolle werden hingegen die eigenen Ziele, die Individualität und Autonomie den Gegebenheiten der Umwelt untergeordnet. Bei Kulturen mit hoher Bewertung von Autonomie und Individualität wird eine primäre Kontrolle erwartet und bei gruppen- und sozialorientierten Kulturen, die mehr Wert auf Gruppenharmonie und Anpassung an Gruppenziele legen, die sekundäre Kontrolle beobachtet (vgl. ebd.).

Es ist anzunehmen, dass bei Zahir die sekundäre Kontrolle eine wichtige Rolle spielt, weil die Erziehung der Kinder in der Regel im sozialen Umfeld der Familie und Peergroup erfolgt und diese auf das Erlernen sozialer Rollen ausgerichtet ist: Übernahme von Geschlechts- und Familienrollen, soziale Normen sowie Vermittlung von Autoritätsbeziehungen. Durch das Verhalten des Vaters ist die Übernahme bestimmter sozialer Normen und Regeln aus Zahirs Sicht nicht mehr gewährleistet. Er fühlt sich von seinem Vater verraten und im Stich gelassen. Vor allem verhält sich sein Vater nicht ehrenhaft und männlich. Das heißt, der Vater ist gegenüber seiner Familie weder solidarisch noch loyal, er gibt das verdiente Geld mit seinen Freunden und anderen Frauen aus, statt die Familie zu unterstützen und für die Familie da zu sein. Der Vater ist für Zahir in Bezug auf Loyalität und Solidarität kein Vorbild, zumal dieser eine Affäre mit der Frau seines Freundes hatte. Die schwierige familiäre Situation, vor allem das Verhalten des Vaters, die ausgeprägten Diskriminierungserfahrungen, das Nicht-verstanden-Werden von der älteren Herkunftsgeneration sowie der gleichaltrigen deutschen Peergroup führen dazu, dass Zahir sich einem Freundeskreis anschließt, in dem Gruppenharmonie, Solidarität und Loyalität eine zentrale Rolle spielen. In seiner – nur aus Migrantenjugendlichen bestehenden – Peergroup wird alles getan: Es wird geteilt, was man hat, wie zum Beispiel Geld, Essen, Kleidung etc. Massenschlägereien können deshalb zustande kommen, weil der Freund nicht allein gelassen werden darf. Der Wert der Freundschaft spielt auch in der Gruppendynamik eine zentrale Rolle. Aus einer Dreier-Gruppe kann ganz schnell eine Großgruppe werden, wenn diese drei Jugendlichen Freunde haben, die sich mit ihnen solidarisieren. Aufgrund der Solidarität und Loyalität mit einem Freund oder Freunden war Zahir oft in Konflikte verwickelt, die in handgreiflichen Auseinandersetzungen mündeten. Ein Angriff auf den Freund gilt zwangsläufig auch Zahir. In dieser Frage kann sich Zahir nicht zurücknehmen, weil er seinen Freunden nicht nur in guten Zeiten beisteht, sondern auch in bedrohlichen oder gefährlichen Situationen. Zahir hat sowohl im familiären Kontext als auch in der Peergroup die Erfahrung gemacht, dass Konflikte mit Gewalt gelöst werden. Alternative Konfliktlösungsstrategien, die auf Konsens oder Meinungsaustausch basieren, lehnt er ab, weil er diese Formen als Ausdruck von Schwäche begreift.

Mustafa – „Meiner Freundin und Schwester lasse ich nichts sagen!“

Mustafa ist zum Zeitpunkt des Interviews 20 Jahre alt. Er hat zwei ältere und zwei jüngere Schwestern. Auch Mustafa wurde wegen mehrfacher gefährlicher Körperverletzung zu einem Anti-Aggressivitäts-Training verurteilt. Seine Eltern stammen ursprünglich aus der zentralanatolischen Stadt Sivas. Der Vater ist in den 1970er-Jahren nach Deutschland gekommen, hat eine Ausbildung zum Maurer abgeschlossen und arbeitet in einer Baufirma als Dachdecker. Ende der 1970er-Jahre hat er eine Frau aus seinem Heimatdorf geheiratet und lebt jetzt seit Ende der 1980er-Jahre mit seiner Familie im Münchener Norden. Die Mutter kann kaum

Deutsch, sie hat in Deutschland weder eine Schule noch einen Deutschkurs besucht. Mustafas ältere Schwestern sind 24 beziehungsweise 23, die jüngeren 17 beziehungsweise 15 Jahre alt. Mustafa war nicht in einer Kinderkrippe oder einem Kindergarten, denn seine Eltern wollten, dass er zu Hause erzogen wird. Neben der Mutter wurde er auch von den beiden älteren Schwestern betreut. In der Grundschule hatte Mustafa große Schwierigkeiten, weil er kaum Deutsch konnte. Bereits in der zweiten Klasse war seine Versetzung gefährdet, aber er blieb in der Grundschule nie sitzen. In der Hauptschule waren seine Leistungen in den ersten zwei Jahren stabil und sehr gut, sodass er in die Realschule wechseln konnte. Dieser Schulwechsel vollzog sich gegen seinen Willen, er wäre lieber mit seinen Freunden zusammengeblieben. Nach der siebten Klasse ließen seine Leistungen nach und er verließ die Schule mit dem einfachen Hauptschulabschluss. Anschließend hat er eine Lehre als Verkäufer begonnen, die er aber nach drei Monaten abbrach. Seitdem hält sich Mustafa mit Nebentätigkeiten über Wasser oder lebt von dem Geld, das sein Vater ihm gibt.

Die älteste Schwester von Mustafa hat die mittlere Reife und eine Lehre als Industriekauffrau abgeschlossen. Sie ist mittlerweile verheiratet und arbeitet in einem mittelständischen Unternehmen, das intensive Geschäftsbeziehungen zur Türkei unterhält. Die andere ältere Schwester hat nach der mittleren Reife eine Ausbildung zur Reisekauffrau gemacht, danach an einer Fachoberschule das Fachabitur erworben und studiert nun an der Fachhochschule München im 3. Semester Tourismus. Die ältere der jüngeren Schwester besucht die elfte Klasse eines Gymnasiums, die Jüngste besucht die Hauptschule, hat aber bereits einen Ausbildungsplatz zur Friseurin, den sie nach der Schule antreten möchte.

Mustafa erinnert sich daran, dass sein Vater eigentlich nur Söhne haben wollte, weil Jungen unkomplizierter seien. Mit unkompliziert meint er, dass Söhne die Ehre des Vaters nicht in dem Maße in Verruf bringen können wie Töchter. Der Vater hatte immer Angst um seinen Ruf, daher schlug er seine Frau, wenn sie zu spät nach Hause kam. Vor allem hat der Vater immer wieder betont, dass er in Deutschland keine Auffälligkeiten duldet. Vor ca. zehn Jahren hat er im Supermarkt einen Mann angegriffen und schwer verletzt, weil er seine Frau angeschaut hatte. Dieses Verhalten wurde in der Familie immer wieder mit Lob und Anerkennung hervorgehoben, es brachte dem Vater hohes Ansehen im Bekanntenkreis und alle haben ihn respektiert. Der Vater hat seiner Frau und den Töchtern verboten, ohne seine Erlaubnis das Haus zu verlassen oder Bekannte zu treffen. Zeitweise hat er sogar den Einkauf erledigt, damit seine Frau nicht auf die Straße geht. Wurden die Vorgaben nicht umgesetzt oder wurde ihm widersprochen, hat er seine Frau und die Töchter geschlagen. Weil die Kontrolle aufgrund der Erwerbstätigkeit des Vaters nicht lückenlos sein konnte, bekam Mustafa bereits mit sieben, acht Jahren den Auftrag, die Aktivitäten seiner Schwestern tagsüber zu überwachen und an seinen Vater zu berichten. Wenige Jahre später sollte er dann stellvertretend die Schwestern kontrollieren und bestimmte Verhaltsweisen verbieten. Bei Verstößen würde der Vater intervenieren. Auch Mustafa hatte keine Wahl, er erfüllte die ihm übertragenen Aufgaben und anfangs bekam er dafür viel Lob und mehr Taschengeld, wenn er alle Informationen an seinen Vater weitergab. Mit ca. 13 bis 14 Jahren hat sein Vater ihm deutlich gemacht, dass er reif sei, selbstständig dafür zu sorgen, dass seine Schwestern sich in der Öffentlichkeit normgerecht verhalten. Sollte der Vater Negatives über die Töchter hören, sei Mustafa dafür verantwortlich. Rückblickend berichtet Mustafa, dass sein Vater ihn unter Druck gesetzt hat. Damals hat er nicht darüber nachgedacht, weil er seinen Vater nicht enttäuschen wollte. Wenn er nachsichtig mit den Schwestern war oder Dinge nicht weitergegeben hat, wurde er von seinem Vater als „unmännlich“ oder als „Schwächling“ bezeichnet. Denn das wichtigste Indiz für eine ausgeprägte Männlichkeit ist die geistige und körperliche Stärke. Traditionsgemäß – und so auch in Mustafas Familie – werden die Jungen zum Ringen, Boxen und zu anderen Kampfsportarten ermutigt und darin gefördert, während das bei Mädchen undenkbar ist. Wenn sich ein Junge beim Spielen verletzt und dann weinend zur Mutter geht, wird er unter Umständen bestraft, da Weinen Weiblichkeit und Schwäche impliziert (vgl. exemplarisch Pfluger-Schindlbeck, 1989). Auch bei den Teilnehmern des Anti-Aggressivitäts-Trainings fällt ins Auge, dass sie Kampfsportarten trainieren und körperlich sehr fit sind. Viele der Jugendlichen berichten, dass Schläge zum Erziehungsauftrag der Eltern gehören, damit aus dem Jungen ein richtiger Mann wird. Bei Mustafa wird darüber hinaus deutlich, dass Dominanz und selbstbewusstes Auftreten im Hinblick auf die Kontrolle der weiblichen Familienmitglieder von klein auf eingeübt wird. In einigen Jugendkulturen treten deshalb muslimische Jungen im Gegensatz zu den Mädchen sehr dominant und selbstbewusst auf. Sie werden zu diesem Verhalten, wie bei Mustafa exemplarisch festgestellt werden konnte, erzogen und ermuntert. Ein Junge muss in der Lage sein zu entscheiden, was für die später zu gründende Familie das „Richtige“ und „Vorteilhafte“ ist. Dies kann er u.a.

dadurch unter Beweis stellen, dass er seine Position selbstbewusst verteidigt und auf Meinungen, die von außen an ihn herangetragen werden, keine Rücksicht nimmt. Solche Rücksichtnahme wäre „nur von Frauen zu erwarten" und würde als Schwäche ausgelegt (vgl. Schiffauer, 1983, und Toprak, 2006, S. 72f.). Dominanz und selbstbewusstes Auftreten werden jedoch nur in bestimmten Grenzen gefördert. Wenn die jungen Männer mit 18 Jahren oder später den Wunsch äußern, das Elternhaus zu verlassen, bevor sie geheiratet haben, wird dies in der Regel nicht erlaubt. Bei Mustafa kann sogar beobachtet werden, dass er zwar nach außen sehr selbstbewusst und dominant auftritt, andererseits aber noch mit 20 Jahren finanziell von seinen Eltern abhängig ist. Sein Vater hat ihm nie Vorwürfe gemacht, dass er keine Berufsausbildung abgeschlossen hat. Aber er soll so lange zu Hause bleiben, bis er eine feste Stelle bekommt und heiratet.

Die materielle und emotionale Abhängigkeit vom Vater einerseits und die schulischen, beruflichen und sozialen Misserfolge andererseits tragen dazu bei, dass für Mustafa die traditionellen Männlichkeitsbilder so zentral sind. Die Anerkennung, die ihm im schulischen, beruflichen und wirtschaftlichen Kontext versagt bleiben, erhält er vom Vater und den Verwandten, indem er loyal die traditionellen Rollenbilder adaptiert und umsetzt. Laut Gerichtsakte ist Mustafa in vier Fällen wegen gefährlicher beziehungsweise schwerer Körperverletzung verurteilt worden. In allen vier Fällen hat er Jugendliche oder (junge) Männer geschlagen oder schwer verletzt, die mit einer seiner Schwestern geredet haben oder in seiner Anwesenheit seine Freundin angeschaut oder angesprochen haben. Sein einziges Tatmotiv ist die „Verteidigung" der weiblichen Familienmitglieder oder seiner Freundin. Die Verteidigung der weiblichen Familienmitglieder ist ein zentraler und sensibler Bereich für Jugendliche wie Mustafa. Während selbstbewusste und offene Jugendliche in der dritten Generation sich von diesen gesellschaftlich (in diesem Kontext traditionell männlichen) vorgegebenen Normen befreien und sich beispielsweise über ihr Studium oder ihren Beruf definieren, klammern sich Jugendliche mit wenig Selbstwertgefühl und geringer Bildung beziehungsweise geringem Prestige gerade an diese Werte und betonen sie rigider als üblich. Über die Verteidigung der weiblichen Familienmitglieder erhoffen sie sich Anerkennung, Achtung und Prestige in der eigenen Community, um Defiziterfahrungen in der Mehrheitsgesellschaft zu kompensieren.

Abdul – „Ich hasse Schwule!"

Abdul ist zum Zeitpunkt des Interviews 19 Jahre alt und stammt ursprünglich aus dem Libanon. Als Dreijähriger ist er mit seinen Eltern aus der südwestlichen Stadt Tyre nach Deutschland geflüchtet. Die Eltern haben Anfang der 1990er-Jahre einen Asylantrag in München gestellt, der erst nach mehreren gerichtlichen Instanzen vor wenigen Jahren positiv entschieden wurde. Der Vater hat im Libanon als Bauingenieur gearbeitet, die Mutter als Krankenschwester. Aufgrund der unsicheren Lage in Libanon hat die Familie entschieden, nach Deutschland zu flüchten. Als die vierköpfige Familie nach Deutschland kam, musste sie mehrere Jahre in einer Unterkunft für Asylbewerber wohnen. Neben einem älteren Bruder hat Abdul noch eine jüngere Schwester und einen jüngeren Bruder, die in dieser Zeit zur Welt kamen. Obwohl Abdul keinen Kindergarten besucht, schließt er die Grundschule erfolgreich ab. Nach der Grundschule besucht er eine Hauptschule, die er mit guten Leistungen in der Regelzeit abschließt. Er beginnt eine Lehre als Automechaniker, die er mit großem Erfolg beendet. Zum Zeitpunkt des Interviews arbeitet er seit vier Monaten in dem Betrieb, in dem er seine Ausbildung gemacht hat. Abdul ist nie strafrechtlich auffällig geworden. In seiner Freizeit besucht er regelmäßig ein Jugendzentrum im Münchener Westen, wo er seine Freunde und Bekannten trifft.

Die ersten zehn Jahre in Deutschland verbrachte Abdul in unterschiedlichen Asylunterkünften in München und im südlichen Bayern. Bis über den Asylantrag entschieden werden konnte, durften seine Eltern nicht arbeiten. Am Anfang dachte Abdul, dass sein Vater aus Faulheit nicht arbeiten geht. Die Situation im Wohnheim empfand er als sehr beengt und teilweise aggressiv, weil die Hausbewohner außer Fernsehen und Kartenspielen nichts zu tun hatten. Seine Eltern bewohnten mit ihren vier Kindern zwei Zimmer, Küche und Bad wurden mit anderen geteilt. Die meisten waren Männer und kamen aus unterschiedlichen Ländern. Abdul erinnert sich daran, dass die Männer im Wohnheim selten Freundinnen hatten und fast immer unter sich blieben. Ihm fiel auf, dass ein junger Mann mit dem Namen John von den anderen Männern unfair und ungerecht behandelt wurde. Alles was John sagte, wurde in Frage gestellt oder ins Lächerliche gezogen, und er wurde mit dem Namen Johanna angesprochen. Als Abdul sich mit zwölf Jahren mit John anfreundet, verbietet ihm sein Vater, John zu treffen. Eines Tages – während eines Gesprächs mit John – zerrt ihn sein Vater ins Haus und schlägt ihn mit Händen und Füßen so lange, bis Mitbewohner den Vater mit Mühe und Not wegbringen. Der Vater lässt sich aber nur schwer beruhigen und versucht immer weiter, auf seinen Sohn einzuschlagen. Bis dahin wusste Abdul nicht, warum er John nicht ansprechen soll. Erst im Nachgespräch mit dem Vater und dem älteren Bruder erfährt er, dass John homosexuell ist und dass der Vater aus diesem Grund den Kontakt verbietet. Einige Monate hält sich Abdul strikt an das Kontaktverbot, u.a. aus Angst vor neuerlichen Schlägen. Als er eines Abends mit einem Freund spazieren geht, hören sie Geräusche, die sie nicht einordnen können. Der Freund geht sofort weg, während Abdul sich auf die Geräusche zu bewegt. Er belauscht John beim Geschlechtsverkehr mit einem Mann. Diesen anderen Mann kennt Abdul aus dem Wohnheim, er wohnt im gegenüberliegenden Block, ist verheiratet und hat zwei Kinder. Als die beiden Männer auf Abdul aufmerksam werden, flüchtet er sofort zum Wohnheim und lässt sich von seinem Vater verleugnen, als der Mann nach ihm fragt. In den darauf folgenden Tagen und Wochen beobachtet Abdul, dass dieser Mann sehr negativ über John redet, wie zum Beispiel dass Schwule keine Männer seien, eine Schande für alle Männer seien, kein Anrecht auf Leben hätten etc. Als er seine Beobachtungen seinem älteren Bruder erzählt, gibt dieser dem Mann recht und bezeichnet nur John als schwul.

Die Bezeichnung „schwul" ist sowohl in bestimmten muslimischen Gruppierungen als auch in bestimmten Milieus unter Deutschen negativ besetzt. Aber in Milieus, in denen die hegemoniale Männlichkeit eine zentrale Rolle spielt, gibt es zwei unterschiedliche Bewertungen von Homosexualität (vgl. Tertilt, 1996, S. 196f.). Die aktive Rolle beim Geschlechtsverkehr wird mit den Begriffen Stärke, Dominanz, Potenz und Männlichkeit in Verbindung gebracht. Die passive Rolle wird dagegen mit den Begriffen Schwuchtel, Frau und Schwächling abgewertet und ist verpönt (vgl. ebd., S. 197f., und Toprak, 2006, S. 72ff.). In diesen Milieus werden Männer dann als homosexuell bezeichnet, wenn sie die Rolle des Schwächeren übernehmen, weil diese in der Regel die Frauenrolle impliziert und nicht in das hegemoniale Männerbild passt. „Die Handlung des aktiven, penetrierenden Parts wird in der türkischen Umgangssprache mit dem Verb ‚sikmek' (ficken), die des passiven, penetrierbaren Parts mit ‚sikilmek' (gefickt werden) oder auch mit ‚siktirmek' (sich ficken lassen) wiedergegeben. ‚Siktirmek' (sich ficken lassen) ist dabei der stärkere Ausdruck, weil er die Bereitschaft zur Unterwürfigkeit impliziert" (Tertilt, 1996, S. 197f.). Deshalb wird nur John im Wohnheim belächelt und nur seine Männlichkeit wird in Frage gestellt, weil er beim Geschlechtsverkehr den passiven Part innehat. Die anderen Männer – wie in diesem Fall der Familienvater – demonstrieren ihre Potenz, Virilität und Dominanz, der Begriff Bisexualität wird nicht akzeptiert.

Diese Doppeldeutigkeit beziehungsweise Ambivalenz in Bezug auf Homosexualität versus hegemoniale Männlichkeit hat dazu beigetragen, dass sich bei Abdul eine Abwehrhaltung und Abneigung gegenüber homosexuellen Männern entwickelt hat. Für ihn steht aber unumstößlich fest, dass ein Mann, der heterogene sexuelle Neigungen hat, keinen sexuellen Kontakt zu Männern haben darf. Wenn er das trotzdem macht, dann ist er nicht heterosexuell, sondern homo- beziehungsweise bisexuell. Als Abdul im Wohnheim nach einem Wortgefecht den Mann, den er mit John beobachtete, der Homosexualität bezichtigt, gibt es eine handgreifliche Auseinandersetzung zwischen beiden Familien. Um eine eventuelle Racheaktion gegen Abduls Familie zu verhindern, müssen sie in ein anderes Wohnheim ziehen. Denn mit seiner öffentlichen Aussage hat Abdul den Mann nicht nur beleidigt, sondern die Position des Schwächeren auf ihn projiziert, sodass der Konflikt eine Grenzüberschreitung im Sinne von Ehrverletzung wurde. Wie im Konzept der Ehre erläutert wurde, muss ein Mann Stärke und Dominanz zeigen, um seine Familie nach außen zu schützen. Abdul benutzt den Begriff Homosexualität, und Homosexualität impliziert in diesem Kontext Schwäche, Weiblichkeit und Ehrlosigkeit.

Zusammenfassende Analyse der Biografien

Bei allen drei Biografien kann man feststellen, dass die persönlichen Erfahrungen und Bedingungen eine zentrale Rolle bei der Entwicklung von Gewaltneigung, Schwulenfeindlichkeit und radikalen Meinungen spielen. Bei Abdul konnte aufgezeigt werden, dass seine schwulenfeindliche Einstellung in erster Linie durch die ambivalente Haltung der Männer im Wohnheim geprägt wurde. Die Eltern und die Gegend, aus der Abdul stammt, sind in Bezug auf die Geschlechterrollen konservativ geprägt. Offiziell wird Homosexualität abgelehnt und als Sünde betrachtet, wird aber in den meisten Fällen als Privatsache angesehen. Am stärksten wird Homosexualität abgelehnt, wenn die eigenen Kinder oder Familienmitglieder betroffen sind. Als Abdul sich mit John anfreundet, befürchten die Eltern, dass ihr Sohn homosexuelle Erfahrungen machen könnte, und verbieten den Kontakt. Die rigide Einstellung des Vaters in Bezug auf Homosexualität auf der einen Seite und die Tatsache, dass Männer mit John Sex haben und nicht als homosexuell bezeichnet werden, auf der anderen Seite, trägt dazu bei, dass Abdul Homosexualität stark ablehnt. Seine radikale Einstellung begründet sich ausschließlich aus den Erfahrungen, die er im Wohnheim gemacht hat. Abdul bezieht sich dabei nicht auf seine religiöse Einstellung oder den Islam, weil er sich und seine Familie als nur mäßig gläubig bezeichnet.

Bei Mustafa konnte aufgezeigt werden, dass sein Vater ihn mit der Kontrolle und Überwachung seiner Schwestern beauftragt. Der Vater legt großen Wert auf die Ehre der Familie, die in erster Linie über das Verhalten seiner Töchter beziehungsweise Frau definiert wird. Da Mustafa den Alltag seiner Schwestern besser kennt, bekommt er von seinem Vater bereits im Kindesalter den Auftrag, diese zu kontrollieren und Auffälligkeiten zu berichten. Mustafa wird sehr früh in die „Beschützerrolle" gedrängt, eine Rolle, die ihm viel Anerkennung, Lob und Respekt einbringt. Also konzentriert er sich auf diese Aufgabe und vernachlässigt seine schulische und berufliche Ausbildung. In der Adoleszenz wird er strafrechtlich auffällig, weil er seine Schwestern oder Freundinnen schützen wollte. Mustafa wird zwar strafrechtlich belangt, aber in seiner Familie und in der Community wird er dafür gelobt und anerkannt. Schulisch, beruflich und wirtschaftlich ist Mustafa seinen Schwestern und Freundinnen unterlegen und er kompensiert diese Schwäche, indem er seine „Beschützerrolle" umso rigider interpretiert. Wie bei Abdul kann auch bei Mustafa beobachtet werden, dass seine religiöse Einstellung nicht ausschlaggebend für sein deviantes Verhalten ist.

Bei Zahir war deutlich zu beobachten, dass innerfamiliäre Bindungen von zentraler Bedeutung für die Identitätsbildung sind. Wenn der familiäre Halt nicht stark genug ist, suchen Jugendliche in der Adoleszenz oder Postadoleszenz alternative Orte für die Identitätsentwicklung. Aufgrund des Verhaltens seines Vaters fühlt sich Zahir in der Familie nicht geborgen. Er ist verunsichert und misstrauisch, weil sein Vater das Geld mit Freunden und Geliebten ausgibt. Dadurch verliert er das Interesse an seiner Familie, vor allem an seinem Vater, und schließt sich einer Jugendgruppe an. Hier erlebt und erfährt Zahir, was Solidarität und Loyalität in der Gruppe bedeuten. Diese Verhaltensweisen beeindrucken Zahir immens, weil sie in seiner Familie nicht existieren. Die Begriffe Loyalität und Solidarität verinnerlicht Zahir so sehr, dass er bereit ist, für seine Freunde Straftaten zu begehen. Wenn es um deren Verteidigung geht, spielt es für Zahir keine Rolle, ob sie recht haben oder nicht. Entscheidend ist und bleibt ihre Unantastbarkeit. Auch Zahirs Verhalten ist nicht religiös motiviert, sondern beinhaltet jugendkulturelle Züge, die auch bei deutschen Jugendlichen zu beobachten sind.

Resümee

In diesem Kapitel wurde anhand von Fallbeispielen der Versuch unternommen aufzuzeigen, dass die Motive für Gewalt, Gewaltanwendung oder Homophobie ganz unterschiedliche, teilweise sehr individuelle Gründe haben können. Neben diesen individuell-persönlichen Gründen wird in der Literatur darauf hingewiesen, dass die Kriminalisierung und Schuldzuweisungen der Migranten und vor allem der Muslime wenig beachtet wird. Vor allem bei der Kriminalität wird von Mansel hervorgehoben, dass Migranten öfter angezeigt und intensiver von der Polizei und den Behörden kontrolliert werden (vgl. Mansel, 2007, S. 169ff.). Die aktuellen Untersuchungen zeigen, dass Gewalt und Homophobie nicht nur unter Migranten oder Muslimen, sondern in allen gesellschaftlichen Milieus angetroffen werden können. In einer in acht europäischen Ländern[6] durchgeführten Untersuchung von Zick, Küpper und Wolf lehnen 42,6 Prozent der befragten Europäer gleiche Rechte für Schwule und Lesben ab und beurteilen Homosexualität als unmoralisch (vgl. Zick u.a., 2009, S. 6f.). Auch beim Thema Gewalt kann anhand der Literatur festgestellt werden, dass Gewalt und Gewaltanwendung nicht nur unter Migranten, sondern in allen Kulturen und Milieus vorkommen (vgl. Bundesfamilienministerium, 2005, und Kriminologisches Forschungsinstitut, 2002). Es bleibt zu klären, ob der Islam oder Religion an sich eine Motivlage für Gewalt, Gewaltanwendung und Homophobie darstellt oder darstellen kann. Bezogen auf die drei Biografien wurde diese Frage mit Nein beantwortet. Wenn darüber hinaus die Motive oder Faktoren der europäischen Studie „Gruppenbezogene Menschenfeindlichkeit“ intensiver betrachtet werden, kann festgestellt werden, dass sehr viele Faktoren zusammenkommen, warum Vorurteile gegenüber benachteiligten sozialen Gruppen ausgeprägt sind. Religiosität ist neben der Befürwortung von Autoritäten, der Ablehnung von Vielfalt, sozialer Dominanzorientierung,

[6] Großbritannien, Frankreich, Deutschland, Niederlande, Italien, Portugal, Polen und Ungarn.

politischer Machtlosigkeit, politischer Orientierung, der eigenen finanziellen Situation verglichen mit anderen, gruppenbezogener Deprivation (Mangel), Alter und Bildung nur einer von vielen möglichen Gründen (vgl. Zick u.a. S. 14ff.).

Neben den oben zitierten Gründen, die ebenso bei Gewalt, Gewaltanwendung und Homophobie bei Muslimen eine Rolle spielen, konnten bei der Untersuchungsstichprobe neben Religion die folgenden weiteren Motive ausgemacht werden:

Arbeitslosigkeit oder Tätigkeit als Hilfsarbeiter: Wenn die betroffenen Menschen aufgrund ihrer Schul- und Berufausbildung von Arbeitslosigkeit betroffen oder bedroht sind oder wenn schlecht bezahlte Hilfsarbeitertätigkeiten angenommen werden müssen, trägt das dazu bei, dass das Einkommen gering bleibt und nur bestimmte Stadtteile und Wohnsegmente für die Betroffenen in Frage kommen.

Geringe Allgemeinbildung: Bei geringer oder schlechter Allgemeinbildung können Sachverhalte nicht differenziert betrachtet werden und die Betroffenen sind dadurch leicht manipulierbar. Viele können kaum lesen und schreiben, vor allem in der ersten Generation sind auch viele Analphabeten.

Keine eigene Meinung: Aufgrund der schlechten Allgemeinbildung und der schlechten Schul- und Berufsausbildung können sich die Betroffenen häufig keine eigene Meinung bilden. Meinungen und Sachverhalte werden von den Eltern, der älteren Generation beziehungsweise der Peergroup unreflektiert übernommen.

Aufenthaltsmilieus: Zu Gewalt und Homophobie neigende Personen verkehren in bestimmten Kreisen, wie zum Beispiel in Freizeitheimen, bei Familienmitgliedern, in ethnischen Männercafés oder Clubs. Dadurch haben sie keinen Kontakt zu gebildeteren Milieus und hören keine differenzierten Meinungen.

Keine (eigenen) Hobbys: Zu Gewalt und Homophobie neigende Personen haben keine individuellen Hobbys. Die Hobbys dieser Personengruppen beschränken sich auf Kampfsportarten oder Fußball. Musische oder künstlerische Aktivitäten, in denen individuelle Interessen, Eigenschaften beziehungsweise Begabungen ausgelotet werden, kommen nicht vor. Die Haupt- beziehungsweise Lieblingsbeschäftigung der Betroffenen ist „Rumhängen“. Das heißt, die Betroffenen nehmen sich nichts vor, leben in den Tag hinein und treffen sich mit gleichgesinnten Freunden an öffentlichen Plätzen, wie zum Beispiel Parks, Straßenkreuzungen etc.

Überschätzung eigener Fähigkeiten: Viele der Betroffenen sind nicht in der Lage, ihre Interessen ihren Fähigkeiten und Fertigkeiten anzupassen. Überzogene Wünsche und Erwartungen an die Schul- und Berufsausbildung oder die Erwerbstätigkeit prägen ihren Alltag.

Geringe Frustrationstoleranz: Die Frustrationstoleranz ist gering, weil Wünsche und Erwartungen nicht umgesetzt werden können und Enttäuschungen an der Tagesordnung sind. Diese Jugendlichen wechseln oftmals von einer subventionierten Berufsmaßnahme in die nächste oder von einem Job in den anderen und sind oft überschuldet.

Zusammenfassend lässt sich sagen, dass der Islam beziehungsweise die Religion kein alleiniges Erklärungsmerkmal für Gewalt, Gewaltanwendung und Homophobie darstellt. Neben individuell-persönlichen Gründen spielen gesellschaftliche, politische und bildungsbedingte Faktoren eine entscheidende Rolle.

Gleichberechtigung und Geschlechterrollen

Die Gleichberechtigung ist in der muslimischen Community zwar ein Thema, aber verglichen mit Mitteleuropa eher randständig. Es gibt nur wenige Untersuchungen zur Gleichberechtigung unter Migranten mit muslimischem Hintergrund. In der Studie von Boos-Nünning und Karakasoglu wurden Mädchen zwischen 15 und 21 zu ihrer Einstellung zur konventionellen Rollenverteilung befragt. Diese Gruppe lehnt es überwiegend ab, dass nur der Mann einem Beruf nachgehen soll, während die Frau den Haushalt erledigt (vgl. Boos-Nünning/Karakasoglu, 2006, S. 265ff.). In dieser Studie wurden sowohl die Umsetzung oder Praxis der Geschlechterrollen als auch die männliche Perspektive bewusst ausgeklammert. Daher soll in der folgenden Untersuchung der Frage nachgegangen werden, inwiefern die interviewten Männer und Frauen – unterschiedlicher Generationen – die klassischen Geschlechterrollen adaptieren oder ablehnen beziehungsweise wie diese in der Praxis umgesetzt werden. Folgende ausgewählte Kriterien, die Ungleichheit zwischen Männern und Frauen implizieren können, werden – mit Interviewauszügen belegt – diskutiert: Beruf, Entscheidungsfindung, der Mann als Ernährer und Freizeit.

Beruf und Erwerbstätigkeit

Eine nähere Betrachtung der Daten des Beauftragten der Bundesregierung für Integrationsfragen zeigt, dass muslimische Frauen sowohl in der Berufsausbildung als auch in der Erwerbstätigkeit im Vergleich zu muslimischen Männern unterrepräsentiert sind (vgl. Beauftragte der Bundesregierung für Integrationsfragen, 2007, S. 47ff.). Außerdem konzentriert sich die Berufswahl der Migranten auf weniger zukunftsträchtige Branchen und gering bezahlte Tätigkeiten. In den Metallberufen erreicht die Ausbildungsbeteiligung der nichtdeutschen Jugendlichen nahezu ihren Anteil an der Bevölkerung ihrer Altersgruppe. In den unter Auszubildenden beliebten Berufen, wie zum Beispiel Bank- oder Versicherungskaufmann, ist die Ausbildungsbeteiligung mit zwei bis drei Prozent weit unter dem Durchschnitt (vgl. ebd.). Das heißt aber nicht, Jugendliche mit Migrationshintergrund würden sich nur für ganz wenige Berufe interessieren. Den Ausführungen von Attia, Aziz, Marburger und Menge kann entnommen werden, dass dieser Zustand nicht allein mit den Interessen und Wünschen der Auszubildenden zusammenhängt, sondern auch mit den Chancen und Möglichkeiten, die ihnen nur in wenigen Berufen geboten werden (vgl. Attia/Aziz/Marburger/Menge, 2003, S. 73f.). Laut Bericht des Integrationsbeauftragten sind die Gründe sehr mannigfaltig, sollen aber hier nicht im Einzelnen betrachtet werden. Vielmehr wird der Frage nachgegangen, wie Männer und Frauen unterschiedlicher Generationen Beruf und Erwerbstätigkeit in Bezug auf die Geschlechterrollen verorten.

Die Studie des Bundesamts für Migration und Flüchtlinge „Muslimisches Leben" weist bei Männern aus allen Herkunftsländern und allen Religionen eine Erwerbstätigenquote von über 50 Prozent aus, 42 Prozent der türkischen Frauen sind berufstätig und gut 20 Prozent befinden sich in einer Berufsausbildung (vgl. Bundesamt für Migration und Flüchtlinge, 2009, S. 224ff.). Für jüngere Frauen bis 35 Jahre gilt, dass die Bildungsaspiration und der Wunsch nach Erwerbstätigkeit zwar sehr hoch sind, aber die Rahmenbedingungen in der Familie in vielen Fällen entweder nicht optimal sind oder die Mädchen und jungen Frauen nicht in dem Maße unterstützt werden wie die Jungen. „Also, als mein Bruder in die weiterführende Schule gehen sollte, waren meine Eltern sehr daran interessiert, welche Schule er besuchen sollte. Sie wussten zwar im Einzelnen nicht, welche Schule was bedeutete. Aber sie wussten, dass mein Bruder aufs Gymnasium muss, damit er später Ingenieur werden kann. (...) Als ich auf dem Gymnasium war, hat mein Vater gesagt, das würde zu lange dauern. Es reicht doch einfach, wenn ich die normale Schule besuche und eine Ausbildung mache. (...) Ich habe aber trotzdem in der Schule weitergemacht und stehe kurz vor dem Abschluss meines Studiums. (...) Also, ehrlich gesagt, hat mein Vater das nicht so richtig verstanden. Er hat nur gesagt, wenn du das unbedingt machen möchtest, dann ist das in Ordnung" (Aynur, 25, Studentin der Literaturwissenschaften, Berlin). Hier wird deutlich, dass Aynur in ihrem Bildungsstreben nicht unterstützt wird. Es ist vielmehr so, dass ihr Wunsch hingenommen, geduldet wird. Für den Vater bedeutet das Studium vor allem, dass eine Heirat hinausgezögert wird und sich Aynur im Laufe der Jahre möglicherweise von der Familie emanzipiert und beispielsweise einen Mann heiratet, der nicht zur Familie passt. Außerdem geht er von der klassischen Rollenverteilung aus: während seine Tochter heiratet und Kinder bekommt und deshalb keine hochwertige Ausbildung braucht, wird sein Sohn später der Ernährer einer Familie sein und muss deshalb gut ausgebildet werden. Ein Interviewpartner aus Dortmund bestätigt diese These wie folgt: „Beide müssen Schule machen und eine Ausbildung. Aber bei Mädchen reicht eine kleine Ausbildung. Der Junge muss schon gute Schule und Ausbildung machen. (...) Der Mann muss später für seine Familie da sein und die Familie versorgen. Deshalb braucht er gute Ausbildung. Ja, und dann muss der Mann gute Ausbildung machen, ja, weil er immer zu Familie gehört. Mädchen heiratet und in eine fremde Familie" (Birol, 43, Arbeiter, Dortmund). Neben der Ergänzung und Bestätigung der konventionellen Geschlechterrollen spricht der Interviewpartner einen Bereich an, der in den ländlichen Gebieten der Herkunftsländer eine entscheidende Rolle spielte und immer noch spielt, nämlich Kinder als ökonomischer Nutzen. In patriarchalischen Familien gehören die Söhne immer der Familie. „Das ‚ideale' Familienkonzept (...) wird deshalb möglichst viele männliche Nachkommen vorsehen, insbesondere in Gesellschaften mit patrilinearen Verwandtschaftssystemen, in denen Söhne lebenslang zur Herkunftsfamilie ‚gehören'" (Nauck, 1997, S. 169f.). Konsequenz dieses Konzepts ist es, dass die Ausbildung männlicher Nachkommen mehr gefördert wird als die der weiblichen.

Die Ausbildung der Kinder in Deutschland spielt für die Eltern eine ganz zentrale Rolle. Im Vordergrund steht dabei der Wunsch, dass ihre Kinder eine bessere Ausbildung bekommen als sie, damit sie nicht unter schlechten Arbeitsbedingungen leiden wie sie selbst. Deshalb wird in der muslimischen Community nicht nur der oben dargestellte Sachverhalt beobachtet, sondern auch die Ausbildung der Kinder geschlechtsübergreifend forciert. Es wird sogar geduldet, dass die Töchter aus dem Elternhaus ausziehen, um ein Studium in einer anderen Stadt aufzunehmen. „Natürlich hätte ich auch Kulturwissenschaften in Köln studieren können. Ich bin ja in Köln aufgewachsen, und ich liebe diese Stadt. Das wäre überhaupt kein Problem. Aber ich habe meinen Eltern gesagt, dass ich das nur in Berlin, München oder Heidelberg studieren kann. Meine Eltern haben zwar nachgefragt, warum ich in der Nähe keinen Studienplatz bekommen habe, oder ich solle etwas studieren, was auch in Köln gibt. Aber sie haben ganz schnell aufgegeben. Sie haben dann überall erzählt, dass ich studieren werde und nicht Arbeiterin werde" (Sibel, 24, Studentin der Kulturwissenschaften, München). Die Aussage macht deutlich, dass die Eltern die universitäre Ausbildung der Tochter wichtiger finden als die konventionellen Geschlechterrollen, auch wenn sie im Vorfeld zaghaft versuchen, die Tochter zum Verbleib in der Stadt zu bewegen. Entscheidend ist die Option, dass die Tochter aufgrund ihrer prestigeträchtigen Ausbildung beruflich und sozial aufsteigen wird und nicht Arbeiterin wird wie die Eltern. Es bleibt allerdings zu klären, welche Motive Sibel mit der Wahl des Hochschulorts verfolgte. „Wie gesagt, ich habe mich bewusst für eine Stadt entschieden, die weit weg von Köln war. Ich habe eine Hochschule gesucht, die so weit ist, dass man nicht mehr pendeln kann. (...) Das habe ich gemacht, weil ich weiß, dass meine Eltern großen Wert auf Studium legen. Und wenn der Studienplatz weit weg ist, dann kann man ausziehen ohne zu heiraten und auch ohne mit Eltern zu streiten oder zu brechen. Ich wollte einfach mein eigenes Leben führen. Und ich wollte, dass keiner sich einmischt. Das geht am besten, wenn die Eltern und Verwandte weit weg sind" (Sibel). Dieser Passage ist zu entnehmen, dass Mädchen und junge Frauen sich über Bildung und Studium von den restriktiven Bedingungen in Bezug auf die Geschlechterrollen befreien, um ein selbstbestimmtes und freies Leben führen zu können. Häufig wählen die Töchter hierbei einen sanften Übergang, um die Eltern in der Öffentlichkeit nicht in Schwierigkeiten zu bringen. In diesem Fall kann der Vater öffentlich argumentieren, dass die Tochter temporär zu Studienzwecken in München lebt und nach dem Studium wieder ins Elternhaus zurückkehren wird. Ob das dann tatsächlich geschieht, bleibt abzuwarten. In vielen Fällen präsentieren die Töchter einen Mann, den sie später heiraten wollen. So auch bei Sibel: „Ich bin mit meinem Freund seit zwei Jahren zusammen. Wir wollen auch heiraten. Das wird ungefähr in ein oder zwei Jahren passieren. Dann haben wir beide zu Ende studiert. (...) Ich glaube nicht, dass meine Eltern meinen Freund ablehnen werden. Sie sind froh, wenn ich überhaupt heirate." Hier zeigt sich, dass die Eltern bereit sind, von den konventionellen Geschlechterrollen abzurücken. Die Tochter hat durch die räumliche Entfernung ihr Lebenskonzept, den Zeitpunkt der Eheschließung und die Wahl des Ehemannes selbst bestimmt und die Eltern haben das akzeptiert.

Ein Interview aus Dortmund zeigt darüber hinaus, dass die Eltern durchaus wissen, dass bestimmte Studiengänge auch in der Nähe absolviert werden könnten. „Meine Nichte studiert in Hamburg Lehrer. Aber ich weiß ganz genau, man kann hier überall Lehrer studieren, in Dortmund, Bochum, Essen, Duisburg und so. Das weiß auch mein Bruder. Aber wir haben gesagt, okay, sie soll in Hamburg studieren. Mein Bruder konnte den Leuten sagen, die Tochter ist weg, weil sie studiert, sie wird Lehrer und wird wiederkommen“ (Oktay, 49, selbstständig, Dortmund). Zwei einander zuwiderlaufende Ziele müssen hier vereint werden. Einerseits möchten viele Eltern/Väter ihren Töchtern mehr Freiheiten einräumen, andererseits soll in der Außenwahrnehmung das Bild einer ehrbaren Familie, in der der Vater das Sagen und die Kontrolle hat, gewahrt bleiben. Das Studium in einer anderen Stadt ist ein einleuchtendes und noch dazu prestigeträchtiges Motiv für ein vorzeitiges/vorübergehendes Verlassen des Elternhauses und wahrt somit die Unangreifbarkeit des Vaters.

Entscheidungsfindung

Ein anderer wichtiger Indikator für die Gleichberechtigung ist die Entscheidungsfindung oder Entscheidungsmacht in der Familie. Es muss hervorgehoben werden, dass dieser Bereich in der Fachliteratur selten abgehandelt wird. In der öffentlichen Wahrnehmung haben in Bezug auf strategisch wichtige innerfamiliäre Entscheidungen nicht die Frauen das Sagen, sondern ausschließlich die Männer. Die Analyse der Interviewergebnisse zeigt aber, dass die Frauen die wichtigen Entscheidungen, die die gesamte Familie betreffen, auf keinen Fall ausschließlich den Männern überlassen. In diesem Bereich sind die Frauen selbstbewusster geworden und wollen sich den möglichen negativen Auswirkungen der Entscheidungen, die der Mann allein getroffen hat, nicht ausliefern. „Wenn mein Mann sagt, das oder das muss passieren, oder wir müssen etwas kaufen. Oder wir müssen ein Haus in Irak kaufen, dann machen wir das schon gemeinsam. Ich arbeite auch und ich bringe auch Geld nach Hause. Deshalb machen wir auch alles gemeinsam“ (Naila, 38, Reinigungskraft, Berlin). Hier wird deutlich, dass Frauen bei materiellen Entscheidungen, die den Haushalt betreffen, gleichberechtigt mitentscheiden. Dies entspricht auch dem Konzept der konventionellen Geschlechterrollen, denn der innere Bereich der Familie, also auch der Haushalt, wird der Frau zugesprochen. Aus diesem Grund sind das Mitspracherecht und die Mitentscheidung der Frau folgerichtig und legitim. Interessant ist die Frage, wie das Mitspracherecht im Außenbereich, also im Bereich des Mannes, gehandhabt wird. Dies soll anhand eines kurzen Exkurses veranschaulicht werden.

Exkurs

Die fünfköpfige Familie Yorulmaz lebt in Dortmund. Vater Eyüp (40 Jahre alt) kam als Kind der ersten Gastarbeitergeneration mit ca. sieben Jahren nach Deutschland. Mutter Hilal (37 Jahren) ist ebenso in der zweiten Generation und kam in der Nähe von Dortmund zur Welt. Der Vater ist Elektriker und die Mutter Einzelhandelskauffrau. Die beiden haben nach dem Besuch der Grund- und Hauptschule eine Lehre gemacht und mit Anfang beziehungsweise Mitte 20 geheiratet. Kennengelernt haben sie sich während der Schulzeit. Das Paar hat drei Kinder im Alter von 14, zwölf und neun Jahren. Das älteste Kind ist ein Junge, das mittlere ein Mädchen, beide besuchen die gleiche Realschule. Der Jüngste besucht die vierte Klasse der Grundschule. Laut Angaben[7] des Vaters werden die Entscheidungen, die die Familie betreffen, von ihm getroffen und von seiner Frau mitgetragen. Bei einer genaueren Nachfrage, wer die Entscheidungen über die schulischen Belange trifft, räumt er ein, dass in erster Linie seine Frau mit solchen Fragen befasst ist. Wenn es darum geht, ob die Kinder in der Schule den neu eingerichteten Religionsunterricht für Aleviten besuchen oder nicht, sagt er, dass seine Frau selbstverständlich mitgeredet und mit entschieden hat. Auf die Frage, wer die Entscheidung getroffen hat, für die Familie in Dortmund eine Eigentumswohnung zu kaufen, sagt er, das sei die Idee seiner Frau gewesen.

Wenn die meisten Entscheidungen entweder von beiden oder von der Frau getroffen werden, ist zu klären, warum viele Männer wie Eyüp trotzdem angeben, dass sie die Entscheidungsmacht innehaben. Bei Eyüp konnten dafür zwei Erklärungsansätze ausgemacht werden. Erstens wurde das Interview von einem männlichen Wissenschaftler, der dieselbe Herkunft hat, geführt, und es fand in einem Männercafé statt, wo er mit seinen Aussagen vorsichtig sein muss. Auch wenn das Interview in einem Seitenzimmer geführt wurde, könnten seine Aussagen gehört werden. Und in männlich dominierten Gruppen, Cafés oder Unterhaltungen

[7] Das Interview wurde in einem Seitenzimmer eines Männercafés in der Dortmunder Innenstadt nur mit dem Vater durchgeführt. Deshalb kann sich die Analyse nur auf die Angaben des Vaters stützen.

„Schwäche“ zu zeigen, Kompromisse einzugehen oder abweichende Meinung zu vertreten wird als unmännlich bezeichnet. Also präsentieren die meisten Männer nach außen ein Bild von sich, das sie stark, dominant und männlich zeigt, während sie nach innen durchaus kompromissbereit und verhandlungsbereit sind. Einen zweiten Erklärungsansatz liefert das männliche Selbstverständnis: Eyüp nimmt sich das Recht, so oft das Männercafé zu besuchen, wie er will, in dieser Frage ist er nicht kompromissbereit. Er trifft hier seine Freunde, spielt Karten und sieht Fußball; in der Regel die türkische Liga. In diesen Bereich des Männerlebens mischt sich seine Frau nicht ein, ebenso wenig die Familie oder die Verwandtschaft. Dieses Männerleben kann als eine Kompromisslinie zwischen Eyüp und seiner Familie betrachtet werden. Das heißt, nach innen gehen die Männer viele Kompromisse ein, um dann die Freiheit zu haben, ihr öffentliches Image und Prestige zu pflegen und nach außen zu projizieren.

Deutsche und europäische Frauen als Vorbild

Bei der jüngeren Generation der befragten Mädchen und Frauen konnte ein Aspekt beobachtet werden, der auf den ersten Blick untypisch erscheint, nämlich Deutschland oder die deutsche Frau als Vorbild. Um sich von traditionellen und von Männern dominierten und teilweise definierten Geschlechterrollen zu befreien, argumentieren die Frauen mit den Fortschritten und der Emanzipation, die in Europa und Deutschland erreicht wurden. Beispielsweise steht das Kopftuch nicht im Widerspruch zur Emanzipation der muslimischen Frauen. In der Literatur wird die These diskutiert, ob religiöse muslimische Frauen überhaupt das Gleichheits- und Differenzdenken der europäischen beziehungsweise christlichen Frauen erfüllen können, weil angeblich im Koran Frauen und Männer nicht gleichgestellt seien (vgl. dazu Jedlitschka, S. 228ff.). Aber das Selbstverständnis und die Selbstverortung der Frauen widersprechen dieser These eindeutig, denn in der Alltagspraxis achten die Frauen nicht darauf, was im Koran steht oder nicht. „Also, wir, die muslimischen Frauen, sollen uns langsam davon verabschieden, uns immer in der Opferrolle zu sehen. Natürlich versuchen die Männer, die Macht zu haben. Das liegt doch in der Natur des Mannes. Die deutschen Männer waren oder sind ja nicht anders. Aber die deutschen Frauen haben sich erfolgreich gegen die Dominanz der Männer durchgesetzt. (...) Unsere Frauen, die Kopftuch tragen, sind trotzdem selbstbewusst genug, um vorbildlich gegen Männerdominanz vorzugehen. Sie können trotzdem selbst bestimmen, was richtig und falsch ist. Das hat doch mit dem Kopftuch nichts zu tun" (Bahar, 23, Jurastudentin, München). Die Interviewpartnerin vergleicht die Situation der muslimischen Frauen mit der Situation der deutschen Frauen in den 1970er-Jahren, als sie sich das Recht auf Autonomie und Selbstbestimmung erkämpften (vgl. ebd., S. 111f.). Andere Frauen hingegen argumentieren, dass Autonomie und Selbstbestimmung nicht erreicht werden können, solange die Frauen das Kopftuch tragen. „Kopftuch ist schon ein Problem. Wie sollen wir uns gegenüber Männern wehren, wenn die Frauen Kopftuch tragen. Das klappt nicht, wenn die Frauen das Kopftuch nicht ablegen. Die deutschen Frauen machen, was sie wollen. Sie müssen das nicht immer dem Mann sagen. Sie können selber bestimmen, wann und wo sie arbeiten und so weiter. (...) Die Männer setzen den Frauen Kopftuch, um sie besser zu kontrollieren" (Aysun, 18, Abiturientin, München). Diese Ausschnitte zeigen, dass zwar beide Frauen dasselbe Ziel verfolgen. Aber während Aysun das Kopftuch als Hindernis im Kampf um mehr Autonomie und Selbstbestimmung sieht, sieht Bahar hier keinen Widerspruch. Zusammenfassend kann konstatiert werden, dass die Frauenbewegung der 1970er-Jahre für muslimische Frauen als Vorbild eine zentrale Rolle spielt, während die Männer dies ablehnen. Einige Männer, die sich zu diesem Thema dezidiert geäußert haben, betonen, dass die deutschen Frauen in keinem Fall als Vorbild für muslimische Frauen fungieren können. Exemplarisch hierzu ein Ausschnitt aus dem Interview mit Abdul: „Muslimische Frauen dürfen nie wie die deutschen Frauen werden. Die deutschen Frauen sind sehr frei, sie sind nicht treu. Sie laufen wie die Schlampen durch die Gegend. Sie hören nicht auf ihre Eltern und auch nicht auf die Männer. (...) Ich finde nicht gut, wenn unsere Mädchen und Frauen wie die deutschen Frauen durch die Gegend laufen und keine Ehre haben" (Abdul, 19, Kfz-Mechaniker, München). Hier wird deutlich, dass eine Betrachtung der äußeren Erscheinung zu einem stereotypen Bild der deutschen Frau verallgemeinert wird. Sie wird auf ihr Aussehen und ihre Kleidung reduziert und der Unehrenhaftigkeit bezichtigt. Aus einer anderen Stelle des Interviews geht aber hervor, dass die Männer Gleichberechtigung und Emanzipation ablehnen, weil sie den eigenen Machtverlust fürchten, und dass das äußere Bild der Frau nur ein Sekundärmotiv ist. „Schau mal, was hat der deutsche Mann überhaupt noch zu sagen. Die Frau macht alles, der Mann ist nicht mehr ein richtiger Mann, wenn die Frau das Sagen hat. Der Mann tanzt doch nach der Pfeife der Frau“ (Abdul). Abdul führt aus, dass die Gleichberechtigung, Autonomie und Selbstbestimmung der Frau die traditionellen und konventionellen Geschlechterrollen aufweicht und die Macht der Männer schmälert beziehungsweise aufhebt. Diese Befürchtung des Machtverlustes trägt dazu bei, dass viele Männer Gleichberechtigung im Sinne von Autonomie und Selbstbestimmung ablehnen. Rückzug in die eigenethnische Community und noch stärkere Betonung der traditionellen Geschlechterrollen können die Folge sein.

Der Mann als Ernährer

In der Migration steht die finanzielle Absicherung der Familie im Vordergrund. Die muslimisch geprägten Migrantenfamilien wollen von finanziellen und materiellen Existenzsorgen befreit sein, die meistens der Hauptgrund für die Migration nach Deutschland waren oder sind. Um dieses Ziel zu erreichen werden weibliche und männliche Familienmitglieder für die Erwerbstätigkeit herangezogen. Untersuchungen in der Türkei zeigen, dass das Konzept vom „Vater als Ernährer der Familie“ im städtischen Kontext kaum von Bedeutung ist und war (vgl. Schiffauer, 1993). In Deutschland war das Einbeziehen der weiblichen Familienmitglieder in die Erwerbstätigkeit zu Beginn gekennzeichnet von pragmatischen Motiven. Durch die Erwerbstätigkeit mehrerer Personen – unabhängig vom Geschlecht – sollten schnell Ersparnisse angesammelt werden, um bald in die Heimatländer zurückzukehren. „Ich habe viel gearbeitet. Ich war in Deutschland und mein Mann hat mir gesagt, wir müssen alle arbeiten. Dann können wir schnell wieder zurück. In Irak hab ich nicht gearbeitet. Hat keine Frau in Irak gearbeitet. (...) In Berlin haben wir alle gearbeitet. Wir wollten schneller wieder weg. Aber wir sind immer noch in Berlin (...). Frauen wollen schon arbeiten, aber es gibt keine Arbeit. In Berlin gibt es nicht viel Arbeit“ (Naima, 66, im Ruhestand, Berlin-Neukölln). Dieser Interviewauszug macht deutlich, dass die Erwerbstätigkeit der Frau infolge der Migration mittlerweile zum festen Bestandteil des familiären Zusammenlebens geworden ist. Heutzutage wird nicht die Frage diskutiert, ob die Frau erwerbstätig werden soll, sondern wie und in welchem Umfang. Dadurch wird die alleinige Ernährerrolle, die teilweise als eine schwierige Bürde auf dem Mann lastete, aufgehoben. Bei der zweiten und dritten Generation – abgesehen von Ausnahmen und Extrembeispielen – ist die Erwerbstätigkeit der Frau eine Selbstverständlichkeit geworden. Die These, dass der Mann der Ernährer der Familie sei, gilt zumindest für die Untersuchungsgruppe nicht mehr. Vielmehr kann in Deutschland die Tendenz beobachtet werden, dass aufgrund der schwierigen wirtschaftlichen Lage und verbreiteter Arbeitslosigkeit die Frauen die Familie mit ihrer Erwerbstätigkeit ernähren. „Ja, ich bin momentan arbeitslos. Eigentlich bin ich schon länger arbeitslos, seit fünf Jahren schon. Ich bekomme bisschen Hartz IV. Und ansonsten arbeitet meine Frau. Die hat eine feste Stelle. Ich schäme mich ein bisschen. Aber ich finde keine Arbeit. Meine Tochter hat Ausbildung gemacht, sie arbeitet auch. (...) Ja, mein Sohn arbeitet auch nicht. Er hat die Schule nicht fertig gemacht. Der ist seit zwei Jahren arbeitslos. Ist nicht schön, weißt du, Männer arbeitslos und Frauen arbeiten und zahlen Miete. Was soll ich machen, ich finde keine Arbeit. Normalerweise bei uns Türken ist das anders: Männer arbeiten, Frauen bleiben zu Hause" (Mahmut, 48, arbeitslos, Dortmund). In diesem Fall ist die traditionelle Geschlechtsrollenvorstellung (der Vater ist das Oberhaupt der Familie und fungiert als Ernährer) auf den Kopf gestellt. Der männliche Habitus ist angekratzt, dem Interviewpartner ist es sichtlich unangenehm, über diese Situation zu reden. Die Betonung, dass im Regelfall der Mann fürs Arbeiten zuständig sei, soll die temporäre und außergewöhnliche Ausnahmesituation markieren.

Dieser Interviewausschnitt kann und darf nicht als Einzelfall betrachtet werden, in dieser Studie konnten weitere Fälle dokumentiert werden. Auffällige Parallelen zeigt beispielsweise die Lage von Ayaan aus Berlin. „Wir sind vor 15 Jahren aus Libanon nach Berlin gekommen. Ich habe zwei Töchter, eine ist 20, die andere 22 Jahre. Die Mädchen haben in Berlin die Schule fertig gemacht, beide haben Lehre gemacht, beide arbeiten. Die ältere Tochter arbeitet bei Kaufhof, die jüngere Tochter ist Friseurin. (...) Ja, ich arbeite seit neun Jahren in einer Fleischfabrik. (...) Mein Mann ist seit sechs Jahren arbeitslos. Er sucht nicht mehr. Er sagt, er wird keine Arbeit mehr finden. Er geht auch nicht raus. Er schämt sich vor seinen Freunden" (Ayaan, 43, Arbeiterin, Berlin). Auch in diesem Fall sorgen ausschließlich die weiblichen Familienmitglieder für die finanzielle Absicherung der Familie. Diese „neue" Situation wird von den Frauen nicht als Belastung, sondern als selbstverständlich empfunden. Die betroffenen Männer hingegen müssen den Umgang mit der neuen Herausforderung noch lernen, einige Männer schämen sich, andere – wie im Falle von Ayaans Ehemann – resignieren und ziehen sich zurück.

Freizeit

Beim Freizeitverhalten kann beobachtet werden, dass die Mehrzahl der befragten Männer hier – in Gegensatz zu weiter oben behandelten Bereichen – weiterhin die Machtposition innehat und auch nicht bereit ist, davon abzurücken. Das heißt: Geschlechtertrennung und geschlechtsspezifisches Freizeitverhalten. Demnach verbringt der Mann seine Freizeit mit anderen Männern meistens im Teehaus, wo auch Karten gespielt und über das alltägliche Leben diskutiert wird. Die Frau bleibt in der Wohnung. Trifft sie andere Frauen, ist sie aber trotzdem mit kleinen Aufgaben beschäftigt, wie etwa mit dem Haushalt oder Nähen. In der Literatur wird dies als duofokale Familienstruktur im Kontext von Freizeit beschrieben: Die Frau bleibt in der weiblichen Welt der Verwandten, Nachbarn und Kinder und der Mann in einer Welt der männlichen Verwandten und Freunde (vgl. Kagitcibasi/Sunar, 1997, S. 148). „Ja, ich komme schon oft in dieses Café. Ich treffe Verwandte, Freunde oder Bekannte. (...) Wir reden über alles, ne. Über Fußball, Frauen, Politik und so weiter. (...) Wenn Männer alleine zusammenkommen, kann man schon besser reden. Wenn Frauen dabei sind, dann geht das nicht. Frau kann hier nicht rein. Sie gehört nach Hause. Frauen sind ja nicht allein. Da kommen auch Verwandte oder andere Frauen. Die treffen sich halt zu Hause und quatschen" (Adem, 33, Handwerker, Dortmund). Sowohl bei den Männern als auch bei den Frauen sind in der Freizeit die Verwandten die wichtigsten Personen, zu denen immer ein intensiver Kontakt gepflegt wird. Ein Zusammentreffen beider Geschlechter zum Kartenspielen oder zum Reden wird kategorisch abgelehnt, da es bei den Gesprächen in erster Linie um Männerthemen geht. Eine Frau, die ein Männercafé besucht, genießt kein hohes Ansehen, denn hier wird auch reichlich Alkohol getrunken sowie über Sex und Sexualität geredet. Diese Themen werden sehr ungern im Beisein von Frauen besprochen.

Im Rahmen dieser Studie hat der Autor einen türkischen Eltern- und Kulturverein in München sowie einen arabischen Kulturverein in Berlin besucht. In beiden haben Männer und Frauen getrennte Räume, die vom jeweils anderen Geschlecht nicht betreten werden dürfen, ausgenommen von dieser Regelung sind die Kinder. Dies schien dem Autor zunächst außergewöhnlich und restriktiv. Während der Gruppeninterviews hat sich herausgestellt, dass diese strikte Trennung von beiden Geschlechtern ausdrücklich gewünscht ist. „Männer dürfen hier nicht rein. Wir wollen das nicht. Wir haben Themen, die die Männer nichts angehen. Sonst trauen sich die Frauen nicht zu reden, wenn die Männer hier drin sind. (...) Wir besprechen hier alles, was wir wollen. Zum Beispiel reden wir über Erziehung der Kinder, über Sexualität oder wir reden über Eheprobleme, wir reden über die untreuen Männer. Oder wir reden über Männer, die schlecht im Bett sind, aber eine große Klappe haben. Wir reden natürlich auch über Rezepte und blöde Schwiegermütter" (Asuman, 23, Hausfrau, München). Dieser Interviewauszug kann dahingehend interpretiert werden, dass die Frauen bei der Wahl ihrer Themen keine Tabus kennen, auch wenn die Außendarstellung eine andere ist. Bestimmte Themen können in einer bezüglich des Geschlechts homogenen Gruppe besser angesprochen werden. Vor allem für Mädchen und jüngere Frauen scheinen diese informellen Frauentreffen von großer Bedeutung zu sein, weil sie hier Fragen stellen können, die sie ihre Eltern aus Schamgefühl nicht fragen würden. Wie oben dargestellt wurde, sind die Motive der Männer ähnlich gelagert. Eine Analyse, die alle Interviews einbezieht, führt zu der Erkenntnis, dass die „Männerräume" in den Vereinen und die Männercafés die einzigen Orte sind, die von Männern dominiert werden. Es muss aber an dieser Stelle betont werden, dass die anderen Bereiche, die die Familie betreffen, nicht als Freizeitverhalten definiert werden, sondern als Unternehmungen mit der Familie, wie zum Beispiel Picknicks, Ausflüge oder Familienfeiern. „Freizeit ist, wenn die Männer und Frauen untereinander sind. Dann können beide über Sachen reden, die ihnen Spaß machen. Andere Dinge, zum Beispiel Hochzeit, Ausflüge, Picknick machen und andere Sachen sind ja für Familien. Das macht Familie zusammen und ist Familienangelegenheit. Da haben fremde Leute nichts zu suchen. Familie und Verwandte, mehr nicht" (Umar, 51, Hilfsarbeiter, Berlin). Dieses Interview bestätigt, dass der Bereich der Freizeit vom Familienleben zu trennen ist.

Resümee

Zur Gleichberechtigung und zu den Geschlechterrollen wurden ausgewählte Themen behandelt, bei denen nach außen eine Ungleichheit oder eine Männerdominanz demonstriert wird. Hier konnte durchgehend festgestellt werden, dass die Männer zwar nach außen das Bild des starken Familienvaters oder Ehemanns geben. Wenn aber Bereiche, die eine vermeintliche Männerdominanz ausmachen, detaillierter betrachtet werden, zeigt sich, dass die Männer weniger Macht und Dominanz haben, als es nach außen hin scheint. Die letzte Bastion der Männer bleibt der Bereich der Freizeit im Kontext von Männercafés, und auch der scheint langsam zu bröckeln. Die Frauen lassen die Männer in diesem Kontext gewähren, weil sie einerseits parallel ihre Freundinnen oder Bekannten treffen. Andererseits können die Männer hier ihr männlich dominiertes öffentliches Leben zur Schau stellen, das aber nicht unbedingt der Realität entspricht. Dieser Bereich ist ein Kompromiss, der beiden Geschlechtern die „Freiheit" gibt, unabhängig von Zwängen und Tabus bestimmte Themen anzusprechen.

Aus den Interviews konnten folgende Indikatoren herausgefiltert werden, die das Selbstbewusstsein der Frauen stärken:

Berufsausbildung/Studium: Die Frauen, die eine Berufsausbildung abgeschlossen haben beziehungsweise studieren, treten selbstbewusster auf. Durch Ausbildung und/oder Studium haben die Frauen gelernt, kritisch und reflektiert, aber geschlechterbewusst aufzutreten, ohne die eigenen kulturellen Wertvorstellungen in Frage zu stellen oder zu leugnen. Wenn die traditionellen Geschlechterrollen in Frage gestellt oder abgelehnt werden, wird dabei ein moderater Weg gewählt. Gleichberechtigung ist und bleibt ein wichtiges Ziel, aber der Weg dahin ist geprägt von Zurückhaltung und kultureller Sensibilität.

Erwerbstätigkeit: Die Frauen definieren sich nicht nur über ihre Weiblichkeit und ihr Muttersein, sondern auch über ihre Erwerbstätigkeit. Da sie gemeinsam mit dem Mann oder in manchen Fällen auch allein die Familien ernähren, nehmen sie sich auch das Recht, über wichtige Familienangelegenheiten, wie zum Beispiel Erziehung und Schulbildung der Kinder, den Aufenthaltsort der Familie beziehungsweise Kinder, Urlaubsort und -dauer etc., mitzuentscheiden.

Demokratisches Verständnis in Deutschland: Die befragten Frauen erleben Deutschland als ein offenes und demokratisches Land, in dem den Frauen alleine durch ihre rechtliche Stellung viele Freiheiten eingeräumt werden. Das gibt den Frauen Mut, sich zu äußern und auch ihre persönliche Meinung zu formulieren. Durch ihren langjährigen Aufenthalt in Europa unterscheiden sie sich in ihrer Selbstwahrnehmung von den Frauen, die zum Beispiel in der Türkei auf dem Land leben: Denn Mitteleuropa steht in islamisch geprägten Ländern für Fortschritt, Demokratie, Reichtum und Meinungsfreiheit.

Teilnahme am Schwimm-, Sport- und Sexualunterricht sowie an Klassenfahrten

Muslimische Migranten werden öffentlich nicht nur im Kontext von Zwangsverheiratung, Ehrenmorden, Gewalt oder der Kopftuchdebatte wahrgenommen, sondern auch in der Ablehnung bestimmter schulischer Pflichten. Problematisch scheinen Schulfächer, die mit der religiösen Einstellung beziehungsweise dem Islam in Verbindung gebracht werden. In welchem Ausmaß die Kinder vom Schwimm-, Sport- und Sexualunterricht abgemeldet wurden, war bis vor kurzem nicht bekannt. Lehrer berichteten von Fällen, in denen die Kinder mit vorgedruckten Formularen von diesen Fächern abgemeldet wurden und als Grund die religiöse Einstellung angeführt wurde. Es gibt verschiedene Gerichtsurteile, die zwar die Ablehnung des Sportunterrichts stützen, nicht aber die Befreiung vom Sexualunterricht (vgl. Karakasoglu, 2009, S. 289ff.). Die erste systematische Abhandlung zu diesem Thema stammt von der Publizistin und Soziologin Necla Kelek. Sie erstellte eine Expertise im Auftrag des Bundesamts für Migration und Flüchtlinge. Daten, inwieweit die Eltern ihre Kinder aufgrund von religiösen Motiven vom Schwimm-, Sport- und Sexualunterricht abmelden, liefert die Expertise allerdings nicht. Denn sie ist keine reine repräsentative Befragung, sondern beruht auf Literaturanalyse, Feldforschung und Beobachtungen der Autorin an unterschiedlichen Schulen in Hamburg und Berlin (vgl. Kelek, 2006, S. 15ff.). Die erste repräsentative Studie über das Leben der Muslime in Deutschland wurde im Jahre 2009 vom Bundesamt für Migration und Flüchtlinge vorgelegt. Mit der Studie „Muslimisches Leben in Deutschland“ liegt die erste bundesweit repräsentative Datenbasis vor, die mit ca. 6.000 befragten Personen aus 49 muslimisch geprägten Herkunftsländern einen umfassenden Überblick über die unterschiedlichen Themen, auch zum Thema Schwimm-, Sport-und Sexualunterricht, des muslimischen Lebens in Deutschland gibt. Der Studie kann entnommen werden, dass die Schüler dem Schwimm-, Sport- und Sexualunterricht kaum aus religiösen und anderen kulturellen Besonderheiten fernbleiben, dies gilt für beide Geschlechter (vgl. Bundesamt für Migration und Flüchtlinge, 2009, S. 181ff.). Beim gemischtgeschlechtlichen Schwimmunterricht fällt auf, dass sowohl muslimische als auch Kinder anderen Glaubens proportional weniger vertreten sind. Die Hauptursache dafür ist die Tatsache, dass selten gemischtgeschlechtlicher Schwimmunterricht angeboten wird und religiöse sowie andere Gründe für das Fernbleiben kaum genannt werden (vgl. ebd., S. 184f.).

Wenn die Datenlage so marginal ist, dass keine religiösen und kulturellen Motive für das Fernbleiben von Schwimm-, Sport- und Sexualunterricht festzustellen sind, bleibt die Frage, warum so ein Randthema in der Öffentlichkeit so große Wellen schlägt. Wie oben erwähnt, gibt es trotzdem Eltern muslimischer Herkunft, die gerichtlich gegen die allgemeine Pflicht, an Schwimm-, Sport- und Sexualunterricht teilzunehmen, vorgehen. Und aufgrund dieser Einzelfälle, die über die Medien in die Öffentlichkeit gelangen, werden Verallgemeinerungen vorgenommen, die wissenschaftlich und statistisch nicht gestützt werden können (vgl. ebd., und Karakasoglu, 2009, S. 292ff.). Hier soll nun der Frage nachgegangen werden, welche Bedeutung die Unterrichtsfächer Schwimmen, Sport und Sexualkunde sowie die Teilnahme an Klassenfahrten haben und warum sie von Eltern nicht ernst beziehungsweise wahrgenommen werden. Es ist wichtig zu betonen, dass die hier Befragten ein gerichtliches Vorgehen gegen die Schule oder einzelne Unterrichtsfächer nie in Erwägung zogen.

Der Stellenwert von Schwimm-, Sport- und Sexualunterricht

Zum Schwimmunterricht kann gesagt werden, dass dieses Unterrichtsfach den Befragten aus den ursprünglichen Heimatländern nicht bekannt ist. Beispielsweise wird in der Türkei kein Schwimmunterricht angeboten, weil es nur wenige Hallen- und Freibäder gibt und der Anteil der Nichtschwimmer relativ hoch ist, obwohl die Türkei als eine Halbinsel bezeichnet wird. Sportunterricht hingegen steht auch in den Herkunftsländern auf dem Stundenplan, allerdings werden die Geschlechter getrennt unterrichtet, die Jungen von einem Lehrer, die Mädchen von einer Lehrerin. Offiziell wird diese Trennung mit unterschiedlichen Begabungen und Interessen der Jungen und Mädchen begründet, nicht mit religiösen oder kulturellen Besonderheiten in der Geschlechterfrage. Der Autor dieser Studie ist in der Türkei zur Schule gegangen und hat hier bis zum Abitur am Sportunterricht teilgenommen, der in der Praxis wie folgt abläuft: Jungen und Mädchen ziehen sich in getrennten Räumen um und treffen sich je Wetterlage entweder im Freien oder in der Turnhalle. Nach gemeinsamer Begrüßung der beiden Lehrkräfte und Aufwärmübungen trennen sich die Jungen und Mädchen. Zu bestimmten Anlässen, wie zum Beispiel den Vorbereitungen zu nationalen Feiertagen, an denen traditionell die Teilnahme der Schüler Pflicht ist, wird der Sportunterricht nicht getrennt. Es gibt also im Sportunterricht Anteile oder Sequenzen, die gemeinsam gemacht werden, aber es gibt auch Themen oder Sportarten, in denen eine Trennung als gerechtfertigt bezeichnet werden kann. Auch in Deutschland wird in der Regel nach der siebten Klasse der Sportunterricht nach Geschlechtern getrennt erteilt (vgl. Bundesamt für Migration und Flüchtlinge, 2009. S. 184f.).

Sexualkunde wird in aller Regel im Biologieunterricht abgehandelt. Biologie ist auch Bestandteil des Stundenplans in den Herkunftsländern der Stichprobe. Sexualkunde wird in den meisten Schulen nicht angeboten. Das liegt daran, dass Sexualität öffentlich tabuisiert und nicht geschlechter- und generationenübergreifend diskutiert wird. Aus Schamgefühl und Respekt vor erwachsenen Autoritäten, wie zum Beispiel Lehrkräften oder Eltern, werden Fragen zur Sexualität entweder über Geschwister oder über die Medien beantwortet. Darüber hinaus sehen sich die Eltern in ihrem Sittlichkeitsempfinden verletzt (vgl. Karakasoglu, 2009, S. 292f.). Zusammenfassend lässt sich sagen, dass einige der genannten Fächer aus dem Herkunftsland entweder überhaupt nicht bekannt sind oder dass sie dort praktisch anders bewertet und umgesetzt werden.

Eine Analyse der Interviewergebnisse zeigt, dass die befragten Migranten ihre Erfahrungen aus den Herkunftsländern auf das deutsche Schulsystem übertragen. Außerdem wird der Stellenwert von Schwimm-, Sport- und Sexualunterricht als wenig relevant oder „überhaupt nicht wichtig" bezeichnet, um für die Berufs- und Lebensplanung gut vorbereitet zu sein. „Mathematik oder Deutsch und Englisch sind sehr wichtig. Auch andere Fächer, zum Beispiel Geschichte oder Erdkunde auch. Aber Schwimmunterricht oder aber Sportunterricht ist nicht wichtig. (...) Ja, weil das können die Kinder selber lernen, die können selber in Schwimmbad gehen oder in Sportverein gehen oder im Park selber spielen. Meine Kinder machen das schon in der Schule, aber andere Fächer sind wichtiger. In Türkei ist dieser Unterricht nicht wichtig, da gibt es auch kein Schwimmunterricht und so weiter. Mit Schwimmen oder Sport werden die Kinder nicht Lehrer, Arzt oder Ingenieure" (Hasan, 40, Händler, Berlin). Die Interviewpassage kann in zwei Richtungen gedeutet werden:

Dem Schwimm-, Sport- und Sexualunterricht wird kein großer Stellenwert eingeräumt, weil diese Disziplinen keinen zählbaren oder sichtbaren Erfolg implizieren. Der Erfolg in der Schule wird an harten Fakten und unmittelbarem Nutzen gemessen. Auf der anderen Seite führt der Interviewpartner keine religiösen und kulturellen Gründe ins Feld, obwohl mehrmals explizit danach gefragt wurde. In erster Linie achten die Eltern darauf, welcher Nutzen mit welchem Fach verbunden ist. Diese Tendenz wird von einer anderen Interviewpartnerin dezidiert hervorgehoben: „Also, ich habe zwei kleine Kinder. Und ich will, dass die beiden Kinder später anständige Berufe haben. Ich passe auf, dass die in der Schule mitkommen. Aber ich finde Sport- oder Schwimmunterricht nicht so wichtig. Aber meine Kinder nehmen trotzdem daran teil. Ich will auch, sie sollen an allen Aktivitäten in der Schule teilnehmen. Oft findet aber dieser Unterricht gar nicht statt, es fällt aus, weil keine Lehrer da sind. Oder das Schwimmbad in der Nähe wurde zugemacht" (Fatma, 32, Rechtsanwaltshelferin, München). Das Problem liegt also eher darin, dass einige Fächer aufgrund des Lehrermangels ausfallen oder durch Sparmaßnahmen in den Kommunen Schwimmbäder geschlossen werden müssen. Auch in diesem Interview spielen religiöse oder kulturelle Motive keine Rolle, gleichwohl wird auch hier deutlich, dass die genannten Fächer als unwichtig angesehen werden. Beim Sportunterricht fällt ein Aspekt auf, der von einigen Befragten hervorgehoben wird, nämlich eine Karriere als Profisportler. „Also, wenn mein Kind in Sport gut ist, wenn er ein guter Fußballer ist und später Profi wird wie Altintop, Sahin oder Bastürk, dann ist Sport gut. Aber sonst finde ich andere Fächer gut. Ich schicke meinen Sohn in Fußballverein, vielleicht kann er Fußballer werden, viel Geld verdienen oder in türkischer Nationalmannschaft spielen, wie Sahin oder wie die anderen türkischen Spieler" (Ali, 38, Arbeiter, Dortmund). Das Hauptmotiv für die Teilnahme am Sportunterricht ist für Ali die Möglichkeit einer erfolgreichen Sportlerkarriere. Das heißt, wenn die Eltern das Gefühl haben, dass ein bestimmtes Unterrichtsfach einen sichtbaren Nutzen hat – wie in diesem Kontext Fußballer werden –, dann ist die Bereitschaft groß, ihre Kinder zu unterstützen. Hier werden bekannte und berühmte Sportler als Beispiele genannt, um zu markieren, dass das anvisierte Ziel erreicht werden kann.

Beim Thema Sexualunterricht ist die Argumentation der Eltern eindeutig eindimensional. Die meisten Befragten sehen darin eine Verletzung der Privatsphäre. Vor allem wird argumentiert, dass die Kinder sich schämen, über solche Themen öffentlich mit Autoritätspersonen und mit dem anderen Geschlecht zu diskutieren. Das heißt, „(...) neben den Werten und Maßstäben, durch die sich die islamische und deutsche Sexualerziehung unterscheiden, kommt hinzu, dass im schulischen Bereich eine koedukative Sexualerziehung existiert, während der Islam hier eine geschlechtergetrennte Sexualerziehung vorsieht“ (Cagliyan, 2006, S. 99f.). Darüber hinaus belegen die Interviewergebnisse, dass die Eltern nicht ausreichend über die Methoden und Inhalte beim Sexualunterricht informiert sind. „Ich wusste nicht, dass in Schule diesen Unterricht gibt. Ich habe in der Tasche von meinem Sohn eine Mappe gesehen. Da waren Papiere drin. Dann habe ich gesehen, in der Mappe, da waren zwei Kondome drin. (...) Ja, die Kondome waren verpackt. Aber ich habe gedacht, mein Kind geht in Schule, da hat er Kondome. Ich habe erst gedacht, mein Kind war nicht in Schule, sondern er macht Unsinn mit seinen Freunden oder er geht in Sexgeschäften“ (Zeynep, 39, Hausfrau, München). Hier wird deutlich, dass die Mutter verunsichert ist, als sie eine Mappe mit Informationsbroschüren und Verhütungsmittel entdeckt. Erstens ist ihr nicht bekannt, dass in der Schule Sexualkunde unterrichtet wird. Deshalb geht sie davon aus, dass ihr minderjähriger Sohn mit seinen Freunden Sexshops besucht, statt in die Schule zu gehen. Zweitens sind der Mutter die Aufklärungsmethoden fremd, für sie ist das Austeilen von Kondomen nicht mit dem Auftrag und Leitbild der Schule kompatibel. Dass sie über die Schulinhalte nicht informiert ist, ist nicht als Zeichen von Desinteresse zu deuten, sondern als Nicht-Einmischung in Schulangelegenheiten. Ein anderer Vater spricht diesen Bereich deutlich an. „Meine Kinder gehen in die Schule. Ich besorge, was die Kinder für die Schule brauchen. Aber ich weiß nicht immer, was die Kinder in der Schule lernen. Das ist die Sache der Schule. (...) Ich habe einmal gehört, die Kinder nehmen an Sexunterricht teil. Das habe ich von einem Freund gehört. Er hat gesagt, dass der Sexunterricht für die Kinder nicht gut ist. Dann waren wir in unserem Verein. Die haben gesagt, ja, wir können die Kinder abmelden und sagen, unsere Religion ist dagegen“ (Umar, 51, Hilfsarbeiter, Berlin). Der Sexualunterricht wird in der muslimischen Gemeinde falsch interpretiert, denn „Sexunterricht“, wie Umar das Fach bezeichnet, hat eine andere Bedeutung. Unter dieser falschen Prämisse wendet sich Umar mit seinem Freund an den Kulturverein, wo man ihm vorschlägt, seine Kinder vom Sexualunterricht abzumelden und als Grund die religiöse Überzeugung anzugeben. Eine andere Passage macht deutlich, dass das Missverständnis im Kulturverein nicht richtiggestellt wird, sondern vielmehr die Vorurteile und die Ängste noch geschürt werden. „Der Chef im Verein hat gesagt, ja, das ist ganz schlimm, die Deutschen versauen unsere muslimischen Kinder. Es ist besser, wir melden unsere Kinder sofort ab. (...) Erst habe ich abgemeldet. Aber später habe ich wieder angemeldet, weil ich gehört habe, in der Schule reden sie über was anderes und nicht über Sex. (...) Ja, ich dachte, in der Schule lernen die Kinder, wie man miteinander fickt. Ich dachte, die Kinder machen sich nackt und so" (Umar). Was der Interviewpartner oben mit dem Begriff „Sexunterricht" angedeutet hat, konkretisiert er mit dem Begriff „ficken". Er verbindet anfangs mit dem Sexualunterricht in der Tat praktischen Geschlechtsverkehr, was aus der Aussage „sich nackt machen" deutlich wird. Der Verein, an den er sich wendet, korrigiert diese falsche Annahme nicht, sondern fördert mit der Aussage „die Deutschen versauen unsere muslimischen Kinder" das Missverständnis. Erst als Umar rein zufällig erfährt, was im Sexualunterricht tatsächlich gelehrt wird, ist er wieder bereit, seine Kinder anzumelden. Vor allem überzeugt ihn die methodische Umsetzung: An der Berliner Schule seiner Kinder wird das Fach nach Geschlechtern getrennt und jeweils von einem Lehrer beziehungsweise einer Lehrerin unterrichtet.

Dieses Beispiel soll verdeutlichen, dass viele Eltern immer noch nicht ausreichend über den Auftrag der Schule informiert sind. Die Annahmen über das Schulsystem, vor allem über den Sexualunterricht, sind von falschen Informationen geprägt, die nichts mit der Realität zu tun haben. Wenn darüber hinaus bestimmte Vereine oder Personen die vorhandenen Ängste schüren, kommen solche Einzelfälle, wie sie in den Medien diskutiert werden, in die Öffentlichkeit und werden auf alle Muslime übertragen. Im Falle von Umar wird deutlich, dass die Eltern für solche Unterrichtsfächer offen sind, wenn sie ausreichend informiert sind und die methodische Umsetzung akzeptieren.

Der Stellenwert von Klassenfahrten

Klassenfahrten, wie sie in Deutschland praktiziert werden, sind der muslimischen Community aus den Herkunftsländern nicht bekannt. Zwar gibt es Tagesausflüge, aber die Kinder bleiben nicht über Nacht weg. Wie dem Sport-, Schwimm- und Sexualunterricht wird auch den Klassenfahrten keine große Bedeutung beigemessen. Hier sind die Vorbehalte eher noch größer, weil den Eltern der Bildungsauftrag nicht klar ist. Der Bildungsauftrag ist in den Richtlinien der jeweiligen Bildungs- oder Schulministerien der Länder festgelegt: „Schulwanderungen und Schulfahrten,

Schullandheimaufenthalte, Studienfahrten und internationale Begegnungen sind Bestandteile der Bildungs- und Erziehungsarbeit der Schulen. Sie müssen einen deutlichen Bezug zum Unterricht haben, programmatisch aus dem Schulleben erwachsen und im Unterricht vor- und nachbereitet werden“ (http://www.schulministerium.nrw.de/BP/Schulrecht/Erlasse/WRL.pdf). An anderer Stelle werden Klassenfahrten als wichtige und zentrale Lernmethode beschrieben, die inhaltlich von Schülern und Lehrkräften gemeinsam erlebt und erlernt werden können: „Mehrtägige Studienfahrten und Aufenthalte in Schullandheimen, Jugendherbergen und Jugendbildungsstätten bieten sehr gute Möglichkeiten, die Aufgaben, Ziele und Inhalte einer Bildung für eine nachhaltige Entwicklung umzusetzen. Projektorientiertes Arbeiten, emotionale Hinführung zur Natur und Förderung praktischen Könnens lassen sich hier besonders günstig miteinander verbinden. Angefangen bei der Auswahl des Zieles über die Organisation der Rahmenbedingungen bis hin zur Programmgestaltung können zusammen mit den Schülern wesentliche Umweltaspekte einbezogen werden, zum Beispiel die bewusste Beschränkung der Entfernung, eine ökologisch orientierte Unterkunft, die Auswahl der Verkehrsmittel, Planung von Vorhaben vor Ort. Jede Schule sollte sich bei der Durchführung von Klassenfahrten bewusst sein, dass sie Vorbildwirkung hat“ (aus dem Bayerischen Kultusministerium, abgerufen unter http://www.km.bayern.de/imperia/md/content/pdf/ bekanntmachungen/19.pdf).

Die Ziele und pädagogischen Motive der Klassenfahrten sind laut Kultusministerien der Länder eindeutig und nachvollziehbar. Wie beim Schwimm-, Sport- und Sexualunterricht beobachtet werden konnte, ist auch der pädagogische Auftrag der Klassenfahrten den Eltern nicht ausreichend bekannt. Trotzdem haben laut der Studie des Bundesamts für Migration und Flüchtlinge 70 Prozent der muslimischen Schülerinnen und Schüler an der letzten mehrtägigen Klassenfahrt teilgenommen. Die Unterschiede zwischen den Geschlechtern sind marginal: 70,9 Prozent männliche und 68,1 weibliche Beteiligung konnte registriert werden. Für das Fernbleiben von Klassenfahrten werden zwar keine religiösen Gründe genannt. Aber das Motiv „sonstige Gründe“ ist vor allem bei den Mädchen überproportional hoch, diese werden also vorgeschoben, um die religiösen Vorbehalte nicht angeben zu müssen, so die Autoren der Studie (vgl. Bundesamt für Migration und Flüchtlinge, 2009, 189ff.). Bei Jugendlichen, die nicht der islamischen Religion zugehörig sind, lag die Beteiligung bei 79 Prozent (vgl. ebd., S. 188f.).

Die folgenden Punkte, die als zentral für das Fernbleiben von Klassenfahrten aus der Befragung herausgefiltert wurden, sollen detaillierter diskutiert werden: der pädagogische Auftrag, das Fehlen finanzieller Mitteln sowie Sexualität.

1. Der pädagogische Auftrag

Wie oben mehrfach angedeutet, ist den Eltern der pädagogische Auftrag von Klassenfahrten nicht hinreichend bekannt. Die sogenannten Soft Skills (wie z. B. Teamfähigkeit, Hilfsbereitschaft, Solidarität etc.), die wichtigsten Ziele der Klassenfahrten, sind den Eltern entweder nicht bekannt oder sie spielen eine untergeordnete Rolle. Klassenfahrten werden von den befragten Eltern mit lockerer Atmosphäre, Feiern und übermäßigem Alkoholkonsum in Verbindung gebracht. „Meine Kinder waren schon mit der Klasse weg. Ich wollte, dass sie alles machen, was in der Schule passiert. (...) Dann waren sie eine Woche mit der Schule weg. Dann waren sie wieder zurück. Die beiden[8] waren wieder da. Ich habe dann gefragt, was haben sie so gemacht. Ja, dann hat mein Sohn gesagt. Nicht viel, viel Party gefeiert und bisschen Bier getrunken. Dann habe ich gesagt, ja, ich gebe nicht so viel Geld mit, damit die Kinder Party machen und saufen. (...) Ich habe die Lehrerin gefragt, sie hat gesagt, das ist normal auf der Klassenfahrt, wenn die Kinder bisschen Alkohol trinken und Party machen" (Bülent, 43, selbstständig, München). Dem Interviewpartner geht es im Zusammenhang mit Alkohol nicht um religiöse Fragen, sondern um die Tatsache, dass die minderjährigen Kinder in der Obhut der Schule Alkohol konsumieren. Nach seiner Auffassung dürfte die Lehrerin den Alkoholkonsum nicht als „normal" verteidigen (vorausgesetzt, sie wurde hier vom Vater richtig zitiert), sondern müsste ihn vehement ablehnen. Außerdem sollte man bei der Bewertung einkalkulieren, dass die Kinder vor allem die Bereiche hervorheben, die sonst im Schulalltag nicht vorkommen. Der Konsum von Alkohol wird noch vehementer abgelehnt, wenn die betroffenen Kinder weiblichen Geschlechts sind. „Ich schicke meine Tochter nicht mit der Schule weg. Die lernen dort nicht. Ich habe immer gehört, die trinken dort Alkohol oder da wird mit Schweinefleisch gekocht. (...) Bei Jungs ist nicht so schlimm. Bei Mädchen ist ganz schlimm, wenn sie Alkohol trinken. Also, meine Tochter macht das sowieso nicht. Aber wenn andere Mädchen trinken, dann

[8] Die beiden Söhne des Interviewpartners waren während der Klassenfahrt 14 bzw. 16 Jahre alt.

habe ich Angst, dann trinkt sie vielleicht auch. Anständige Mädchen trinken das nicht“ (Naila, 38, Reinigungskraft, Berlin). Alkoholkonsum von Jungen oder Männern wird geduldet, weil es mit dem männlichen Habitus kompatibel ist. Für Mädchen gilt ein striktes Alkoholverbot, denn nur so können Anstand und Ehre gewahrt bleiben. Die Angst, dass die Kinder während der Klassenfahrten Schweinefleisch konsumieren, wird zwar nicht oft genannt, spielt aber eine wichtige Rolle, wie die Ergebnisse der Studie vom Bundesamt für Migration und Flüchtlinge belegen. Knapp fünf Prozent der Befragten sind aus „sonstigen Gründen“ von Klassenfahrten ferngeblieben (vgl. Bundesamt für Migration und Flüchtlinge, 2009, S. 188f.). Neben dem – aus Sicht der Eltern – fehlenden Bildungsauftrag sind also Befürchtungen, die Kinder könnten Alkohol oder Schweinefleisch zu sich nehmen, einige Gründe, warum vergleichsweise viele muslimische Schüler nicht an Klassenfahrten teilnehmen.

2. Fehlen von finanziellen Mitteln

Nicht nur die Kosten für solche Fahrten, sondern auch das Taschengeld und sonstige Ausgaben, die direkt oder indirekt mit der Klassenfahrt in Verbindung stehen, sind eine finanzielle Belastung. „Diese Klassenfahrten sind schon teuer, würde ich sagen. Ich arbeite alleine, meine Frau arbeitet nicht. Ich habe drei Kinder. (...) Wenn das Kind mit der Klasse fährt, dann muss man den Kindern auch Taschengeld geben, neue Sachen kaufen. (...) Ja, Hausschuhe, Pyjama, Handtücher und so. Du kannst die Kinder nicht mit alten Sachen wegschicken. Dann sagen die anderen oder die Deutschen, ah, schau mal, die Türken können den Kindern keine neue Sachen kaufen“ (Yakup, 44, Arbeiter, Dortmund). Neben den direkten Ausgaben für die Klassenfahrt und das Taschengeld kommen also weitere damit verbundene „Nebenkosten“ auf die Eltern zu, wenn Dinge des alltäglichen Bedarfs wie Hausschuhe und Nachtwäsche etc. neu angeschafft werden müssen. Die Befürchtung, dass die eigenen Kinder mit den Mitschülern in Bezug auf die materiellen Rahmenbedingungen nicht mithalten können, ist groß. Hier wird das Schamgefühl der Eltern zur Hemmschwelle, wenn sie solche Rahmenbedingungen nicht erfüllen können. Statt diesen Umstand offen mit den Kindern und mit der Schule zu besprechen, lehnen die Eltern die Klassenfahrten pauschal ab, wie eine andere Interviewpartnerin betont. „Ich kann nicht alles bezahlen. Es ist alles sehr, sehr teuer geworden: die Gebühren für die Fahrt, Taschengeld und so. (...) Dann muss man halt neue Sachen kaufen, damit die Kinder sich dort vor anderen Kindern nicht schämen. (...) Wenn die immer alte

Sachen haben, dann schämen sich die Kinder. Das ist alles dann teuer. Dann sage ich in der Schule, mein Sohn oder meine Tochter kommen nicht, weil das bei uns nicht geht. Dann hat die Lehrerin gesagt, ja, ich weiß, bei euch Muslimen ist das schwer" (Ipek, 33, Hausfrau, München). Die Mutter nennt aus Scham nicht den wahren Grund und lehnt pauschal ab mit den Worten „bei uns geht das nicht". Diese Aussage wird nicht adäquat verstanden und auch nicht hinterfragt, sondern als kulturelle Besonderheit der Muslime missverstanden. Es gibt Anzeichen dafür, dass die Interviewpartnerin die Antwort der Lehrerin „...bei euch Muslimen ist das schwer" nicht in diesem Sinne verstanden hat.

3. Sexualität

Einer der wichtigsten Gründe für die Ablehnung von Klassenfahrten ist sicherlich die Angst der Eltern, dass ihre Kinder, vor allem die Töchter, während mehrtägiger Fahrten mit Übernachtung sexuelle Kontakte haben könnten. Wie in den vorangegangenen Kapiteln mehrmals betont wurde, lehnen die meisten Eltern voreheliche Sexualität besonders bei den Töchtern ab. Neben der Möglichkeit von „einvernehmlichem" Sex befürchten die Eltern, dass ihre Töchter gegen ihren Willen zum Sex gezwungen werden, wie zum Beispiel durch die Verabreichung von sogenannten K.O.-Tropfen. Die Interviewpartnerin Soraya spricht diesen Bereich sehr offen an: „Wir sehen ja in Filmen, wir hören von Freunden und so. Die tun Medizin in das Getränk, die Mädchen merken das nicht. Und dann machen sie mit den Mädchen, was sie wollen. Ich habe sehr viel Angst. Ich schicke meine Tochter nicht weg, wenn in der Schule Klassenfahrt gibt. Meine Tochter ist klug, sie ist gut erzogen. Aber wenn jemand was ins Getränk reintut, dann kann sie nichts machen" (Soraya, 44, Hausfrau, Berlin). Solche Ängste werden durch Mund-zu-Mund-Propaganda und Medienberichte geschürt, einzelne Vorfälle werden aufgebauscht und als überall lauernde Gefahr dargestellt. Die Interviewpartnerin macht deutlich, dass eine gute Erziehung und die verinnerlichte Sexualmoral nicht ausreichen, denn gegen Tropfen kann sich keine Frau wehren. Ein anderer Interviewpartner geht auch explizit auf die Möglichkeit von einvernehmlichem vorehelichen Verkehr ein: „Bei Jungen ist es nicht schlimm, wenn sie in Klassenfahrten mit anderen Mädchen was haben. Bei der Tochter geht das nicht. Das geht in unserer Kultur nicht. Ein Mädchen geht als Jungefrau in Ehe, ein Mädchen bleibt abends nicht weg. Anständige Menschen erlauben nicht, wenn die Töchter abends weggehen" (Umar, 51, Hilfsarbeiter, Berlin). Während also der voreheliche sexuelle Kontakt den Söhnen zugebilligt wird, wird er bei den Töchtern kategorisch abgelehnt. Der liberale Umgang deutscher Eltern mit der Sexualität (auch in Bezug auf die Töchter) und die öffentliche Wahrnehmung in Fragen der Sexualität tragen dazu bei, dass die Eltern in den Klassenfahrten eine große Gefahr für die Jungfräulichkeit ihrer Töchter sehen. Dies bestätigt der folgende Auszug aus einem Interview mit Havva: „Bei deutschen Mädchen ist es nicht so schlimm. Die sind da ziemlich locker. Wenn meine Tochter das sieht, dann denkt sie vielleicht, sie soll das auch so machen. Deshalb will ich nicht, dass sie mitfährt. (...) Die Lehrer und die Eltern sind auch locker, die haben kein Problem damit. (...) Hier in Deutschland ist alles etwas anders, die Leute küssen sich auf der Straße und keiner sagt was“ (Havva, 42, Reinigungskraft, München).

Resümee

In diesem Kapitel konnte aufgezeigt werden, dass die Bedeutung der Fächer Schwimmen, Sport und Sexualkunde bei den muslimischen Migranten entweder eine sehr untergeordnete Rolle spielt oder dass deren pädagogische Bedeutung den Eltern nicht bekannt ist. Sowohl die Auswertung der Interviews als auch die Analyse der einschlägigen Literatur konnte die in der öffentlichen Meinung gängige These, die Muslime lehnten Schwimm-, Sport- und Sexualunterricht aus religiöser Überzeugung ab, nicht bestätigen. Diffuse, teilweise unbegründete Ängste, Unwissenheit und Vorurteile tragen dazu bei, dass einige Eltern bestimmten Schulfächern skeptisch gegenüberstehen. Beim Sexualunterricht und bei den Klassenfahrten sind die Vorbehalte am größten, weil die Eltern meinen, hiermit würde vorehelichen sexuellen Erfahrungen Vorschub geleistet. Hier scheint der Informationsbedarf sehr groß zu sein. Vor allem fällt auf, dass die allermeisten Eltern den pädagogischen Auftrag der mehrtägigen Klassenfahrten nicht verstehen beziehungsweise nicht nachvollziehen können.

Die Rolle der Kultur- und Moscheevereine

Ein weiterer Bereich, der in der Öffentlichkeit als „integrationshemmend“ bezeichnet wird, ist die Rolle der Kultur- und Moscheevereine. Die Studie des Bundesamts für Migration und Flüchtlinge konstatiert, dass 20 Prozent der Menschen mit muslimischer Herkunft Mitglied in einem religiösen Verein oder einer Gemeinde sind. Weiterhin wird in dieser Studie festgehalten, dass die Mitgliedschaft in einem religiösen Verein bei Nicht-Muslimen mit 27 Prozent tendenziell höher liegt (vgl. Bundesamt für Migration und Flüchtlinge, 2009, S. 167f.). Bei den sogenannten Kulturvereinen sieht die Lage etwas anders aus. In der gleichen Studie wurden die Menschen mit muslimischer Herkunft nach einer Mitgliedschaft in Vereinen – unabhängig von Kultur- und Moscheevereinen – gefragt, hierzu zählen auch Gewerkschaften, Sport-, Freizeit-, Bildungsvereine etc. 45 Prozent der Befragten aus muslimisch geprägten Herkunftsländern sind weder in einem deutschen noch in einem herkunftslandbezogenen Verein Mitglied (vgl. ebd., S. 256f.). Dazu einige weiterführende, zum Teil überraschende Ergebnisse: „Eine Mitgliedschaft ausschließlich in einer Vereinigung mit Bezug zum Herkunftsland weisen 4 Prozent der Befragten mit Migrationshintergrund auf. Der Anteil der Befragten, die ausschließlich einem deutschen Verein angehören, fällt mit 35 Prozent deutlich höher aus. Zweigleisig fahren 17 Prozent der befragten Personen. Sie sind Mitglied sowohl eines deutschen als auch eines herkunftslandbezogenen Vereins. Damit verfügen insgesamt 52 Prozent der Befragten aus einem muslimisch geprägten Land über eine Mitgliedschaft in einem deutschen Verein beziehungsweise einer Organisation“ (ebd.).

Wie schon beim Thema Sexual-, Schwimm- und Sportunterricht stützt die Datenlage auch hier nicht die These, dass muslimische Migranten ausschließlich Mitgliedschaften in eigenethnischen Vereinen, wie zum Beispiel Kultur-, Bildungs- oder Fußballvereine, bevorzugen. Im Rahmen der vorliegenden Studie wurden die Besucher unterschiedlicher Kulturvereine, ein Imam sowie Funktionäre der Kulturvereine interviewt, um die Rolle und Bedeutung solcher Einrichtungen einzuschätzen.

Die Bedeutung der Kulturvereine

In Deutschland existieren zahlreiche Kulturvereine mit Bezug zum Herkunftsland, die unterschiedliche Ziele und Inhalte verfolgen. Die Rolle solcher Vereine wird in der Literatur in der Regel positiv beschrieben, da sie nicht generell selbstausgrenzend wirken und zum Beispiel die Bildung positiv beeinflussen können (vgl. Bundesamt für Migration und Flüchtlinge, 2009, S. 253f.). Dieser positive Effekt wird von Haug zusammengefasst: „Die Selbstorganisation in sozialen Netzwerken fördert die Fähigkeit, kollektiv Probleme zu lösen, fördert die Einhaltung von sozialen Normen wie der Norm der Reziprozität und trägt zur Entstehung generalisierten Vertrauens bei; (...) so steigt auch letztlich die Demokratiefähigkeit von Kollektiven“ (Haug, zit. nach Bundesamt für Migration und Flüchtlinge, 2009, S. 254f.). Die Analysen der Interviews in der vorliegenden Studie zeigen, dass die positiven Effekte zwar überwiegen, aber es gibt durchaus auch Bereiche und Inhalte, die in bestimmten Kontexten kontraproduktiv erscheinen. Die Aufgaben und Betätigungsbereiche der Kulturvereine sind vielfältig und teilweise unübersichtlich. Sie reichen von Frauengruppen und Kochkursen über Musikgruppen und Hausaufgabenbetreuung bis hin zur Jugendarbeit. In der folgenden Analyse werden die drei aus Sicht des Autors zentralen Bereiche, Frauengruppen, Hausaufgabenbetreuung und Jugendarbeit, detailliert dargestellt.

Frauengruppen: Soziale Kontakte spielen im Leben von kollektivistisch geprägten Kulturen eine entscheidende Rolle. Die Frauen werden in einer kollektivistischen Umgebung sozialisiert und das Wir-Gefühl steht im Mittelpunkt der sozialen Kontakte. Sie sind in ein dichtes Netz – Freundinnen, Familienmitglieder, Eltern, Geschwister etc. – von sozialen Kontakten eingebettet. Innerhalb dieser weiblichen Umgebung haben die Frauen in der Community sehr viele Freiheiten: sie treffen sich nach dem Rotationsprinzip in einer Wohnung, organisieren kleinere Partys und tauschen sich über ihre Probleme aus, auch Tabuthemen wie Sexualität oder Verhütung werden angesprochen. Dieses soziale Netzwerk spielt im Leben der Frauen eine wichtige Rolle, da bestimmte Themen in der Familie aufgrund von Geschlechterrollen, Scham und Respekt nicht angesprochen werden können. Darüber hinaus werden in diesem losen, aber bedeutsamen Netzwerk auch Themen wie Kindererziehung und Eheprobleme besprochen. Das oben beschriebene Netzwerk ist als freizeitgebundene Form des Zusammentreffens meist dadurch charakterisiert, dass es seinen Mitgliedern vollwertige Partizipation gewährt, die ihnen in den übrigen Handlungsbereichen, insbesondere Familie und Schule, in diesem Umfang nicht gewährt wird. Deshalb gewinnt das soziale Netzwerk eine so große Bedeutung in der psychosozialen Orientierung. Kulturvereine mit Bezug auf das Herkunftsland sind Orte, die viele Frauen ohne Vorbehalte besuchen, weil die Besucher in der Regel zum Freundes- und Bekanntenkreis gehören. Hier besteht nicht nur die Möglichkeit, mit anderen Frauen bestimmte Themen zu besprechen, sondern auch an gemeinsamen Aktivitäten wie zum Beispiel Ausflügen teilzunehmen. „Ich komme schon gerne hier in diesen Kulturverein. Wir haben hier eine feste Gruppe von Frauen. Wir kennen uns sehr lange. Wir kennen auch die Männer der Frauen. Kurz, alle kennen sich als Familie. (...) Ich komme immer mit meinem Mann und meinem Kind. Mein Mann weiß, wo ich bin. Er spielt Karten mit seinen Freunden. Wir Frauen unterhalten uns hier ohne Männer. Mein Kind spielt mit anderen Kindern. (...) Manchmal bleiben wir nicht hier, wir machen Ausflug in der Stadt. Oder wenn wir Lust haben, gibt es hier manchmal Kurse“ (Asuman, 23, Hausfrau, München). Der wichtigste Aspekt ist die vertraute Besucherstruktur. Vor allem den Männern ist es sehr wichtig, die strukturellen Rahmenbedingungen eines Vereins zu kennen. Denn die Migranten knüpfen erst Netzwerke, wenn die Vertraulichkeit im Kontext von Räumen und Themen bekannt ist. Aus dem Interview wird weiterhin deutlich, dass die Angebotsstruktur niederschwellig angesiedelt ist, das heißt, die gesamte Familie kann bestimmte Themen und Inhalte nach Belieben besuchen, ohne sich verbindlich im Vorfeld festzulegen. Zur Angebotsstruktur und zu den Zielen des Kulturvereins äußert sich der Vorsitzende eines solchen Vereins folgendermaßen: „Wir machen hier in unserem Verein sehr viele Angebote, für Jung, Alt, Mann, Frau, wir denken an alle. Außerdem sind unsere Angebote so organisiert, dass alle daran teilnehmen können. (...) Für unsere Frauen haben wir spezielle Angebote, wo sie ungestört vor fremden Menschen bestimmte Sachen unternehmen können. Wir reden auch mit den Leuten, wofür sie sich interessieren. (...) Unsere Teilnehmer müssen nicht nur Mitglieder sein. Alle Leute, die Interesse haben, werden eingeladen, unsere Angebote in Anspruch zu nehmen. Viele Leute kommen zu unseren Veranstaltungen, weil sie von anderen Freunden gehört haben“ (Oguz, 36, Jurist, München). Hier beschreibt der Vorsitzende einen Bereich, der viele Sozialarbeiter beschäftigt, nämlich wie man Zugang zu den Eltern finden kann. Aus der Passage von Oguz wird nicht nur deutlich, welche Angebote unterbreitet werden, sondern auch die Methode, wie die Eltern für bestimmte Themen gewonnen werden können: Persönliche Ansprache, im Vorfeld eruieren, welche Angebote gewünscht sind, Partizipation an der Planung und Durchführung sowie Mund-zu-Mund-Propaganda – dies scheinen die wichtigsten Kriterien für den Erfolg zu sein.

Die Frauengruppen scheinen für die Identität und den Austausch wichtige Impulse zu geben. Allerdings wird nach den Interviews deutlich, dass die befragten Frauen mit der deutschen Außenwelt kaum in Berührung kommen. Sie betonen zwar, dass die Gruppen für alle Frauen, unabhängig von Herkunft und Religion, offen sind. Aber andere Frauen werden weder gezielt angesprochen noch eingeladen, weil die Gespräche in der Muttersprache – also Türkisch, Kurdisch oder Arabisch – geführt werden. Deshalb sind solche losen Gruppen in erster Linie auf das Herkunftsgebiet, in dem die gleiche Sprache beziehungsweise der gleiche Dialekt gesprochen wird, bezogen und nicht auf die religiöse Überzeugung oder ausschließlich auf den Islam. Dazu äußert sich eine Interviewpartnerin aus Berlin: „Wir treffen uns hier meistens am Wochenende. Da haben wir am meisten Zeit. An anderen Tagen treffen wir uns nur manchmal. Hier sind immer arabische Frauen, weil wir alle Arabisch sprechen können. Ich kann schon Deutsch. Aber nicht so gut wie Arabisch. Andere Frauen sprechen nur Arabisch. (...) Andere Frauen können auch kommen, zum Beispiel türkische oder deutsche. Aber dann verstehen wir uns nicht, weil viele nicht gut Deutsch sprechen. Türkische Frauen sprechen kein Arabisch, wir kein Türkisch. (...) Und die Mentalität von deutschen Frauen ist anders als von uns. Die türkischen Frauen sind auch anders" (Naila, 38, Reinigungskraft, Berlin). Naila führt aus, dass nicht nur die Sprachbarrieren eine Hemmschwelle darstellen, sich mit deutschen und anderen Frauen zu treffen, sondern auch andere Verschiedenheiten, zum Beispiel wie über Probleme, Sachverhalte und Lösungsvorschläge diskutiert wird. Deutsche Frauen werden mit der konfrontativen und direkten Vorgehensweise in Verbindung gebracht, türkische werden als zu liberal und weniger gläubig eingeschätzt.

Hausaufgabenbetreuung: Eines der wichtigsten Bildungsangebote der sogenannten Kulturvereine ist die Hausaufgabenbetreuung für jugendliche Migranten, flankiert von Informationen für die Eltern über das deutsche Bildungssystem. Hier herrscht ein erheblicher Informationsbedarf, weil die Schulsysteme in den Herkunftsländern einfacher strukturiert sind. Beispielsweise das Schulsystem der Türkei, woher der Großteil der muslimischen Bevölkerung in Deutschland kommt, sieht folgendermaßen aus: Es ist – im Gegensatz zum deutschen System – stufenförmig aufgebaut, das heißt der kontinuierliche Besuch einer fünfjährigen Grundschule, einer dreijährigen Mittelschule und eines dreijährigen Gymnasiums führen zum Erwerb der allgemeinen Hochschulreife. Die Mittelschulen und die Gymnasien können in einen allgemeinbildenden, einen berufsbildenden und einen technischen Zweig untergliedert werden. Im Anschluss an den erfolgreichen Abschluss der Mittelschule kann ein Gymnasium besucht werden. Das allgemeinbildende Gymnasium führt bei erfolgreichem Abschließen zur allgemeinen Hochschulreife, der Abschluss des berufsbildenden oder technischen Gymnasiums eröffnet dagegen nur einen eingeschränkten Zugang zur Hochschule (vgl. Zentrum für Türkeistudien, 1994, S. 59).

Im Gegensatz zu dieser einfachen und übersichtlichen Struktur scheint das dreigliedrige Schulsystem in Deutschland viele Menschen zu überfordern. Dies fasst der Vorsitzende eines arabischen Kulturvereins in Berlin zusammen: „Wir machen für die Jugendlichen nicht nur Hausaufgabenbetreuung. Wir machen viel für die Eltern, wir erzählen den Eltern, wie das deutsche System ist, und wie man in diesem System erfolgreich sein kann. (…) Ehrlich gesagt ist das deutsche System sehr kompliziert. Das verstehen nicht mal alle Deutsche. Wie soll das jemand verstehen, der im Irak oder in Syrien war? (…) Wir erzählen das vier Mal, fünf Mal, bis sie das verstanden haben. Es gibt Eltern, die werden das niemals verstehen, weil das für sie nicht greifbar ist, wie sagt man das? Ja, weil das abstrakt ist“ (Wasim, 44, Geschäftsmann, Berlin). Der Interviewpartner weist neben der Komplexität des deutschen Schulsystems darauf hin, dass das Bildungsniveau der Eltern und fehlende eigene Erfahrungen mit dem Schulsystem in Deutschland das Verständnis erschweren. Um seiner Aussage Nachdruck zu verleihen, betont Wasim, dass auch nicht alle Deutschen das System nachvollziehen können. Trotz intensiver Bemühungen im Verein wird das deutsche Schulsystem nicht allen Interessenten transparent. Die Motive der Vereine fasst der Vorsitzende eines Kulturvereins in München zusammen: „Wir möchten die Eltern informieren, damit sie das System verstehen, um später für ihre Kinder die richtige Entscheidung zu treffen, (…) Viele Lehrer schicken unsere Kinder in Hauptschule, obwohl sie besser sind. Wenn die Eltern das System verstehen, können sie ihren Kindern besser helfen und sich gegen die Entscheidung der Lehrer besser wehren“ (Oguz, 36, Jurist, München). Die Vereine bieten den Eltern also ihre Unterstützung an, damit sie sich im Bildungssystem besser zurechtfinden und ggf. gegen Benachteiligungen vorgehen können. In diesem Kulturverein ist die Aufklärungsarbeit auch von Misstrauen geprägt, mögliche Benachteiligungen sollen verhindert werden. Dabei wird den Eltern nicht nur Wissen vermittelt, sie werden auch über ihre Rechte informiert.

Sehr viele Kultur-, Moschee- und Bildungsvereine bieten für Kinder mit muslimischem Hintergrund Hausaufgabenbetreuung an. Diese Angebote sind vielerorts kostenlos, manche sind aber auch kostenpflichtig, damit beispielsweise die Lehrkräfte finanziert werden können. Da viele Eltern aufgrund fehlender Zeit- und Bildungsressourcen nicht in der Lage sind, ihren Kindern bei den Hausaufgaben zu helfen, nehmen sie die Angebote der Vereine wahr. Die meisten Vereine arbeiten mit ausgebildeten Lehrkräften oder Lehramtskandidaten. Einige Kulturvereine legen großen Wert auf Lehrkräfte mit Migrationshintergrund und stellen nur dann deutsche ein, wenn es keine geeigneten Kandidaten aus der eigenen Community gibt. Diese Vorgehensweise begründet der Interviewpartner: „Wir wollen, dass unsere türkischen Kinder auch von türkischen Lehrern unterrichtet werden, (...) Ja, aus zwei Gründen. Erstens können diese Lehrer Kinder besser helfen, also in zwei Sprachen, und sie können auch besser mit den Eltern reden, wenn es Probleme gibt. Zweitens dienen die Lehrer für unsere Kinder als Vorbild. Unsere Kinder können sagen, ah, wenn mein Lehrer das geschafft hat, kann ich das auch besser schaffen" (Oguz, 36, Jurist, München). Zwei Aspekte können hier hervorgehoben werden: Erstens werden aufgrund ihrer Sprachkenntnisse bevorzugt eigenethnische Lehrkräfte beschäftigt. Zweitens spielt die Vorbildfunktion eine wichtige Rolle, darauf geht auch die Fachliteratur ein, wenn es um die erfolgreiche Partizipation in der hiesigen Gesellschaft geht.

Einen anderen Aspekt für den Einsatz eigenethnischer Lehrkräfte spricht ein Interviewpartner aus Dortmund an. „Also, ich schicke auch mein Kind in Verein. Die lernen für die Schule, der Lehrer hilft bei der Hausaufgabe, (...) Die Kinder können viel Türkisch lernen. Ja, sie lernen auch viel Disziplin. In der deutschen Schule gibt es nicht viel Disziplin. Die Kinder machen, was sie wollen. Deutsche Lehrer sind locker. (...) Sie rufen die Eltern in die Schule und sagen ja, machen Sie das, machen dies. Türkische Lehrer machen das nicht" (Kamil, 49, Arbeiter, Dortmund). Viele muslimische Migranten wie Kamil teilen die Meinung, dass in den deutschen Schulen ein zu liberales Klima herrscht und den Kindern sehr spät oder überhaupt keine Grenzen gesetzt werden. Sie wünschen sich eine bessere Rollenverteilung zwischen Lehrern und Eltern und ein autoritäreres und restriktiveres Auftreten der Institution Schule, die nach ihrer Einschätzung zu oft das Gespräch mit den Schülern und den Eltern sucht. Weil diese Erwartungen in der deutschen Schule nicht erfüllt werden, erhoffen sie sich dies vom eigenethnischen Verein und dessen Lehrkräften.

Ein weiteres Motiv für die Hausaufgabenbetreuung in einem Kulturverein durch einen eigenethnischen Lehrer ist sicherlich die Identitätsbildung der Kinder. Vielen muslimischen Eltern ist es wichtig, dass ihre Kinder ihre Herkunftsländer nicht vergessen. Dieser Bezug soll durch den Besuch der Hausaufgabenbetreuung des Kulturvereins gestärkt werden. Auf dieses Ansinnen geht der Berliner Kulturverein explizit ein. „Also, wir machen hier nicht nur Hausaufgabenbetreuung. Wenn die Kinder kommen, machen wir natürlich die Hausaufgaben. Das ist wichtig und hat Vorrang. Aber danach machen wir die arabische Sprache oder wir thematisieren, was in Syrien oder Irak passiert. (...) Aber nicht nur politische Themen. Ganz einfache Sachen machen wir hier. Wir reden über Feste, Bräuche, Feiertage und solche Sachen. Damit die Kinder das Land, woher ihre Eltern stammen, besser kennen. (...) Auch deshalb schicken die Eltern die Kinder zu uns. (...) In der Schule kommen doch solche Themen nicht vor. Aber das interessiert die arabischen Kinder und Jugendlichen“ (Wasim, 44, Geschäftsmann, Berlin). Hier werden der Bedarf und die Interessen der arabischen Eltern und Kinder hervorgehoben, die in der deutschen Schule nicht bedient werden. Da die Eltern großen Wert auf die Bildung von arabischer, türkischer etc. Identität legen, kommt diese wichtige Aufgabe den Kulturvereinen zu, auf die sie nicht immer professionell vorbereitet sind. Denn die Verantwortlichen in solchen Kulturvereinen sind Laien, sie haben weder eine adäquate Ausbildung noch sind sie hauptamtlich in den Vereinen tätig. Auch die Nachhilfelehrer sind nicht immer ausgebildete Fachkräfte. Beispielsweise müssen politische Themen, wie vom Interviewpartner hervorgehoben wird, sehr sorgfältig vor- und nachbereitet werden, weil sich sonst bei den Jugendlichen von Vorurteilen geprägte Meinungen bilden und verfestigen können.

Jugendarbeit: Schon beim Thema Hausaufgabenbetreuung wurde aufgezeigt, dass Jugendarbeit ein wichtiger Bestandteil der Arbeit von Kulturvereinen ist. In der Literatur wird Jugendarbeit als Teil des Sozialisations-, Erziehungs- und Bildungsprozesses für Kinder, Jugendliche und junge Erwachsene beschrieben. Jugendarbeit findet außerhalb von Familie, Schule und Erwerbsarbeit statt und basiert auf freiwilliger Teilnahme. Jugendarbeit ist in den Gesamtzusammenhang der Jugendhilfe eingeordnet und im Kinder-und Jugendhilfegesetz gesetzlich geregelt (vgl. Hafeneger/Schröder, 2005, S. 840f.). „Für das heterogene Spektrum von Trägern, Angeboten und Lernformen gibt es bisher keine (...) allgemein anerkannte Definition und Gesamtübersicht" (ebd.). Da darüber hinaus Jugendarbeit nicht ausschließlich von pädagogischem Fachpersonal, sondern auch von engagierten ehrenamtlichen Mitarbeitern betrieben werden kann, bieten viele eigenethnische Kulturvereine Angebote für Jugendliche mit Migrationshintergrund an. Das Angebotsspektrum vieler Kulturvereine ist in der Regel ähnlich wie bei herkömmlichen Trägern. Angeboten werden beispielsweise Tanzkurse, Computer- oder Internetkurse, Theater, Kunst- oder Instrumentalkurse, aber auch Fußballturniere oder Wanderungen im Wald. Neben diesen spezifischen Angeboten gibt es auch unspezifische, wie zum Beispiel Heimat- und Traditionspflege, dazu der Verantwortliche der Kulturvereine: „Unseren Jugendlichen bieten wir alles an. Sie können hier, wenn sie wollen, ein Instrument erlernen, dafür haben wir extra eingerichtete Kurse. Wir haben Fußball- oder Tavlakurse[9]. Sie können aber auch Theater spielen. (...) Worauf wir aber großen Wert legen, ist eine Sache, die nicht im Angebot aufgelistet ist. Wir arbeiten mit den Jugendlichen daran, dass sie ihre Heimat, oder die Heimat ihrer Eltern, nicht vergessen. Wir machen Traditionspflege, die sollen zum Beispiel wissen, was Opferfest ist, warum die Muslime fasten und solche Sachen. Wir wollen, dass unsere Kinder sich integrieren, sie sollen Deutsch reden, gute Ausbildung bekommen. Aber sie sollen nicht vergessen, wer sie sind" (Oguz, 36, Jurist, München). Neben den üblichen Angeboten der Jugendarbeit steht also vor allem Traditionspflege auf dem Programm. Ziel dieser Arbeit ist, dass die Vereine mit bestimmten Angeboten Einfluss auf die Jugendlichen nehmen wollen. Die Kinder und Jugendlichen sollen sich in Deutschland zwar integrieren, aber eine Assimilation, wie sie Oguz oben indirekt formuliert, wird vehement abgelehnt. Diese Ablehnung hat sich bei Teilen der muslimisch geprägten Bevölkerung bei einem Besuch des amtierenden türkischen Ministerpräsidenten Anfang 2008 in Deutschland zugespitzt. Der türkische Ministerpräsident Recep Tayyip Erdogan hatte am 10. 02. 2008 in Köln vor ca. 16.000 Migranten die Assimilierung als Verbrechen gegen die Menschlichkeit beschrieben und von den Zuhörern viel Zustimmung erhalten (vgl. SpiegelOnline, Ausgabe vom 11. 02. 2008, abgerufen am 14. 12. 2009). Die Erdogan-Rede hat Anfang 2008 bei deutschen Politikern und

[9] Backgammon

in der Gesellschaft eine Debatte ausgelöst, weil sie als Einmischung in die inneren Angelegenheiten und als Entlarvung und Offenlegung der gescheiterten Integrationsbemühungen interpretiert wurde (vgl. süddeutsche.de, Ausgabe vom 13.02.2009, abgerufen am 14.02.2009).

Bei Teilen der muslimisch geprägten Bevölkerung gerade im Umfeld der Kulturvereine war die Befürchtung, die hier aufwachsenden Kinder könnten sich zu sehr von der Herkunftskultur entfernen, bereits vor dem Besuch von Erdogan vorhanden. Dies wird auch aus den Interviews für diese Studie ersichtlich, die 2007 durchgeführt wurden. Ein Besucher des arabischen Kulturvereins spricht dieses Thema dezidiert an: „Meine Kinder bekommen hier alles mit. Sie lernen für die Schule, sie spielen gemeinsam Fußball. Aber sie lernen auch, wo sie hingehören. Ich möchte nicht, dass mein Sohn wie ein Deutscher wird. (...) Hier lernt mein Sohn, was er ist und wo er hingehört“ (Racheed, 50, arbeitslos, Berlin). Exemplarisch zeigt dieses Interview, dass nicht die soziale Integration abgelehnt wird, sondern die Assimilation. Diese Begriffe sind dem Interviewpartner nicht bekannt und werden auch in Teilen der deutschen Gesellschaft verwechselt, denn es liegen keine trennscharfen Unterscheidungsmerkmale vor. Im Wörterbuch der Soziologie wird der Begriff Assimilation als das Aufgehen von Individuen und/oder Gruppen in einer fremden Gruppe beschrieben (vgl. Endruweit/Trommsdorf, 2002, S. 38f.). Diese Beschreibung gibt aber den Begriff nicht vollständig wieder, denn Assimilation bedeutet darüber hinaus die „Angleichung eines Individuums oder einer Gruppe an die soziale Umgebung durch Übernahme ähnlicher Verhaltensweisen und Einstellungen“ (Fuchs-Heinritz u.a., 2007, S. 61f.). Diese Form der „Angleichung des Individuums oder einer Gruppe“ wird hier abgelehnt, weil die Migranten damit die Aufgabe von kultureller und/oder religiöser Identität verbinden. Integration hingegen wird akzeptiert, denn Integration meint, vereinfacht dargestellt, „die Eingliederung, insbesondere Akzeptierung eines Individuums in seiner Gruppe“ (ebd.) und umfasst nach dieser Definition nicht die Aufgabe der religiösen und kulturellen Identität. Die soziale Integration wird als wünschens- und erstrebenswert bezeichnet und akzeptiert, dazu eine Interviewpartnerin: „Was ist Integration? Wenn das bedeutet, dass die Leute Deutsch können, studieren oder arbeiten und dem deutschen Staat nicht auf der Tasche liegen, dann bin ich integriert. Das ist mein persönliches Ziel und das ist auch das Ziel von diesem Kulturverein. Was in diesem Kulturverein abgelehnt wird, was ich auch unterstütze, ist der Verlust der Identität der Jugend. Ich möchte mein Kopftuch tragen, weil ich Muslimin bin. Ich werde nie meine Religion und Bräuche aufgeben" (Bahar, 23, Jurastudentin, München). Von der Studentin und dem Kulturverein wird die soziale Integration „definiert" und akzeptiert, während der Verlust und die Aufgabe der kulturellen und religiösen Identität abgelehnt werden. Unbedingt vermieden werden soll die Assimilation der jüngeren Generationen.

Die Bedeutung der Moscheen beziehungsweise Moscheevereine

Da der Bau von Moscheen in Deutschland nicht einfach und aufgrund der Höhe der Minarette mit Konflikten verbunden ist, ist die Zahl solcher Bauten sehr übersichtlich. Aber es gibt in Deutschland zahlreiche Moscheevereine, die von außen als solche nicht erkannt werden. Sie sind unauffällig, haben kein Minarett und sind in herkömmlichen Häusern oder Wohnungen untergebracht. Moscheen werden in der Literatur, anders als Kirchen, nicht nur als Orte des Gebets, sondern auch als Orte der Begegnung und Lehre und als Ruheplätze bezeichnet (vgl. Goldberg u.a. 2004, S. 76f.). In Deutschland befinden sich in solchen Moscheen Bibliotheken, vor allem mit religiöser Literatur, Videotheken mit religionsorientierten Filmen und Lebensmittelgeschäfte, wo reine Lebensmittel verkauft werden (vgl. ebd.). Wie die Kulturvereine übernehmen auch die Moscheevereine gelegentlich Hausaufgabenbetreuung oder leisten Jugendarbeit. Das Motiv ist primär die Bildung und Entwicklung der religiösen Identität der Jugendlichen. Der Imam, mit dem in Berlin ein Interview geführt werden konnte, beschreibt seinen Auftrag folgendermaßen: „Mein Auftrag ist es, meiner Gemeinde die Möglichkeit zu geben, dass sie hier beten können und vor allem den Koran richtig verstehen. Viele Imame in Deutschland haben keine Ausbildung bekommen und kennen den Koran nicht. Aus diesem Grund wird der Islam falsch dargestellt. Ich habe in der Türkei eine vierjährige universitäre Ausbildung erhalten und kenne den Koran ganz gut. (...) Außerdem möchte ich den Jugendlichen in Deutschland vermitteln, welche Bedeutung die Religion haben kann. Vor allem sollen die Jugendlichen den Islam kennenlernen, aber richtig. (...) Ich habe in Deutschland die Erfahrung gemacht, dass viele Muslime den Islam nicht kennen und sich aber auf den Islam beziehen. Das möchte ich hier korrigieren. (...) Ja, zum Beispiel Zwangsheirat wird mit dem

Islam in Verbindung gebracht"[10] (Abdullah, 41, Imam, Berlin). Da vielen Vereinen kein ausgebildeter Imam zur Verfügung steht, begleitet oft auch ein selbsternannter (sogenannter) Imam das Gebet. Dies führt dazu, wie der Interviewpartner erläutert, dass Teile der muslimischen Bevölkerung den Islam falsch rezipieren. Auf der anderen Seite wird bei der Arbeit mit den Jugendlichen hervorgehoben, dass diese ihre Religion besser kennenlernen sollen. Es soll darüber aufgeklärt werden, dass einige eher archaisch und patriarchalisch geprägte Traditionen, wie zum Beispiel Zwangsheirat oder Ehrenmorde, die mit dem Islam in Verbindung gebracht werden, differenziert gesehen werden müssen, da der Islam Zwangsverheiratung und Gewalt ablehnt.

Die Moscheevereine werden darüber hinaus als Orte der Begegnung betrachtet. Muslime, die regelmäßig solche Moscheevereine besuchen, wollen nicht nur beten, sondern gleichgesinnte Familien treffen und den Tag mitgestalten. In diesen Moscheevereinen fällt im Gegensatz zu vielen Kulturvereinen die Trennung der Geschlechter auf. Das heißt, nicht nur beim Beten und bei bestimmten Angeboten, sondern in allen Bereichen wird eine Geschlechtertrennung vorgenommen. In einigen Moscheevereinen konnte beobachtet werden, dass Männer und Frauen sogar unterschiedliche Ein- und Ausgänge benutzen. „Also wir kommen gerne in diese Moschee. Wir können beten, *helal* einkaufen, Menschen treffen, die gläubig sind. Unsere Kinder werden betreut. (...) Wir können den Koran lesen. Wenn einige nicht lesen und schreiben können, dann kommt jemand und liest aus dem Koran. Wir können Filme ansehen. Wir können die auch mitnehmen. Also hier ist es ganz gut" (Ikram, 37, Hausfrau, Berlin). Hier steht also eindeutig die Religion im Mittelpunkt. Vor allem wird betont, dass aus dem Koran gelesen wird. Für diejenigen, die nicht lesen und schreiben können, werden Vorleser eingesetzt. Allerdings bleibt offen, ob auch Interpretations- und Erläuterungshilfen angeboten werden. Einige Verse und Suren können ohne diese Hilfe nicht eindeutig erschlossen werden; vor allem bei niedrigem Bildungsniveau kann das schnell zu Missverständnissen führen.

Zur strikten Geschlechtertrennung im Moscheeverein äußert sich der Imam: „Wir trennen in unserer Gemeinde die Geschlechter. Das hat damit zu tun, dass Männer und Frauen unterschiedliche Interessen und Themen haben. Wenn wir die Geschlechter trennen, heißt das nicht, dass die Männer die besseren Räumlichkeiten und die Frauen die schlechteren

[10] Das Interview wurde vom Autor aus dem Türkischen übersetzt.

Räumlichkeiten erhalten. (...) Wenn die Geschlechter unterschiedliche Räume haben, dann können sie ungestört bestimmte Dinge besprechen oder unternehmen. (...) Wenn wir die Geschlechter nicht trennen würden, hätten wir auch weniger Besucher“[11] (Abdullah, 41, Imam, Berlin). In diesem Interviewausschnitt werden zwei wichtige Argumente benannt: Erstens legt der Imam großen Wert darauf, dass die Geschlechtertrennung nicht mit der Minderwertigkeit des weiblichen Geschlechts in Verbindung gebracht wird. Vielmehr hat diese Trennung lebenspraktische Motive, wie zum Beispiel unterschiedliche Interessen, Gesprächsinhalte, Schamgefühl etc. Zweitens hebt er hervor, dass die Besucher des Moscheevereins sich die Trennung der Geschlechter dezidiert wünschen, um vertrauliche Gespräche zu führen. Dass der Verein weniger Besucher hätte, wenn die Geschlechter nicht getrennt würden, wird auch in einem Gespräch in einem Männercafé bestätigt: „Ich gehe schon öfter am Wochenende in Moschee. Wir gehen alle zusammen hin. Meine Frau kommt auch mit. Da gibt es viele Sachen. Man kann viele Sachen unternehmen. (...).Ja, ich gehe hin, weil dort haben Frauen und Männer eigene Räume, also Frauen sind untereinander und Männer sind untereinander. Wenn Männer und Frauen zusammen in einem Raum sind, dann gehe ich nicht dahin. Frauen werden dort nicht belästigt“ (Okan, 38, Arbeiter, Dortmund). Der Interviewpartner nennt den eigentlichen Grund für die Geschlechtertrennung, der nicht immer offen ausgesprochen wird: Die Frauen sollen dadurch vor möglichen Belästigungen durch andere Männer geschützt werden. Vor allem von den männlichen Familienmitgliedern werden die Räume der Moscheen aus diesem Grund ohne Vorbehalte akzeptiert.

Resümee

Die Kultur- und Moscheevereine übernehmen vielfältige Aufgaben. Es überrascht, dass nur vier Prozent der muslimischen Bevölkerung Mitglieder eines herkunftslandbezogenen Kulturvereins sind und 45 Prozent keine Vereinsmitgliedschaft vorweisen. Für die Mitglieder und Besucher gibt es zahlreiche Angebote, die aus Mitgliedsbeiträgen und aus öffentlichen Geldern finanziert werden. Viele sind eingetragene Vereine (e.V.) und beschäftigen Sozialarbeiter oder Sozialpädagogen. Bei den soge-

[11] Das Interview wurde vom Autor aus dem Türkischen übersetzt.

nannten Moscheevereinen fällt auf, dass das Personal nicht immer professionell ausgebildet ist. Viele Imame können keine akademische Ausbildung vorweisen und vermitteln der Gemeinde fehlerhaftes und unreflektiertes Wissen. In den Kulturvereinen sind die Verantwortlichen im Vorstand in der Regel Laien, die ohne pädagogische Ausbildung intensive Jugendarbeit betreiben. Eine weitere Erkenntnis ist, dass die Verantwortlichen und die Teilnehmer der Kulturvereine die Integration begrüßen und aus ihrer Sicht Integrationsarbeit leisten, die Assimilation aber kategorisch ablehnen.

Sowohl bei Kultur- als auch bei Moscheevereinen stehen die Kinder und Jugendlichen im Fokus des Interesses, allerdings aus unterschiedlichen Motiven. Während einige Kulturvereine Orientierungshilfe in der Bildung für Kinder, Jugendliche und deren Eltern anbieten, fahren andere zweigleisig. Das heißt, neben der Hausaufgabenbetreuung und Informationen über das Bildungssystem werden „unspezifische" Ziele verfolgt, das heißt, den Kindern und Jugendlichen werden unter der Überschrift „Heimat- oder Traditionspflege"die Werte und Normen des Herkunftslandes vermittelt. Bei Moscheevereinen ist das Hauptziel der Jugendarbeit das Verstehen und Praktizieren des Islam, da viele Jugendliche ihre eigene Religion nicht richtig kennen. Vor allem arbeiten die Moscheen und Moscheevereine gegen die Vorurteile, die nicht nur bei der Mehrheitsgesellschaft, sondern auch in großen Teilen der muslimischen Community vorhanden sind.

Der Einfluss der Medien und die Rolle des Herkunftslandes

Bei der Debatte um die Integration der muslimischen Migranten wird immer wieder auf den negativen Einfluss der Medien aus den Herkunftsländern hingewiesen. Besonders das Fernsehen erfreut sich unter muslimischen Migranten großer Beliebtheit. Politiker, Medienwissenschaftler und Intellektuelle diskutieren deshalb die Frage, ob der vorherrschende Medienkonsum zu einer Art „Ghettobildung“ beiträgt (vgl. Konrad-Adenauer-Stiftung o.J., S. 3f.). Vor allem wird kritisiert, dass ausschließlich Medien der Herkunftsländer konsumieren werden und die Teilhabe an der deutschen Öffentlichkeit fehlt. Untersuchungen zum Medienverhalten der Muslime in Deutschland konzentrieren sich auf die türkischen Migranten, weil sie die größte Gruppe darstellen. Es zeigt sich, dass nur 12,3 Prozent der türkischen Bevölkerung in Deutschland ausschließlich türkischsprachige Medien nutzen, während 83,9 Prozent sowohl deutsche als auch türkische Medien als Informationsquelle heranziehen. Nur 1,2 Prozent sagen, dass sie keinerlei Medien nutzen, 2,6 Prozent nutzen ausschließlich deutsche Medien (Sauer/Halm, 2009, S. 61f.). Der Grund dafür, dass nur ein kleiner Prozentsatz ausschließlich deutsche Medien nutzt, ist wohl in dem Vorwurf zu suchen, dass hier vielfach Klischees und Stereotype bedient werden (vgl. ebd., S. 60), die nicht mit der Realität der Migranten übereinstimmen. Auch der Einfluss der Herkunftsländer wird in Deutschland als „integrationshemmend“ thematisiert, allerdings nicht in dem Umfang wie der Medieneinfluss.

In diesem Kapitel wird zunächst die Darstellung muslimischer Migranten in den deutschen Medien analysiert, um den Vorwurf der klischeebehafteten Berichterstattung zu überprüfen. Anschließend wird die Berichterstattung der Tageszeitung Hürriyet näher betrachtet: Welche Themen werden in welcher Form in die Community transportiert und wie werden sie wahrgenommen? Für die Rolle des Herkunftslandes werden exemplarisch die Aufgaben und Ansätze der türkischen Imame und Lehrkräfte untersucht, denn die Imame und viele Lehrkräfte sind Beamte des türkischen Staates.

Die Rolle der deutschen Medien

Es wird zwar immer wieder betont, die Berichterstattung der türkisch- und arabischsprachigen Medien sei einseitig und trage nicht viel zur Integration bei. Vor allem wird die Kritik laut, dass bestimmte Zeitungen, wie zum Beispiel das Massenblatt Hürriyet, die Stimmung unter der türkischen Bevölkerung aufheize. Andererseits wird aber auch in den deutschen Medien häufig negativ über die Muslime in Deutschland berichtet (vgl. Arikan/Ham, 2009, S. 51ff.). Auf der offiziellen Homepage der Deutschen Islam Konferenz, die von 2006 bis 2009 unter der Leitung des Bundesinnenministeriums stattfand, wird die Berichterstattung der deutschen Medien über den Islam wie folgt beschrieben: „Noch immer vermitteln viele Medienberichte ein negatives Bild des Islams und der Muslime. Dies betrifft nicht nur die Boulevardmedien. Selbst Sendungen auf ARD und ZDF, die den Islam behandeln, haben zu mehr als 80 Prozent eine negative Themensetzung, indem sie beispielsweise zugleich auch Integrationsprobleme, Menschenrechtsverletzungen oder internationale Konflikte darstellen (...)“ (http://www.deutsche-islam-konferenz.de, zuletzt abgerufen am 18.12.2009).

Eine Betrachtung der überregionalen deutschsprachigen Zeitungen von 1940 bis in die 1990er-Jahre zeigt, dass ca. die Hälfte alle Berichte den Islam im Kontext von Gewaltereignissen oder Terrorismus behandelt. Zehn Prozent thematisieren den Islam im Zusammenhang mit Konflikten, wie zum Beispiel Repression durch Tradition (vgl. Hafez, 2009, S. 104f.). Ähnlich ist es bei der Fernsehberichterstattung: In den meisten Beiträgen der öffentlich-rechtlichen Medien wird der Islam mit Terrorismus, internationalen Konflikten, religiöser Intoleranz, Fundamentalismus, Frauenunterdrückung, Integrationsproblemen und Menschenrechtsverletzungen in Verbindung gebracht (vgl. ebd.). Diese Tendenz wird nicht nur in politischen Sendungen und Magazinen beobachtet, sondern auch in Serien und Spielfilmen. So werden Muslime in erster Linie in Krimis (z.B. Tatort/ARD) im Kontext von Zwangsverheiratung, Ehrenmorden oder Jugendgewalt gezeigt. In Nebenrollen sind Migranten als Gemüsehändler, Putzfrauen oder Dönerverkäufer besetzt. Dieses einseitige Bild führt dazu, dass auch Migranten, für die die Sprache keine Barriere darstellt, verstärkt auf Medien aus den Herkunftsländern zurückgreifen: „Ich sehe schon oft türkisches Fernsehen. Ja, da sind die Filme und Serien cooler. Die sind nicht so langweilig wie in Deutschland. (...) In deutschen Filmen sind die Türken immer kriminell oder die Türken verkaufen Döner oder Gemüse. Das langweilt irgendwie und ist uncool, immer zu sehen, dass die Türken schlecht sind“ (Banu, 17, Schülerin, München). Obwohl die Interviewpartnerin in Deutschland geboren und aufgewachsen ist und besser Deutsch als Türkisch spricht, nimmt sie wegen der Klischees und Vorurteile, die im deutschen Fernsehen transportiert werden, lieber die türkischen Medien in Anspruch. Vor allem die dritte Migrantengeneration, die außer den jährlichen Urlaubsaufenthalten keinen direkten Bezug zu den Herkunftsländern hat, reagiert sensibel – teilweise mit Ablehnung oder Widerstand – auf Kritik am Herkunftsland der Eltern oder Großeltern (vgl. dazu Toprak, 2001).

Sendungen und Formate mit politischem Anspruch werden vor allem von muslimischen Migranten mit einem höheren Bildungsstand konsumiert. Wenn die Interviewergebnisse zusammenfassend erörtert werden, wird den deutschsprachigen politischen Formaten eine undifferenzierte und unsachliche Berichterstattung vorgeworfen. Zentral ist dabei der Vorwurf der Vereinfachung und Verallgemeinerung: „Früher habe ich nie Frontal, Tagesthemen, Mona Lisa oder Heute Journal verpasst. Ich habe mir das immer angeschaut. Aber das mache ich immer seltener, weil das irgendwie nervt. Immer wenn die Muslime kommen, dann sind sie entweder Islamisten, Terroristen, Vergewaltiger oder Ehrenmörder. Natürlich gibt es so etwas unter Muslimen. Bei Deutschen gibt es auch Vergewaltiger, Kinderschänder oder fundamentalistische Christen. Aber da wird es nicht verallgemeinert. Da versuchen die Medien der Differenzierung. (...) Aber bei Muslimen braucht man nicht differenzieren: Alle sind gleich. Und das geht mir auf den Wecker, als ob unter Muslimen keine Ärzte, Künstler oder Professoren gibt“ (Aynur, 25, Studentin der Literaturwissenschaften, Berlin). Es wird also nicht die Thematisierung bestimmter Bereiche muslimischen Lebens in den Medien abgelehnt, sondern die Verallgemeinerung und die vereinfachte beziehungsweise oberflächliche Darstellung.

Die Reduktion auf Negativthemen – in Verbindung mit Verallgemeinerungen – trägt dazu bei, dass Muslime in der Öffentlichkeit negativ wahrgenommen werden, erfolgreiche und unauffällige muslimische Migranten kommen nicht vor. Auch gehen die Medien die islam- und migrationskritischen Beiträge weniger selbstkritisch an, weil sie sich stärker auf die Experten aus der Community beziehen. Hierzu eine andere Interviewpartnerin: „Ja, seit einigen Jahren gibt es auch diese Experten für Islam. Und wenn diese Experten das sagen, dann ist das bei den Muslimen so. (...) Meistens werden aber Experten interviewt, die sich Islamkritiker nennen. Die Islamkritiker können weder Arabisch, um den Koran zu verstehen, noch haben sie Islamwissenschaften studiert. Ein religiöser Geistlicher oder ein Theologe oder ein Professor für Islamwissenschaften wird da nicht befragt. Ich glaube, die Medien möchten die schlechte Stimmung verbreiten. Und es passt ihnen, wenn einige Muslime schlecht über den Islam reden" (Bahar, 23, Jurastudentin, München). Das Expertenwissen ist eine der wichtigsten Informationsquellen für die Medien, vor allem bei politischen Themen. Nicht nur im o.g. Zitat werden den deutschen Medien Befangenheit und Vorsatz in Bezug auf die Auswahl ihrer Interviewpartner vorgeworfen, sondern alle interviewten Personen, die politische Sendungen der deutschen Medien verfolgen, sprechen diesen Bereich an. In der Tat können die beliebten islamkritischen Interviewpartnerinnen der Medien, wie zum Beispiel Mina Ahadi, Seyran Ates, Serap Cileli oder Necla Kelek, keine theologische Ausbildung vorweisen. Zwar haben alle vier Erfahrung mit dem Islam, weil sie in einem islamischen Umfeld aufgewachsen sind, eine theologisch qualifizierte Aussage über die Religion des Islam können sie aber nicht leisten (vgl. Schneiders, 2009, S. 404ff.). Der Grund für die Wahl solcher Interviewpartner könnte sein, dass sie die Zusammenhänge medienwirksam, das heißt unkompliziert und ohne Fremdwörter, darstellen können, worauf die Redakteure großen Wert legen. Außerdem bevorzugen die Medien Themen, die polarisieren; und dies wird von einigen Experten in vollem Umfang geleistet.

Hürriyet – Integrationsmotor oder Hetzer?

Sowohl die wissenschaftlichen Untersuchungen als auch die Ergebnisse der Interviews belegen, dass die Berichterstattung der deutschsprachigen Medien nicht differenziert genug ist. Häufig werden Klischees bedient, die mit der Realität des muslimischen Lebens nicht übereinstimmen. Auf der anderen Seite wird von der Mehrheitsgesellschaft, vertreten durch Teile der Politik und Medienwissenschaftler, hervorgehoben, dass die Medien aus den muslimischen Herkunftsländern negativ über Deutschland und die deutsche Politik und Gesellschaft berichten. In den Herkunftsmedien werden die muslimischen Migranten vor allem als Opfer und die Deutschen oder die deutsche Politik als Täter beschrieben, so die gegenwärtige Kritik. Als Stimmungsmacher wird immer wieder die türkischsprachige Tageszeitung Hürriyet ins Feld geführt. Diese Zeitung wird aufgrund ihrer Aufmachung und Themenwahl mit der deutschen „Bild" oder der englischen „Sun" verglichen (vgl. Konrad-Adenauer-Stiftung, o.J., S. 12f.). Die Zeitung gerät immer dann wieder in die Kritik, wenn türkeistämmige Migranten Opfer von Gewalt werden oder ums Leben kommen, wie bei dem Brand in Ludwigshafen. Denn der Europateil dieser Zeitung, der ausschließlich Migrationsthemen behandelt und in Deutschland produziert wird, sieht sich als Interessenvertreter der Türkeistämmigen, die in Europa, vor allem aber in Deutschland, leben (vgl. ebd., S. 13). Dies wird von einer ehemaligen Redakteurin der Zeitung bestätigt: „Ich kann schon sagen, dass sich der Europateil von Hürriyet als Anwalt der Türken in Deutschland sieht. Man darf die Türken in Deutschland nicht kritisieren. Dann wird die Sprache der Zeitung sofort aggressiv. (...) Wenn die Türken in der Türkei die Türken in Deutschland kritisieren, reagiert die Zeitung genauso. Ich kann sagen, dass dieser Teil der Zeitung eine psychotische Linie fährt. Keiner kann nachvollziehen, welche Linie gerade gefahren wird. Es wird sofort auf Angriff geblasen, ohne Rücksicht auf Opfer" (Birgül, 40, Berlin). Das Interview macht deutlich, dass die Zeitung auf Kritik sensibel reagiert, selbst wenn diese aus dem Herkunftsland kommt. Auf jegliche Kritik reagiert die Zeitung in der Regel mit Gegendarstellungen, um die Interessen der Menschen in Deutschland besser artikulieren zu können. In diesem Zusammenhang wird der Zeitung vorgeworfen, sie sei unsachlich und einseitig und benutze auf Spekulationen basierende Vermutungen als Informationsquelle. Aus diesem Grund wurde die Zeitung vom deutschen Presserat mehrfach gerügt. Bei dem Hausbrand in Ludwigshafen Anfang 2008 berichtete Hürriyet von einem ausländerfeindlichen Hintergrund, obwohl es dafür keinerlei Anhaltspunkte gab. Eine Woche nach dem Brandanschlag veröffentlichte die Zeitung einen Beitrag über die erstarkte rechte Szene in Ludwigshafen und verwies auf die neun türkeistämmigen Migranten, die bei dem Brand ihr Leben verloren hatten (vgl. hurriyet.de, am 14.02.2008, abgerufen am 21.12.2009).

Hier wird deutlich, dass nicht nur die deutschen Medien oft eindimensional berichten, sondern auch die der Herkunftsländer. Beispiele negativer Berichterstattung könnten an dieser Stelle noch genannt werden, das scheint aber nicht zielführend zu sein. Vielmehr muss analysiert werden, welchen Einfluss die Berichterstattung auf die Leser hat. Dem Kommunikationswissenschaftler Kai Hafez zufolge darf die Wirkung türkischsprachiger Medien nicht überbewertet werden, weil sie vielfach nur aus kulturellen Gründen bevorzugt werden (vgl. www.deutsche-islam-konferenz.de, abgerufen am 21.12.2009). Dieser Ansatz wird allerdings nur bedingt durch die Interviewergebnisse gestützt. Viele Migranten lesen den europäischen Teil von Hürriyet und diskutieren ihn kontrovers. „Ich lese schon die türkische Zeitung. Also, ich lese den Fußball. Das interessiert mich schon, der Fußball. Aber ich lese auch andere Themen. Ich lese zum Beispiel Hürriyet-Avrupa. Dann weiß ich, was in Deutschland passiert. Was die deutschen Politiker über die Türken hier sagen oder denken. (...) Dann sprechen wir hier im Café darüber, was in der Zeitung geschrieben wird“ (Adem, 33, Handwerker, Dortmund). Das Hauptinteresse des Interviewpartners gilt zwar dem Sportteil, aber darüber hinaus interessiert er sich für den Europateil von Hürriyet, um sich über die politische Lage – im Kontext von türkeistämmigen Migranten – zu informieren. Vor allem wird deutlich, dass die Zeitungen Diskussionsgrundlage für die Gespräche im Männercafé sind. Dies kann negative Impulse setzen, wenn bestimmte Schlüsselpersonen die Berichterstattung als objektive Darstellung propagieren. Auf diesen Aspekt geht ein Münchener Interviewpartner ein: „Hier im Verein gibt es viele türkische Zeitungen. Aber am meisten lesen wir Hürriyet. (...) Weil alle Hürriyet lesen: da gibt es viel Sport, viele Anzeigen, viele Bilder und viel über die Türken in Deutschland. Dann kann ich auch lesen, was in der Türkei passiert. (...) Wir lesen die Zeitung und diskutieren dann darüber. Zum Beispiel kommt dann einer und sagt, ja, Merkel hat wieder etwas Schlechtes über die Türken gesagt. Wir lesen das und reden. Aber der Chef von hier sagt, die deutschen Politiker sind schlecht, die machen immer die Türken schlecht, dann steht das in Hürriyet. Er sagt, Hürriyet macht das gut, weil wir sonst nichts erfahren würden. (...) Also, ich finde Hürriyet schon sehr gut“ (Onur, 37, Arbeiter, München). Dieser Interviewausschnitt veranschaulicht, dass nicht die negative und einseitige Berichterstattung die destruktive und ablehnende Stimmung hervorbringt, sondern die Rezeption der Berichte durch Experten oder Vorbilder, wie in diesem Falle vom Vorsitzenden des Kulturvereins. Wenn ein Vereinsvorsitzender, der in der Community hohes Ansehen genießt und als Respektperson betrachtet wird, zu einem Themenkomplex Stellung bezieht, wird seine Meinung von vielen übernommen. Denn dem Vereinsvorsitzenden wird die Kompetenz zugesprochen, komplizierte gesellschaftspolitische Zusammenhänge adäquat einschätzen zu können.

Nicht nur die negative Berichterstattung hat Auswirkungen auf die Migranten, sondern auch positive Themen oder Aktionen. Im Mai 2005 startete die Zeitung eine Kampagne gegen häusliche Gewalt unter der Schirmherrschaft der Integrationsbeauftragten Maria Böhmer. Durch Anzeigen, Vorträge und Berichte zum Thema versucht die Zeitung, häusliche Gewalt ins Bewusstsein zu heben. Vor allem wird betont, dass häusliche Gewalt keine Privatsache ist. Nach eigenen Angaben der Zeitung ruht die Kampagne auf fünf Säulen: Informationsveranstaltungen, ehrenamtliche Helfer, interaktive Aufklärungsseminare, öffentliche Sensibilisierung und eine Telefonhotline für Betroffene (vgl.www.hurriyet.de vom 16.01.2009, deutschsprachige Ausgabe, abgerufen am 22.12.2009.). Aus eigener Lektüre kann der Autor bestätigen, dass die Zeitung Anzeigen gegen häusliche Gewalt schaltet, Experten zum Themenkomplex befragt und Opfer von Gewalt zu Wort kommen lässt. Allerdings fällt bei der Berichterstattung auch auf, dass stark damit geworben wird, wie gut die Kampagne in der deutschen Öffentlichkeit und Politik ankommt. Das heißt, mitunter stehen Selbstdarstellung und Eigenlob so sehr im Mittelpunkt, dass das Hauptanliegen, nämlich die häusliche Gewalt und deren Opfer, ins Abseits gerät.

Die Thematisierung häuslicher Gewalt wird in der Community positiv bewertet, da es ein wichtiges Thema ist, das viele angeht, was wiederum aber häufig nicht zugegeben wird. „Wir reden schon darüber, über Gewalt in der Familie. Vorher haben wir nicht geredet, dann haben wir die Anzeigen in der Zeitung gelesen, in Hürriyet gesehen. (...) Dann haben einige Frauen gesagt, bei uns gibt es keine Gewalt, die anderen haben gesagt, natürlich gibt es Gewalt und so weiter. Ich kann schon sagen, dass wir wegen Hürriyet viel über das Thema reden. (...) Der Vorsitzende im Verein sagt schon, dass das ein wichtiges Thema ist" (Arzu, 44, Arbeiterin, München). Auch bei diesem Thema sind der Einfluss und die Rezeption offizieller und verantwortlicher Personen entscheidend im Hinblick auf den Stellenwert, der ihm beigemessen wird. Innerfamiliäre Gewalt wäre sicherlich nicht Gegenstand der Aktivitäten des Vereins geworden, wenn die Impulse nicht von außen, in diesem Falle von Hürriyet, gekommen wären. Kultur- und religionsübergreifend ist resümierend festzuhalten, dass Menschen über derart belastete Themen nur dann offen reden, wenn ein offener Zugang ohne Schuldzuweisungen möglich ist. Das heißt, die Besucher des Kulturvereins in München waren für das Thema offen, weil die Defizitorientierung und Schuldzuweisung, wie zum Beispiel „bei Migranten gibt es viel Gewalt und bei Deutschen weniger", nicht im Mittelpunkt stand.

Die Rolle der Imame und Lehrkräfte

Wie im Kapitel „Die Rolle der Kultur- und Moscheevereine" aufgezeigt, gibt es in Deutschland zahlreiche Moscheen beziehungsweise Moscheevereine. In der Literatur wird die DITIP (Türkisch-Islamische Union der Anstalt für Religion) als der größte muslimische Dachverband, an den 870 Moscheevereine angeschlossen sind, bezeichnet (vgl. Tezcan, 2005). Die Zentrale von DITIP befindet sich in Köln und ihre Imame sind Beamte des türkischen Staates, die für eine begrenzte Zeit in Deutschland leben. Der Verband wurde im Jahre 1985 vom türkischen Präsidium für Religionsangelegenheiten im europäischen Ausland initiiert, damit die religiösen Bedürfnisse der türkeistämmigen Menschen nicht radikalen Organisationen überlassen werden (vgl. ebd.). Bei den Lehrkräften aus der Türkei, die nicht in Deutschland ausgebildet werden, sondern über die türkischen Konsulate vermittelt werden, sieht die Lage ähnlich aus. Auch diese Lehrkräfte sind Beamte des türkischen Staates, weil der türkische Ergänzungsunterricht in der alleinigen Verantwortung der diplomatischen Vertretung liegt, das heißt es unterrichten von den türkischen Konsulaten vermittelte Lehrkräfte aus der Türkei. Nach einem Zeitungsbericht vom 06.03.2007 hat sich in den vergangenen Jahren in Berlin die Nachfrage nach dem sogenannten Konsularunterricht der Türkei verdoppelt. Nach Angaben der Türkischen Botschaft in Berlin nehmen rund 3.000 Schüler an 100 Grundschulen daran teil. 2002 waren es laut Bildungsverwaltung nur 1.500 Schüler (vgl. Der Tagesspiegel vom 06.03.2007). Gründe für die wachsende Teilnahme an dem Konsularunterricht sind fehlende Angebotsstrukturen an deutschen Schulen und das Bedürfnis türkischer Eltern, ihren Kindern etwas von der Sprache und Landeskunde ihrer Heimat mitzugeben (vgl. ebd.).

Eine Zusammenfassung der Interviewergebnisse und der Literatur zur Rolle der Lehrkräfte und Imame zeigt, dass die Lehrkräfte und Imame aus der Türkei ein sogenanntes „doppeltes Mandat“ haben. Sie sollen den Kindern und Jugendlichen in Deutschland nicht nur die Sprache, Religion beziehungsweise Kultur näherbringen, sondern auch ihre „türkische“ Identität stärken. Vor allem sollen die Kinder und Jugendlichen der Nachfolgegenerationen ihren Herkunftsbezug, ihre Kultur, Religion und Traditionen bewusst erlernen und vor äußeren Einflüssen wie zum Beispiel dem Christentum schützen: „Ich bin aus Ankara über das türkische Konsulat für fünf Jahren nach Deutschland gekommen. Ich habe mich nicht auf die Stelle nach Deutschland beworben. Ich wurde angesprochen, ob ich für einige Jahre nach Deutschland fahren möchte. Ich habe sofort ja gesagt, weil mir die Lage der türkischen Jugend in Deutschland überhaupt nicht gefällt. (...) Ich fand die Jugend untürkisch, verdorben und unerzogen. Deshalb wollte ich nach Deutschland, um meinen Beitrag dazu zu leisten, die türkischen Jugendlichen zu erziehen“[12] (Kadir, 40, Lehrer, Dortmund). Der Lehrer möchte also primär den Kindern und Jugendlichen eine Erziehung vermitteln, die seinen Vorstellungen, beziehungsweise der Linie des türkischen Staates, entspricht. Mit den Begriffen „untürkisch, verdorben und unerzogen“ hebt der Interviewpartner einerseits hervor, dass die Kinder und Jugendlichen bestimmte Normen und Werte, die in der Türkei eine zentrale Rolle spielen, nicht verinnerlicht haben. Andererseits bringt er damit zum Ausdruck, dass die Schulen in Deutschland nicht in dem Maße für Disziplin und Ordnung sorgen, wie es in türkischen Schulen der Fall ist. Auf die Frage nach der Vermittlung der türkischen Sprache und Sozialkunde antwortet er folgendermaßen: „Ehrlich gesagt machen wir das mehr oder weniger beiläufig. Ich bin in erster Linie damit beschäftigt, meinen Schülern Disziplin und Ordnung beizubringen. Die deutschen Lehrer machen es nicht so, wie ich mir das vorstelle. Türkisch und Sozialkunde kommen gelegentlich zu kurz“[13] (Kadir). Vor allem wird das Verhalten der Kinder im Umgang mit Erwachsenen und Lehrkräften kritisiert. Dies wird in erster Linie den „deutschen“ Lehrkräften angelastet, die ein liberales und offenes Verhältnis zu ihren Schülern unterhalten. Dies führt aus Sicht des Interviewpartners dazu, dass die Schüler den Respekt vor Autoritätspersonen verlieren und die Grenzen sich verwischen. Der Vorwurf, die Kinder und Jugendlichen seien untürkisch, wird auch von dem Imam aus Berlin angesprochen. „Ich habe ja bereits gesagt, dass die Menschen, vor allem die Jugendlichen hier in Deutschland, sich mit dem Islam nicht auskennen. Das betrifft nicht nur die Religion, sondern auch andere wichtige Dinge, die die Türkei betreffen. (…) Zum Beispiel wissen die Jugendlichen nicht, wer Atatürk ist, sie kennen die wichtigen Feiertage nicht und wissen nicht, warum diese Feiertage wichtig sind etc. (…) Außerdem finde ich, dass viele Jugendliche sich nicht anständig verhalten, einige sind ganz schön verdorben. Die haben keinen Respekt vor Lehrern oder Geistlichen. (…) In der Türkei habe ich das so nie erlebt. Da gibt es auch schwierige Jugendliche. Aber die verhalten sich gegenüber Respektpersonen immer anständig. (…) Also, in gewisser Hinsicht muss ich hier die Jugendlichen zum anständigen Verhalten, was das Türkische ausmacht, erziehen. Ich denke, dass unsere Jugend durch die deutsche Erziehung verdorben ist“[14] (Abdullah, 41, Imam, Berlin). Der Interviewpartner ist nicht nur in

[12] Das Interview wurde vom Autor aus dem Türkischen übersetzt.
[13] Das Interview wurde vom Autor aus dem Türkischen übersetzt.
[14] Das Interview wurde vom Autor aus dem Türkischen übersetzt.

religiösen und theologischen Fragen gefordert, sondern auch in Bezug auf das allgemeine Wissen über die Türkei. Wie der Lehrer klagt auch der Imam über das allgemeine Verhalten der türkeistämmigen Jugendlichen. Dieses Verhalten wird von beiden mit der sogenannten „deutschen Erziehung" in Verbindung gebracht. Die Praxis und die Literaturanalyse zeigen hingegen, dass sich auch die deutschen Lehrkräfte über respektlose und verhaltensauffällige Jugendliche, vor allem über muslimische Jungen, beschweren (vgl. exemplarisch dazu Toprak, 2006).

Die Interviews mit den Jugendlichen und deren Eltern fördern einen problematischen Aspekt zutage. In vielen Interviews wird hervorgehoben, dass sowohl die Lehrkräfte aus der Türkei als auch die Imame bei bestimmten Disziplinarprobleme oder Verhaltensauffälligkeiten mit Gewalt reagieren. „Also der türkische Lehrer in der Schule ist schon krass. Der ist nicht so ein Schlappschwanz wie der deutsche Lehrer. Wenn einer blöd daherkommt, dann knallt er einem mit der Hand auf die Fresse. Da lacht aber keiner mehr. (...) Ich bin schon gegen Gewalt. Aber einige Jungs brauchen das. Dann sind sie auf einmal ganz ruhig, dann sind sie nicht mehr so cool. Die lachen überhaupt nicht mehr. (...) Aber am nächsten Tag, wenn Herr Balz Unterricht hat, flippen die Jungs wieder aus. Ja, weil sie wissen, dass der Herr Balz nicht zuschlägt wie der türkische Lehrer" (Alev, 15, Schülerin, München). Hier führt die Interviewpartnerin aus, was der Lehrer und der Imam im Interview nicht direkt bestätigen wollten, nämlich dass mit Gewalt auf Verhaltensauffälligkeiten der Schüler reagiert wird. Die Anwendung körperlicher Gewalt durch Lehrkräfte und religiöse Geistliche ist kein Einzelfall, sondern stellt ein verbreitetes Problem dar. Nicht nur die Interviewpartnerin, sondern auch viele andere Befragte bejahen die Anwendung von Gewalt. Zwei Beispiele aus dem schulischen Kontext in der Türkei zeigen, warum Gewalt akzeptiert wird: Der Lehrer als Erziehungs- und Respektsperson wird – sei es auf dem Land oder in der Stadt – niemals mit dem Namen, sondern mit „*hocam*" beziehungsweise „*ögretmenim*" – mein Lehrer – angesprochen. Wenn der Lehrer den Klassenraum betritt, stehen alle Schüler auf und begrüßen ihn höflich, in Gegenwart des Lehrers wird auch nicht geraucht. Auch mischen sich in der Türkei die Eltern nur selten in die schulischen Angelegenheiten ein; sie gehen davon aus, dass die Schule beziehungsweise der Lehrer schon das Richtige tun wird, und alle Entscheidungen werden mit großem Respekt angenommen. Widerspruch ist nicht angemessen und wird als Kompetenzüberschreitung interpretiert. Deshalb werden die Kinder in der Provinz und in den Randgebieten der Großstädte mit dem Hinweis an den Lehrer *„eti senin kemigi benim“*[15] eingeschult. Vor diesem Hintergrund ist die Haltung der Interviewten zu verstehen, die keine Einwände gegen die Gewaltanwendung von Lehrern und Geistlichen haben.

Resümee

In diesem Kapitel konnte aufgezeigt werden, dass sowohl die deutschen als auch die Medien aus den Herkunftsländern nicht differenziert genug berichten. Auf beiden Seiten werden Klischees und Vorurteile reproduziert statt die gesamte Bandbreite der Gesellschaft in den Blick zu nehmen. Die Annahme, die Muslime würden ausschließlich arabisch- oder türkischsprachige Medien nutzen, konnte nicht belegt werden. Die Mehrheit der Muslime nimmt sowohl deutsche als auch Medien aus dem Herkunftsland in Anspruch, nur wenige rezipieren ausschließlich Medien aus dem Herkunftsland. Die Befragungen bestätigen, dass die negative Berichterstattung auf beiden Seiten bestimmte Klischees und Vorurteile verfestigt, was sich kontraproduktiv auf den Umgang miteinander auswirkt. Die vereinfachte und einseitige Darstellung in den Medien verhärtet die Fronten.

Die Rolle des Herkunftslandes konnte am Beispiel der Lehrer und Imame aufgezeigt werden. Beide Berufsgruppen sind Beamte des türkischen Staates. Ihnen kommen zwei Aufgaben zu, einerseits die Vermittlung von Sprache beziehungsweise Religion und andererseits – dies scheint viel entscheidender zu sein – die Vermittlung der sogenannten „türkischen“ Identität. Bei der Auswahl achtet der türkische Staat darauf, dass besonders regierungstreue Lehrer und Imame nach Deutschland kommen. In der Regel vertreten sie auch restriktive Werte und Normen, die nicht mit den Erziehungszielen in Deutschland kompatibel sind. Es wird von vielen Interviewpartnern bestätigt, dass sowohl Imame als auch Lehrkräfte Gewalt anwenden, um für Disziplin und Ordnung zu sorgen. Diese Vorgehensweise wird von vielen Befragten akzeptiert.

[15] Wörtliche Übersetzung: „Das Fleisch gehört dir, die Knochen mir.“ So bringen die Eltern zum Ausdruck, dass der Lehrer in Fragen der Erziehung alle Freiheiten hat.

Islamismus, Terroranschläge und Diskriminierung

Spätestens seit den Anschlägen vom 11.09.2001 in den USA steht die muslimische Bevölkerung in Deutschland unter besonderer Beobachtung, zumal einer der tonangebenden Attentäter vor den Anschlägen in Hamburg lebte. Es muss allerdings angemerkt werden, dass bereits lange vor dem 11. September die Muslime in Deutschland mit Vorurteilen und Diskriminierung konfrontiert wurden. Immer wieder kam es zu kulturell-religiösen Konflikten zwischen der muslimischen Minderheit und der christlich geprägten Mehrheitsgesellschaft (vgl. Leibold, 2009, S. 146f.). Seit den Anschlägen vom 11. September sind diese Konflikte, mit denen sich bis dahin nur Experten oder Wissenschaftler beschäftigt hatten, Gegenstand breiter Diskussionen in den Medien, unter Politikern und Meinungsforschern geworden. Da vielfach Islam und Islamismus in einem Atemzug verwendet werden, verbindet ein Großteil der deutschen Bevölkerung mit dem Islam Fanatismus, Rückwärtsgewandtheit, Intoleranz und Frauenunterdrückung (vgl. Bielefeldt, 2009, S. 168f.).

In diesem Kapitel soll der Frage nachgegangen werden, ob und wie die Befragten den öffentlich geführten Diskurs um den Islamismus- beziehungsweise Terrorismusbegriff wahrnehmen. Denn der muslimischen Bevölkerung in Deutschland wird immer wieder vorgeworfen, sie würde sich von Anschlägen muslimischer Attentäter nicht distanzieren. Hingegen auf Kritik, die den Islam betrifft, wie zum Beispiel im sogenannten Karikaturenstreit, bei dem eine dänische Zeitung eine Karikatur von Mohammed abbildete, würden die Muslime sehr sensibel reagieren und dagegen vorgehen. Abschließend wird eine Analyse zur Diskriminierung beziehungsweise zur subjektiven Wahrnehmung von Diskriminierung und der bestehenden Vorurteile gegenüber der Mehrheitsgesellschaft vorgenommen.

Islamismus

Der Begriff Islamismus ist in den öffentlichen Debatten und in den Medien allgegenwärtig. Häufig wird allerdings Islamismus mit Islam verwechselt und synonym verwendet. Daher zunächst eine Begriffs(er)-

klärung: Laut Bundesamt für Verfassungsschutz ist der Islamismus eine politische, vornehmlich sozialrevolutionäre Bewegung, die von einer Minderheit von Muslimen getragen wird (vgl. Bundesamt für Verfassungsschutz unter www.verfassungsschutz.de, abgerufen am 08.01.2010). Ziel des Islamismus ist, das islamische Recht auch mit Hilfe von staatlichen Institutionen durchzusetzen (vgl. Riexinger, 2007). Mathias Rohe beschreibt den Islamismus als eine Ideologie, sprich eine Geisteshaltung (vgl. Rohe, 2007). Die Verfechter des Islamismus werden Islamisten genannt und sie „fordern unter Berufung auf den Urislam des 7. Jahrhunderts die ‚Wiederherstellung' einer ‚islamischen Ordnung' als der nach ihrem Verständnis einzig legitimen Staats- und Gesellschaftsform, die alle anders geprägten Ordnungssysteme ersetzen soll" (Bundesamt für Verfassungsschutz, ebd.).

Dieser politisch-revolutionäre Ansatz ist den meisten muslimischen Migranten fremd beziehungsweise nicht geläufig. In Bezug auf die Interviewpartner kann eine Entwarnung ausgesprochen werden, der Großteil der Befragten kennt den Begriff nicht. Auf eine Erklärung hin lehnen alle Interviewten diese radikal-politische Form vehement ab. Die akademisch gebildeten Befragten, die den Begriff kennen, distanzieren sich ausdrücklich. Der Imam aus Berlin erläutert den Grund für die Ablehnung beziehungsweise Nichtbekanntheit des Begriffs unter den türkischen Muslimen: „Wissen Sie, die meisten Menschen – ich rede jetzt über meine Gemeinde in Berlin – sind einfache Menschen, die vor vierzig, fünfzig Jahren aus den anatolischen Dörfern nach Berlin gekommen sind. Die haben mit der Politik oder politischem Islam nichts am Hut. Viele kennen nicht einmal die Zusammenhänge zwischen Religion und Tradition. Die meisten sind friedlich, wollen ihre religiösen Pflichten erfüllen und verfolgen keine politischen Ziele. Das erwarten die Älteren auch von ihren Kindern beziehungsweise Enkeln. (...) Wenn nach dem Gebet hier und da politische Themen auftauchen, wird das meistens von älteren Männern abgeblockt und darauf verwiesen, dass es sich hier um ein Gotteshaus handelt und nicht um ein Parlament"[16] (Abdullah, 41, Imam, Berlin). Der Interviewte kann zwar „nur" die Stimmung seiner Gemeinde wiedergeben, aber diese Aussage lässt sich zumindest für die Muslime türkischer Abstammung generalisieren. Denn am Anfang der Anwerbung in den 1960er- und 1970er-Jahren sind die meisten Menschen aus den wirtschaftlich unterentwickelten Gebieten der Türkei nach Deutsch-

[16] Das Interview wurde vom Autor aus dem Türkischen übersetzt.

land gekommen, um schnell Geld zu verdienen und später in ihr Heimatland zurückzukehren. Ein Großteil der ersten Generation waren Analphabeten und unpolitisch eingestellt. Daher kennen die meisten den Begriff Islamismus nicht, und wenn sie darüber aufgeklärt werden, lehnen sie diese Haltung ab, wie bei Özcan deutlich wird: „Islam hat mit Politik nichts zu tun. Ich kenne mich damit gar nicht aus. Es gibt Menschen, ja, die machen bestimmt Politik mit Islam. (...) Das sind aber keine richtigen Muslime. Wer macht mit seinem Glauben Politik, der ist kein richtiger Moslem“ (Özcan, 35, Arbeiter, Dortmund).

In der arabischen Gemeinde in Berlin wird ähnlich argumentiert. Auch dort ist der Begriff den meisten Besuchern nicht geläufig. Aber der Vorsitzende des Vereins gibt zu Protokoll, dass es in einigen Fällen Probleme und Diskussionen mit bestimmten Personen gibt. Diese sind aber weder Mitglieder des Vereins noch besuchen sie regelmäßig Veranstaltungen oder nehmen an Aktionen teil, wie der Vorsitzende betont. „Die Besucher unseres Vereins sind friedliche Menschen. Sie sind meistens ungebildet, also ich meine, sie haben keine großen Schulen besucht. Aber sie sind intelligent. Die wollen mit der Politik nicht zu tun haben. Die wollen hier beten, mit Freunden reden und an Veranstaltungen teilnehmen. (...) Manchmal kommen aber junge Leute, die gehören nicht hierher. Sie wollen dann über Politik reden. Oder sie sagen, der Islam muss in Deutschland mehr Einfluss haben. Aber diese Leute schmeißen wir sofort raus. Die haben hier nichts verloren. Unsere Leute brauchen Ruhe, die wollen mit der Politik nichts zu tun haben. (...) Ich höre von anderen arabischen Vereinen, von meinen Kollegen, diese jungen Männer gehen auch in anderen Vereinen“ (Wasim, 44, Geschäftsmann, Berlin). Wasim bestätigt zumindest, dass es Bestrebungen gibt, den politischen Islam in Deutschland zu thematisieren beziehungsweise zu verankern. Die Erkenntnisse der Interviews lassen allerdings keine Rückschlüsse auf intensive Bemühungen zu, dazu ist die Datenlage zu dünn. In dieser Frage muss weiterhin recherchiert und geforscht werden. Eine Erkenntnis ist jedoch durch die Interviews gut belegt: Alle hier befragten Muslime, sei es aus der Türkei oder aus den arabischen Ländern, sind gegenüber dem politischen Islam nicht positiv eingestellt oder lehnen ihn mit Nachdruck ab.

Terroranschläge

Wenn Terroranschläge von Islamisten verübt werden, wie in New York, London, Istanbul oder Madrid, steht auch die muslimische Bevölkerung in Deutschland unter besonderer Beobachtung. Von den deutschen Medien, Politikern und Meinungsmachern etc. wird erwartet, dass sich die muslimische Gemeinde von solchen Anschlägen distanziert. Nach fast jedem Anschlag wird von den muslimischen Verbänden ein Distanzierungsschreiben formuliert. Die Erklärung des Zentralrats der Muslime in Deutschland und des Islamrats nach den Anschlägen von Madrid lautet wie folgt: „Wer solche Verbrechen duldet, gut heißt oder gar deckt, macht sich der Mittäterschaft schuldig. Für solche Täter oder Mittäter wird es in unseren Gemeinden kein Verständnis, keinen Platz und keine Unterstützung geben" (www.qantara.de, veröffentlicht am 10.04.2004, abgerufen am 21.01.2010). Die Aufforderung der deutschen Politiker, sich von den Terroranschlägen zu distanzieren, scheint aber einen gegenläufigen Effekt zu haben. Denn die Ergebnisse der Interviews und die Recherchen zeigen, dass vor allem die Verantwortlichen der Verbände sich genötigt fühlen, sich von Terroranschlägen zu distanzieren. Innenpolitische Entscheidungen der Herkunftsländer werden mit den Bedingungen in Deutschland vermengt, worauf der Vorsitzende eines Kulturvereins in München eingeht. „Immer wenn irgendwelche Anschläge von Terroristen verübt werden, müssen wir uns rechtfertigen und uns davon distanzieren, weil diese Terroristen angeblich Muslime sind. Ich sage angeblich, weil Muslime friedfertig sind und keine Anschläge verüben. Wenn sie sich auf den Islam beziehen, dann ist das deren Problem. Wir sind friedlich und haben mit Terror nichts zu tun. Es ärgert mich, wenn ich immer nach Anschlägen aufgefordert werde, mich von Anschlägen distanzieren soll. Danach mache ich das erst recht nicht. Was habe ich mit irgendwelchen Terroristen in Somalia zu tun? (...) Und außerdem ärgert es mich, wenn in der Türkei etwas mit Christen passiert, dass ich gefragt werde, was es mit den Rechten der Christen in der Türkei auf sich hat? Ich bin doch nicht der türkische Innenminister. Ich bin deutscher Staatsbürger, der den Islam als Religion hat. Ich war nur vier oder fünf Mal mehr als zwei Wochen am Stück in der Türkei" (Oguz, 36, Jurist, München). Hier spricht der Interviewpartner das Dilemma der deutschen Öffentlichkeit und Politiker an. Denn deutsche innenpolitische Zusammenhänge werden mit den innenpolitischen Entscheidungen der Herkunftsländer unerlaubterweise verglichen und stellvertretend Muslime oder Vertreter der

Muslime in Deutschland dafür direkt oder indirekt verantwortlich gemacht. Die Diskussion über die Rechte der Christen in den muslimischen Ländern müsste an anderer Stelle geführt werden, und zwar mit den politischen Entscheidungsträgern der jeweiligen Länder. Des Weiteren bestätigt der Interviewpartner, dass die Aufforderung, sich von Terroranschlägen zu distanzieren, kontraproduktiv ist.

Ein weiterer Aspekt, der nach solchen Anschlägen thematisiert wird, ist der Vorwurf, Muslime würden nicht demonstrieren. Durch Demonstrationen würden die Muslime der deutschen Öffentlichkeit ein eindeutiges Signal senden, so die Argumentation. Die Anschläge in Europa, vor allem der auf den niederländischen Filmemacher Theo van Gogh im Jahre 2004, haben die muslimischen Verbände unter Druck gesetzt zu Demonstrationen aufzurufen, um sich von der Gewalt zu distanzieren. Schließlich haben sie nachgegeben und am 24.11.2004 zu einer Großdemonstration nach Köln eingeladen. An der Demonstration nahmen 25.000 Menschen, vor allem Muslime, teil (vgl. sueddeutsche.de, vom 24.11.2004, abgerufen am 21.01.2010). Der damalige bayerische Innenminister Günther Beckstein hatte die Großdemonstration vor Beginn als „wichtiges Signal für ein tolerantes und friedliches Miteinander“ hervorgehoben. Er nahm wie folgt Stellung zur Ermordung des niederländischen Filmemachers: „Dieses Signal muss sich sowohl gegen islamistisch motivierte Gewalt als auch gegen so genannte Vergeltungsaktionen richten, wie wir sie in den Niederlanden nach der Ermordung Theo van Goghs feststellen mussten“ (ebd.).

Warum gehen aber Muslime nicht auf die Straße, wenn solche Anschläge verübt werden und Menschen ihr Leben verlieren? Zunächst muss betont werden, dass unabhängig von Nationalität, Herkunft und Religion nur ein Bruchteil der Menschen an Demonstrationen teilnimmt. Außerdem ist in den Herkunftsländern der Muslime die Tradition der Demonstrationen nicht sehr ausgeprägt, was der Interviewpartner Amir anspricht: „Ja, bei uns in der Heimat ist auf die Straße gehen oder demonstrieren ganz gefährlich. Die Polizei ist sehr streng. Wir kennen das nicht. Aber ich bin gegen Gewalt. Es dürfen nicht unschuldige Menschen umgebracht werden. Ich habe Angst zu demonstrieren. Aber ich bin nicht für Gewalt“ (Amir, 45, selbstständig, Berlin). Hier hebt Amir einen zentralen Punkt hervor, der für viele Befragte repräsentativ ist: Denn viele Migranten aus muslimischen Ländern kennen die Tradition der Demonstrationen nicht oder sie assoziieren damit staatliche Repressionen und gewalttätige Auseinandersetzungen.

Der Einwand, dass Muslime demonstrieren würden, wenn es um die eigenen Belange ginge, flammte auf, als eine dänische Zeitung Anfang 2006 Karikaturen von Mohammed druckte. Die Empörung über die Herabsetzung des Propheten durch Karikaturen war in der gesamten islamischen Welt groß. In einigen muslimisch geprägten Ländern wurden die dänischen Botschaften angegriffen, dänische Produkte boykottiert und zahlreiche Demonstrationen organisiert. Auch in Deutschland wurde gegen die Karikaturen protestiert. Die Tagesschau meldete, dass am 11.02.2006 mehr als 4.000 Muslime in Düsseldorf, Bonn und Berlin friedlich gegen die Karikaturen demonstrierten (vgl. www.tagesschau.de, vom 03.03.2006, abgerufen am 22. 01. 2010). Ein Interviewpartner aus Berlin, der bei einer Demonstration in Berlin dabei war, schildert seine Motivlage: „Ich war nie bei Demonstration. Ich weiß nicht, wie so etwas geht. Einmal war ich bei Demonstration. Als unser Prophet schlechtgemacht wurde, da bin ich mitgegangen. (...) Ich schaue viel arabisches Fernsehen. Ich habe da gesehen, dass der Mohammed schlechtgemacht wurde. Ich habe das gesehen in Fernesehen, ich war schon wütend. Man darf den Propheten nicht schlechtmachen. In Fernesehen wurde immer gesagt, man muss was machen, man muss demonstrieren. Dann habe ich hier im Verein mitbekommen, einige gehen demonstrieren. Ich bin halt mitgegangen. Ich wusste gar nicht, was das ist. (...) Das war auch langweilig" (Ismael, 33, arbeitslos, Berlin). Es wird einerseits deutlich, dass der Interviewte zum ersten Mal an einer Demonstration teilnimmt, ohne sich damit auseinandergesetzt zu haben. Er folgt einfach der Forderung der arabischen Medien, und als sich die Gelegenheit im Verein ergibt, geht er mit demonstrieren. Andererseits konsumiert Ismael die einseitig berichtenden arabischen Medien, die, wie der Islamwissenschaftler Jochen Müller anmerkt, zur Eskalation des Konfliktes beigetragen haben. Müller wirft den arabischen Medien vor, dass sie mehr oder weniger unisono reagiert hätten und dem Protest, der Empörung, dem Zorn Ausdruck verliehen hätten, während die Medien zunächst kaum Stimmen zu Wort kommen ließen, die zur Besonnenheit aufriefen. Das wäre erst später gekommen, nachdem die Proteste eskaliert waren (vgl. Müller, in: www.tagesschau.de vom 25.08.2007, abgerufen am 22.01.2010). Ägypten, Syrien, Pakistan, Indonesien, Bosnien-Herzegowina sowie Iran überreichten der dänischen Regierung Protestnoten und Saudi-Arabien rief seinen Gesandten zu Beratungen nach Riad zurück (vgl. www.tagesschau.de, vom 03.03.2006, abgerufen am 22.01.2010). Hier wird deutlich, dass die Proteste in erster Linie von den Medien und Politikern aus den Herkunftsländern, vor allem aus den arabisch geprägten Ländern, kamen. Unter dem Druck aus den Herkunftsländern nahmen einige wenige Interviewpartner zum ersten Mal an einer Demonstration teil.

Diskriminierung

Dass es in Deutschland latente und offensichtliche Diskriminierung und Ausländerfeindlichkeit gibt, steht außer Frage, dies ist Gegenstand vieler Untersuchungen und mittlerweile gut erforscht und nachgewiesen. An dieser Stelle wird die Frage, ob es in Deutschland Diskriminierung gibt, nicht aufgegriffen, sondern der Fragestellung nachgegangen, in welchem Zusammenhang und in welchen Bereichen Migranten beziehungsweise Muslime subjektiv Diskriminierungen erfahren. In den meisten Studien werden die Diskriminierungserfahrungen in die zwei Bereiche „Diskriminierungserfahrungen im öffentlichen Raum" und „Diskriminierungserfahrung im privaten Bereich" unterteilt (vgl. dazu exemplarisch Heitmeyer u.a., 1997, S. 53ff.). Zum öffentlichen Bereich zählen Behörden, Wohnungssuche, Arbeitsplatz/Schule und Polizei. Unter privatem Bereich sind die Items deutsche Jugendgruppen, Discos, Nachbarschaft, Supermärkte, Sportvereine sowie Jugendzentren zu verstehen. Die Ergebnisse der Studie von Heitmeyer zeigen, dass sich die Migranten im öffentlichen Bereich stärker benachteiligt fühlen als im privaten (vgl. ebd.).

In unseren Befragungen fallen drei Bereiche auf, die in jedem Interview und von jedem Interviewten thematisiert werden: Diskriminierung in der Schule, bei der Wohnungssuche und am Arbeitsplatz. Im Gegensatz zu anderen Untersuchungen zeigten sich hier die Befragten von Behörden weniger diskriminiert, Behörden werden überall, auch in den Heimatländern, als unangenehm empfunden und Behördenmitarbeiter werden unabhängig von Ort, Zuständigkeit und Kontext als unfreundlich und wenig serviceorientiert bezeichnet. „Die Behörden sind überall schlimm. In Deutschland sind sie sogar noch nett und freundlich. In Syrien sind die Leute, die Beamte ganz, ganz schlimm. Ohne Geld kannst du nichts erledigen. (...) Also, mein Betreuer ist unfreundlich. Aber er ist zu allen unfreundlich. Er ist zu deutschen Menschen auch sehr unfreundlich. Aber er ist korrekt" (Mohammad, 53, arbeitslos, Berlin). Aus Sicht des Interviewpartners ist der deutsche Sachbearbeiter bei der Arbeitsagentur zwar unfreundlich, aber nicht nur zu Migranten, sondern zu allen, die von ihm betreut werden. Im Vergleich zu seinem Herkunftsland Syrien empfindet

Mohammad die Beamten in den Behörden als sehr gewissenhaft, weil sie unbestechlich sind. Die Unbestechlichkeit wird hervorgehoben, da viele Migranten aus ihren Herkunftsländern die Erfahrung mitbringen, dass Beamte bestimmte Dinge nur erledigen, wenn sie eine „kleine Spende" bekommen haben.

Bei der Frage der Chancengleichheit für Migranten – speziell für Muslime – an der Schule sind die Aussagen eindeutig: Einhellig wird die Meinung vertreten, dass Migranten in der Schule systematisch benachteiligt werden. Diese Benachteiligung äußert sich zunächst im Übergang von der Grundschule zu einer weiterführenden Schule: „Ich habe ja drei Kinder. Ich wollte immer, ja, dass meine Kinder gute Schulen besuchen. Alle Kinder haben in der Schule gute Noten gehabt. Sie waren sogar besser als die deutschen Kinder. Aber sie durften nicht in Gymnasium. (...) Einer ist in der Hauptschule und zwei sind in der Realschule. (...) Ja, die Lehrer haben gesagt, dass eine leichte Schule besser ist. Dann können die Kinder das besser schaffen. Gymnasium schaffen sie nicht und so weiter" (Okan, 38, Arbeiter, Dortmund). Wenn die Kriterien für einen Schulwechsel von der Grundschule in eine weiterführende Schule näher betrachtet werden, stellt man zwar fest, dass die erzielten Noten die entscheidende Rolle spielen. Andererseits ist aber erwiesen, dass ein Kind aus einer Arbeiterfamilie auch bei gleicher schulischer Leistung eine geringere Chance auf den Besuch eines Gymnasiums hat. Die Werte aus der PISA- und der IGLU-Studie bestätigen, dass gute Noten die Chancen für einen Besuch des Gymnasiums erhöhen. Auf der anderen Seite spielt auch der Beruf des Vaters eine entscheidende Rolle. Unabhängig von der Nationalität zeigt sich, dass der Erfolg in der Schule und der Übergang zu einer weiterführenden Schule in vielfältiger Weise von der sozialen Herkunft abhängig sind. Dabei hat sich eine klare Chancenrangfolge gebildet: Beamte, Angestellte, Selbstständige (ohne Beschäftigte), schließlich Arbeiter (vgl. Bos u.a., 2003). Das deutsche Schulsystem wurde durch den UN-Sonderbeauftragten Vernor Munoz scharf kritisiert. Im Mittelpunkt der Kritik stand die frühe Selektion nach der vierten Klasse, weil diese Art von Selektion herkunftsbedingte Nachteile mit sich bringt. Munoz fordert mehr Anstrengungen, um das Bildungsniveau der Menschen mit Migrationshintergrund zu erhöhen (vgl. www.tagesschau.de, vom 02. 06. 2006, abgerufen am 20.01.2010).

Beim Thema Diskriminierung am Arbeitsplatz sieht die Lage ähnlich aus. Im Rahmen der europäischen Einigung hat Deutschland ein Antidiskriminierungsgesetz verabschiedet, wonach die Herabsetzung von Menschen aufgrund ihrer Herkunft oder Hautfarbe untersagt ist. Unabhängig von diesem Gesetz gibt es Ansätze und Erkenntnisse, dass viele Migranten in den deutschen Betrieben anders behandelt werden als Deutsche. Beispielsweise werden sie häufiger mit den unattraktiven Tätigkeiten eines Arbeitsprozesses beauftragt: „Unbeliebte Arbeiten oder solche, die körperlich schwerer sind, werden überproportional häufig an Migranten und Migrantinnen delegiert, bei höher qualifizierten Arbeiten werden Deutsche bevorzugt“ (Schlicher, 2002, S. 41f.). Veranschaulichend dazu der folgende Interviewauszug: „Wenn ich in der Firma bin, dann arbeite ich alles, was mir mein Vorarbeiter sagt. Mein Vorarbeiter war vorher Türke, der war gut. Manchmal hat er mir gute Arbeit gegeben, manchmal schlechte. Jetzt ist der Vorarbeiter ein Deutscher. Er gibt Ausländern immer schlechte Arbeit. Schwere Arbeiten bekommen immer die Ausländer. (...) Und wenn die Ausländer immer von der Raucherpause zu spät kommen, schimpft er. Wenn die Deutschen vom Rauchen zu spät kommen, sagt er gar nichts. Ich finde schon, er macht das bei Ausländern mit Absicht. Er sagt, Deutsche und Ausländer sind nicht gleich, weil wir in Deutschland leben“ (Jalal, 40, Arbeiter, Berlin). Dass ein Vorgesetzter offen zugibt, Deutsche und Migranten unterschiedlich zu behandeln, ist die Ausnahme. Denn Diskriminierung läuft zunächst latent, das heißt den Migranten werden bestimmte Bereiche oder Zusammenhänge nicht zugetraut, sei es wegen sprachlicher Barrieren oder fehlender formaler Qualifikation. Sie werden mit einfachen und stupiden Tätigkeiten befasst, um sie nicht zu „überfordern“.

Ein weiterer Bereich betrieblicher Diskriminierung, der auch durch die Interviews bestätigt wird, ist der Zugang zu Fort- und Weiterbildung (vgl. ebd.). Wenn Migranten sich zu verschiedenen Lehrgängen melden, wird ihnen der Zugang mit den Argumenten verwehrt, sie könnten nicht ausreichend Deutsch beziehungsweise der Lehrgang entspreche nicht den Arbeitsinhalten: „Ich bin Angestellter in einer großen Versicherungsfirma. Wir müssen uns eigentlich permanent und immer weiterbilden. In der Versicherungsbranche gibt es fast wöchentlich neue Produkte oder Erneuerungen. Ohne Fortbildung läuft da eigentlich nicht viel. Jedes Mal, wenn ich eine Fortbildung anmelde, und das mache ich eigentlich nicht sehr oft, sagt mein Chef, dass ich das nicht brauche. Dass ich nicht Deutsch kann, kann ja kein Argument sein. Aber meine Fortbildungsanträge werden öfter abgelehnt als bei meinen Kollegen. Das ist schon sehr auffällig“ (Erol, 37, Versicherungskaufmann, München).

Bei den Wohnverhältnissen und der Suche nach einer geeigneten Wohnung sind die Bedingungen für die muslimische Bevölkerung ähnlich. Gute Wohnverhältnisse sind bei muslimisch geprägten Familien ein wichtiges Indiz für das Erreichen eines hohen Lebensstandards, denn die Mieten für große und gut ausgestattete Wohnungen, vor allem in großen Städten, sind sehr hoch. Für muslimische Migranten stehen im Allgemeinen aber nur bestimme Segmente des Wohnungsmarktes offen (vgl. dazu auch: Deutsche Shell, 2000, Bd. 2, S. 228ff.). Die allgemeine (Rechtsstatus) und individuelle (Zahl der Kinder, Beruf der Paare sowie Einkommen) gesellschaftliche Positionierung der Migranten steigern oder verringern deren Chancen, eine angemessene Wohnung in dem gewünschten Stadtteil zu finden. Anhand der Interviewergebnisse und der Literatur kann allgemein festgestellt werden, dass die muslimischen Migrantenfamilien in Wohnquartieren leben, die eine schlechte Bausubstanz sowie eine schlechte Lage haben und bei denen es sich meist um dicht besiedelte Hochhausviertel handelt. Diese Gegenden haben einen niedrigen Sozialstatus und sind für die deutsche Bevölkerung unattraktiv (vgl. Beauftragte der Bundesregierung für Integrationsfragen, 2007). Oder die Familien wohnen in den alten Innenstadtlagen der Großstädte, verlassen diese aber, wenn sie saniert und somit teuer werden. Der Grund für die schlechten Wohnverhältnisse ist einerseits das geringe Einkommen der muslimischen Familien, die die hohen Mieten für ihren großen Wohnraumbedarf nicht aufbringen können; andererseits werden die Migrantenfamilien von einigen Vermietern diskriminiert, sodass ihnen keine andere Wahl bleibt, als unattraktive Wohnquartiere zu beziehen (vgl. ebd.). Des Weiteren ist festzuhalten, dass die muslimischen Migrantenfamilien in überdurchschnittlich großen Haushalten mit fünf oder mehr Personen leben, was die Wohnungssuche zusätzlich erschwert.

Im privaten Bereich werden die Diskriminierungserfahrungen weniger genannt, weil hier die Berührungspunkte zur deutschen Umwelt an Intensität verlieren. Ohne ein Wort Deutsch können die muslimischen Migranten in den deutschen Großstädten Berlin, Dortmund und München wohnen, in verschiedenen türkischen beziehungsweise arabischen Supermärkten einkaufen, sich in eigenethnischen Sportvereinen betätigen, in neu gegründeten Kultur- und Jugendzentren ihre Freizeit mit Landsleuten verbringen und bei Bedarf am Abend eine eigenethnische Disco, in der fast ausschließlich original arabische oder türkische Musik gespielt wird, aufsuchen.

Vorurteile gegenüber Deutschen

Obwohl laut der Studie des Bundesamts für Migration und Flüchtlinge gut 70 Prozent der befragten Muslime angeben, häufig Kontakte zu Deutschen haben (vgl. Bundesamt für Migration und Flüchtlinge, 2009, S. 264f.), sind Vorurteile und stereotype Klischees über Deutsche in Teilen der muslimischen Bevölkerung weit verbreitet. Eine Analyse der Interviews führt zu der Erkenntnis, dass diejenigen Interviewpartner die stärksten Vorurteile haben, die wenig oder keine Kontakte zu Deutschen haben. Neben positiven Eigenschaften wie Pünktlichkeit, Ordnungsliebe, Disziplin, Zuverlässigkeit und Fleiß werden den Deutschen negative Eigenschaften wie Unehrenhaftigkeit, Untreue (bezogen auf die Frau), Unmännlichkeit, Mangel an Solidarität, Individualismus/Eigensinn, Mangel an Vertrauenswürdigkeit und Irreligiosität zugeschrieben. In der Literatur werden einige dieser Eigenschaften entweder positiv (Individualismus) oder neutral (Irreligiosität) beschrieben, während sie bei den befragten Muslimen durchgehend negativ konnotiert werden. Einige dieser genannten Bereiche sollen im Folgenden kurz beschrieben werden.

Eines der prägnantesten Vorurteile bei den Befragten ist sicherlich die Behauptung, dass die deutsche Frau „untreu" und der deutsche Mann „unmännlich" sei. Dazu äußert sich eine Interviewpartnerin aus München: „Die deutschen Frauen sind schon anders, die haben schon viele Männer, sie kennen schon viele Männer und flirten mit Männern, wenn sie verheiratet sind. Und der Mann steht daneben und sagt nichts. In unserer Kultur müssen sich die Frauen zurückhalten und nicht mit fremden Männern reden. Also, ein Mann muss schon was sagen, wenn seine Frau mit anderen Männern flirtet. (…) Ja, bei türkischen Männern finde ich extrem, wenn sie sofort zuschlagen, bei deutschen Männern finde ich das auch extrem, wenn sie nichts sagen" (Gül, 21, Hausfrau, München). Da in vielen muslimisch geprägten Ländern die Konversation zwischen einer Frau und einem der Familie unbekannten Mann unerwünscht ist und eine Frau, die es trotzdem tut, als unehrenhaft bezeichnet wird, überträgt die Interviewpartnerin diese Werte und Normen auf Deutsche. In Bezug auf das Verhalten deutscher Männer geht die Interviewpartnerin ebenso von ihrer Perspektive der Männlichkeit aus, wobei das Verhalten muslimischer Männer in solchen Kontexten als überzogen eingestuft wird. Auch die Interpretation eines Flirts zwischen Mann und Frau ist geprägt durch ihre Sicht, wie Männer und Frauen in der Öffentlichkeit miteinander umzugehen haben: Scham und Zurückhaltung stehen im Mittelpunkt.

Der in Deutschland positiv besetzte Begriff „Individualität" wird durchweg negativ und kritisch betrachtet, weil die Befragten kollektivistisch sozialisiert sind. Allerdings wird der Begriff „Individualität" von vielen Interviewpartnern mit „Eigensinnigkeit" gleichgesetzt. „Also, bei Deutschen finde ich das sehr extrem mit der individuellen Selbstbestimmung. In der Familie ist kein großer Halt, weil jeder in irgendeiner Art und Weise an sich und an seine Interessen denkt. Und niemand nicht so richtig, schaut, wie es dem anderen geht. Also, durch diese Individualität fällt die Familie auseinander, die meisten sind einsam und bei der kleinsten Problematik lassen sich die Paare scheiden" (Bahar, 23, Jurastudentin, München). Hier geht die Interviewpartnerin auf die aus ihrer Sicht negativen Aspekte der Individualität ein. Ob tatsächlich eine Kausalität zwischen Individualität und Scheidungsrate besteht, ist irrelevant. Vielmehr fällt auf, dass die Interviewpartnerin aus ihrer kollektivistisch geprägten Sozialisation argumentiert und nur die negativen Aspekte hervorhebt, die nicht einmal belegt sind.

Als ein letztes Beispiel soll die „Unehrenhaftigkeit" näher betrachtet werden. Vor allem Männer werden als unehrenhaft bezeichnet, die nicht empfindlich auf Grenzüberschreitungen im Sinne des Ehrkonzepts (siehe im Kapitel Ehre/Ehrenmorde) reagieren. „Ja, die Deutschen sind keine richtigen Männer. Die machen nichts, wenn man mit seiner Frau redet oder anquatscht. Ich sehe das doch immer auf der Straße. Angenommen, ich ficke vor seinen Augen seine Frau, der wird nichts tun. (...) Deutsche Frauen sind eh Schlampen. Die ficken mit jedem. Ich quatsche die Frauen auf der Straße an, die machen nichts, die lachen nur. (...) Nein ich habe keinen Kontakt zu Deutschen, ich kenn auch keinen deutschen Mann" (Adem, 33, Handwerker, Dortmund). Hier fällt auf, dass der Interviewpartner sehr radikale Meinungen vertritt, obwohl er keinerlei Kontakt zu Deutschen hat. Seine Sichtweise leitet er aus Beobachtungen, aus den Medien oder aus Erzählungen ab. Wenn eine muslimische Frau auf der Straße von einem Mann angesprochen wird, reagiert sie entschieden und empfindlich oder sie holt Hilfe. Wenn eine deutsche Frau auf dasselbe Verhalten zurückhaltend oder überhaupt nicht reagiert, wird das als Zustimmung gedeutet (vgl. dazu exemplarisch Schiffauer, 1983). Das reservierte Verhalten des Mannes wird als „Freibrief" interpretiert, weil ein ehrenhafter muslimischer Mann empfindlich reagieren würde, um seine Frau zu schützen.

Resümee

In diesem Kapitel konnte festgehalten werden, dass Islamismus und Islam zwei unterschiedliche, sogar gegensätzliche Begriffe sind. Laut einschlägiger Literatur will nur ein Bruchteil der Muslime den politischen Islam etabliert sehen, alle hier Befragten lehnen den Islamismus ab und er wird in der eigenen Gemeinde nicht geduldet. Eine der zentralen Erkenntnisse der Interviews ist, dass die meisten Befragten den Begriff des Islamismus nicht kennen.

Die muslimischen Migranten lehnen Terroranschläge als unvereinbar mit dem Islam eindeutig und vehement ab. Aber gleichzeitig fühlen sie sich von der deutschen Öffentlichkeit genötigt, sich von solchen Anschlägen zu distanzieren. Wenn irgendwo auf der Welt ein Terroranschlag mit islamistischem Hintergrund stattfindet, wird ein entschuldigender Kommentar auch von der muslimischen Gemeinde in Deutschland erwartet. Hier sehen die Befragten die Konstruktion eines unzulässigen Zusammenhangs oder gar Verdachts.

Bei Demonstrationen wurde sichtbar, dass die meisten Befragten die Tradition des Demonstrierens nicht kennen und deshalb auch große Vorbehalte haben, auf die Straße zu gehen. Diejenigen, die Erfahrung damit haben, verbinden mit Demonstrationen polizeiliche Repressionen und Gewalt.

Beim Thema Diskriminierung decken sich die Ergebnisse der Interviews mit dem Tenor der einschlägigen Literatur. Muslimische Migranten fühlen sich vor allem beim Zugang zu Bildung, Arbeit und Wohnraum diskriminiert. Abweichend von der Literatur fällt auf, dass viele muslimischen Migranten die Behörden nicht als diskriminierend empfinden. Im privaten Bereich wird Diskriminierung selten genannt, da dieser Bereich besser geschützt werden kann. Dass auch muslimische Migranten Vorurteile über Deutsche haben, war bekannt. Wie tief allerdings der Graben in Bezug auf die Geschlechterrollen in manchen Kontexten ist, konnte am Beispiel Ehre aufgezeigt werden.

Integration/Integrationsdebatte

Integration

Der Begriff Integration bestimmt seit Jahren die öffentliche Debatte, wenn es um die Migranten – besonders die muslimischen – in Deutschland geht. Die Diskussion flammt jedes Mal auf, wenn ein Vorfall über die Presse in die Öffentlichkeit kommt. Beispiele dafür sind zum Beispiel das Tragen des Kopftuches im öffentlichen Dienst, die Praxis der Zwangsverheiratung und die sogenannten Ehrenmorde. Auch die Kriminalität von Jugendlichen mit Migrationshintergrund ist ein Anlass, um die Integration beziehungsweise Nichtintegration der Muslime grundsätzlich zu diskutieren. Beim Thema Jugendkriminalität werden die straf- und ausländerrechtlichen Konsequenzen mit der Integrationspolitik vermengt, indem verlangt wird, kriminelle Jugendliche auszuweisen. Ebenso stoßen mangelhafte Deutschkenntnisse und das undisziplinierte Verhalten muslimischer Schüler die Grundsatzdiskussion über die Desintegration der Muslime an.

Bei der Debatte wird allerdings deutlich, dass meistens abstrakt über und nicht mit Migranten diskutiert wird. Um dieser Schieflage entgegenzuwirken, wurde im Sommer 2006 der sogenannte Integrationsgipfel unter Federführung der Staatsministerin Maria Böhmer (Integrationsbeauftragte der Bundesregierung) ins Leben gerufen. Ziel dieses Gipfels war es, die Bedingungen für die Integration der Migranten nachhaltig zu verbessern. Zentral waren dabei die Bereiche Frühförderung und das deutsche Schulsystem. Sowohl die Eltern als auch die Migrantenorganisationen sollten stärker in die bildungspolitische Integrationsarbeit einbezogen werden (vgl. Vicente Riesgo Alonso unter www.migration-boell.de, abgerufen am 26.01.2010). Beim Integrationsgipfel saßen Vertreter verschiedenster Migrantenorganisationen mit Repräsentanten von Bund, Ländern und Kommunen, aus Wirtschaft, Wissenschaft, Sport und Medien an einem Tisch, um über die Integrations- und Migrationsfragen zu debattieren. Zweimal wurde die Sitzung auf Einladung von Bundeskanzlerin Angela Merkel abgehalten. Darüber hinaus trafen sich die Vertreter in Arbeitsgruppen, in denen an einzelnen Bereichen des Integrationsplans gefeilt wurde (vgl.www.tagesschau.de vom 06.11.2008, abgerufen am 26.01.2010). Am Ende des Gipfels haben die Beteiligten ein 200 Seiten langes Werk unter dem Titel „Nationaler Integrationsplan" verabschiedet, das 400 Selbstverpflichtungen beinhaltet (vgl. ebd.). Das heißt, das Papier hat keine gesetzliche Grundlage, sondern ist eine reine Absichtserklärung. Viele Vorschläge, die im „Nationalen Integrationsplan" vereinbart sind, sind allgemein gehaltene Empfehlungen, moralische Appelle und Absichtserklärungen (vgl. Vicente Riesgo Alonso unter www.migration-boell.de, abgerufen am 26.01.2010). Die Vereinbarungen des „Nationalen Integrationsplans" werden kritisiert, da viele Maßnahmen eher die Fortführung der etablierten Programme beinhalten und keine weiteren Mittel zur Verfügung gestellt werden, um die vereinbarten Ziel zu erreichen. Weiterhin wird die Kritik laut, dass in den Kommunen die Umsetzung aufgrund fehlender finanzieller Mittel nicht vorankommt (vgl. www.tagesschau.de, ebd.). Ganz grundsätzlich wird moniert, dass der Begriff Integration weder definiert noch mit Inhalt gefüllt wird.

Im Kapitel „Die Rolle der Kultur- und Moscheevereine" wurde zwar kurz auf eine Definition von Integration eingegangen. Dies soll hier vertieft werden, um später die Standpunkte der Befragten besser verstehen zu können. Aus soziologischer Sicht ist der Begriff Integration weniger umstritten als in der politischen Debatte. Hartmut Esser hat bereits 1980 die Integration in vier Bereiche aufgeteilt, die auch heute noch gelten: strukturelle Integration, kulturelle Integration, soziale Integration und identifikatorische Integration (vgl. Esser, in: Schramkowski, 2007, S. 101f.). Mit *struktureller Integration* ist die Eingliederung der Migranten in Kerninstitutionen wie Wirtschaft, Arbeitsmarkt, Wohnungsmarkt, Bildungs- und Qualifikationssysteme sowie der Zugang zur Staatsbürgerschaft gemeint. Die *kulturelle Integration* impliziert den Spracherwerb als Grundlage für Verständigungsprozesse und die Entwicklung neuer kultureller Muster als Lern- und Sozialisationsprozesse im Bereich kognitiver und kultureller einstellungsbezogener Veränderung seitens der Zuwanderer. Die *soziale Integration* meint die Eingliederung in private Sphären der Mehrheitsgesellschaft, beispielsweise Freundschaften, Lebenspartner, Peergroup oder Vereinsmitgliedschaften. Die *identifikatorische Integration* impliziert die Zugehörigkeitsgefühle der Migranten zur Aufnahmegesellschaft, wobei dieser Bereich sich im Vergleich zu den anderen drei Dimensionen langsamer entwickelt (vgl. ebd.). Die kulturelle Integration wird auch als kognitive Integration bezeichnet, hier wird dieser Begriff verwendet.

Die Studie des Bundesamts für Migration und Flüchtlinge aus dem Jahre 2009 – in der 6.000 Menschen mit muslimischem Hintergrund aus 49 Ländern befragt wurden – hat alle vier Bereiche im Hinblick auf Muslime in Deutschland untersucht. Wenn beispielsweise in der Kategorie *kognitive Integration* der Spracherwerb näher betrachtet wird, kann festgestellt werden, dass 61,2 Prozent der Befragten die eigenen Deutschkenntnisse als „sehr gut" oder „gut" bezeichnen. Lediglich elf Prozent schätzen ihr Deutsch als „gar nicht", „schlecht" oder „sehr schlecht" ein (vgl. Bundesamt für Migration und Flüchtlinge, 2009, S. 239f.). In der Kategorie *strukturelle Integration* ergibt eine Analyse der Stellung der Muslime im Beruf zwar große Unterschiede im Hinblick auf das Herkunftsland. Aber der Anteil der Arbeiter ist im Vergleich zu Deutschen überproportional hoch, während der Anteil der Angestellten gering und der Anteil der Beamten sehr gering ausfällt (vgl. ebd., S. 231f.). Wenn in der Kategorie *soziale Integration* der Bereich „Kontakthäufigkeit in der Familie mit Deutschen" unter die Lupe genommen wird, zeigt sich, dass gut zwei Drittel der Muslime häufig Kontakte zu Deutschen haben (vgl. ebd., S. 265). Bei der *identifikatorischen Integration* wird deutlich, dass sich der Großteil der muslimischen Bevölkerung sowohl Deutschland (59,6 Prozent) als auch dem Herkunftsland (69 Prozent) verbunden fühlt (vgl. ebd., S. 298f.). Ein Abgleich der wissenschaftlichen Kriterien der Integration und der entsprechenden Studien zeigt, dass in vielen Bereichen die Integration der Muslime in Deutschland relativ gut erfolgt ist. Aber vor allem in den Bereichen Bildung, Schulbildung, Beruf und Wohnen gibt es noch Nachholbedarf.

Die Integrationsdebatte in der muslimischen Gemeinde

In wissenschaftlichen Abhandlungen, Tagungen und Talkshow kommen die Betroffenen selbst selten zu Wort. Wie empfinden die Muslime selber die Debatte? Nehmen sie diese teilweise emotional und ideologisch geführte Debatte überhaupt wahr? Oder sind sie so stark auf ihr Herkunftsland bezogen, dass die Diskussionen und Vorwürfe, die von Teilen der Medien, von Meinungsmachern und Politikern geäußert werden, sie nicht berühren?

Unsere Interviewergebisse aus den drei Großstädten zeigen, dass die Debatte um Integration oder Integrationsunwilligkeit bei der muslimischen Gemeinde auf Unverständnis oder Verwunderung stößt. Denn ein Großteil der Befragten fühlt sich im Sinne der oben dargestellten Integrationskriterien gut oder angemessen integriert. Für die meisten muslimischen Migranten ist es auch kein Widerspruch, sich zu zwei Ländern zu bekennen oder sich mit zwei Ländern zu identifizieren. Die Migranten verbinden mit dem Begriff „Integration" in erster Linie gute Arbeits- und Bildungsbedingungen, den Erwerb der deutschen Sprache und gute Wohnbedingungen in bevorzugten Stadtteilen. Integration beinhaltet für sie nicht zuletzt sozialen Aufstieg. In den Interviews können drei große Bereiche (Integrationsunwilligkeit?, Integration als Teilhabe und Integration als sozialer Aufstieg) ausgemacht werden, die näher erläutert werden sollen.

Integrationsunwilligkeit?

Die Debatte um die Integrationsunwilligkeit wird in der muslimischen Gemeinde wenig bis überhaupt nicht wahrgenommen. Wenn die Befragten über den Diskussionsstand aufgeklärt werden oder die Debatte in der türkischen oder arabischen Presse verfolgen, sind sie überrascht. Mit Verwunderung und Ärger wird darauf reagiert, dass Integrationsunwilligkeit unterstellt wird: „Ich bin bisschen sauer, ich höre manchmal, dass die Türken, die Muslime, machen nur Probleme, die sind nicht integriert oder so. Oder ich hab in der Zeitung gelesen, wir wollen uns nicht integrieren und so weiter. Unsere Eltern oder wir sind ganz einfache Leute, viele kamen vom Dorf hierher, oder sie können nicht lesen und schreiben. Viele versuchen ihre Familie zu ernähren. (...) Weißt du, dann höre ich, ja, die Muslime wollen das nicht. Wir wollen schon, aber wir bekommen nicht, wir bekommen keine Arbeit, kein Wohnung. Dann habe ich mich selbstständig gemacht" (Yusuf, 45, Gemüsehändler, Dortmund). Der Interviewte spricht hier zwei zentrale Bereiche an, die in der öffentlichen Diskussion wenig Beachtung finden. Erstens wird deutlich, dass ein Großteil der muslimischen Migranten durch wirtschaftliche Zwänge gar nicht in der Lage ist, sich auf das Umfeld einzulassen. Aufgrund der Bildungsbenachteiligung oder fehlender Bildungsabschlüsse haben sie nicht einmal die Gelegenheit, Deutsch zu lernen. Der zweite Bereich betrifft die Chancengleichheit, die den Migranten in Deutschland verwehrt bleibt.

Auf die Frage, ob es innerhalb bestimmter Submilieus der muslimischen Gemeinde in Deutschland bewussten Widerstand gegen Werte und Normen der Mehrheitsgesellschaft gibt, antwortet der Imam aus Berlin: „Die Frage kann ich mit gemischten Gefühlen beantworten. Eigentlich sind die meisten gegenüber Deutschland und deutsche Gesellschaft sehr offen. Sie wollen sich auch integrieren. Aber aufgrund der Misserfolge im Bildungsbereich, auf dem Arbeitsmarkt oder bei Benachteiligungen im Alltag ziehen sich viele zurück. Viele schimpfen am Anfang auf Deutsche und die deutsche Politik. Das ist erst einmal harmlos. Aber einige werden doch radikaler gegenüber der deutschen Gesellschaft, weil sie auch viel Zustimmung von ihrem Umfeld erfahren. Diese Menschen ziehen sich dann zurück, lehnen alles ab und sehen sich als Opfer der deutschen Politik. Und deren Zahl wächst leider in meiner Gemeinde“[17] (Abdullah, 41, Imam, Berlin). Der Interviewauszug deckt sich mit den Ergebnissen wissenschaftlicher Abhandlungen: Wenn die Partizipation und der Erfolg sich nicht einstellen, ist der Rückzug die Folge. Denn die Einschätzung des Imams, dass die meisten Migranten eine positive oder neutrale Einstellung zum Migrationsland haben, ist mittlerweile wissenschaftlich gut erforscht und belegt. Der Rückzug in die eigenethnischen Milieus erfolgt dann aber, wenn sich die erwünschten Erfolge nicht einstellen, unabhängig davon, ob diese Wünsche und Vorstellungen realistisch sind oder nicht. Da die Zahl der Menschen, die wiederholt solche Erfahrungen machen, kontinuierlich steigt, wird auch die Zahl der sogenannten „Integrationsunwilligen“ weiterhin steigen. Die Gründe dafür liegen aber vor allem in wirtschaftlichen und sozialen Zusammenhängen und nicht in religiösen und kulturellen Differenzen.

Integration als Teilhabe

Der Begriff „Integration“ wird in unseren Interviews durchgehend als positiver Wert definiert. Aus Sicht der Migranten ist mit Teilhabe primär die strukturelle Integration gemeint, die aber auch gute oder sehr gute Deutschkenntnisse, also die kognitive Integration, umfasst. Die identifikatorische oder soziale Integration werden zwar nicht explizit genannt, spielen aber trotzdem eine Rolle. Die soziale Integration wird deshalb nicht genannt, weil sie in erster Linie die weichen Kriterien (eher den privaten Bereich) der Integration betrifft. Die identifikatorische Integration wird als abstrakt beziehungsweise unsichtbar bezeichnet oder aber abgelehnt, weil darin Tendenzen zur Assimilation ausgemacht werden. Der Interviewpartner Amir spricht die Integration als Teilhabe im Sinne von

[17] Das Interview wurde vom Autor aus dem Türkischen übersetzt.

struktureller Integration an: „Integration ist, ja, wie soll ich sagen, wenn die Menschen hier angekommen und willkommen sind. Wenn zum Beispiel alle Arbeit bekommen und nicht heißt, Deutsche werden bevorzugt. Wenn auch ausländische Kinder ins Gymnasium kommen oder wenn wir auch besser Wohnungen bekommen und so. (...) Was braucht man dafür. Ich denke, man muss schon gut Deutsch können, ohne Deutsch geht das nicht. Wir müssen uns mehr anstrengen, um Deutsch zu lernen. Wir können besser Deutsch lernen, wenn wir willkommen sind“ (Amir, 45, selbstständig, Berlin). Es wird deutlich, dass der Interviewte mit Integration vor allem die strukturelle Integration meint und die kognitive Integration als Mittel zum Zweck dient. Aber am Anfang der Passage spricht er einen Aspekt an, der sowohl in den Interviews als auch in wissenschaftlichen Monografien ein zentraler Punkt ist, nämlich die Forderung nach Anerkennung und Gleichbehandlung der Migranten als Teil der deutschen Gesellschaft. Denn erst durch die Gleichbehandlung in Wirtschaft, Gesellschaft und Bildung wächst für die Migranten die Motivation zum Erwerb der deutschen Sprache.

Den sozialen Aspekt der Integration, der im Vergleich zur identifikatorischen Integration bei der muslimischen Gemeinde Konsens ist, spricht der Interviewpartner Harun an: „Ich meine so: wenn die Menschen Arbeit, Geld, gute Bildung haben oder in schönen Wohnungen, in schönen Stadtteilen wohnen, dann werden sie viele Kontakte zu Deutschen haben, in Sportvereinen gehen, dann können sie sich das leisten. Oder auch deutsche Freunde haben, weil sie sich nicht mehr schämen, und so weiter“ (Harun, 37, selbstständiger Kaufmann, München). Auffällig ist hier die Annahme, dass die Voraussetzung für eine gelungene soziale Integration zunächst in der strukturellen Integration gesehen wird. Viele muslimische Migranten (exemplarisch die Aussage von Harun) können sich im sozialen Bereich erst optimal beteiligen und beispielsweise Freundschaften schließen, wenn sie sich wirtschaftlich und strukturell mit den einheimischen Deutschen auf „Augenhöhe“ fühlen.

Die identifikatorische Integration – wenn sie vollständig bekannt ist und verstanden wird – wird von einigen muslimischen Migranten mit dem Verweis auf Assimilationstendenzen abgelehnt: „Ich fühle mich in Deutschland zu Hause, ich bin in München geboren, aufgewachsen, ich habe in München Abitur gemacht. Ich studiere jetzt auch in München. München ist meine erste Heimat. Aber ich muss zugeben, dass die Heimat meiner Eltern mir noch wichtiger ist. Denn meine Wurzeln liegen in der Türkei, weil meine Eltern und Großeltern aus der Türkei stammen.

Ich werde niemals sagen können, dass ich stolz auf Deutschland bin, auch wenn einige das von mir erwarten. Ich werde niemals meine Werte und Normen oder meine Religion preisgeben. (...) Ich kann schon sagen, dass ich stolz bin, Türkin zu sein, auch wenn ich einen deutschen Pass habe. Das ist irgendwie eine Gefühlslage. Außerdem bekomme ich in Deutschland nicht das Gefühl dazuzugehören, weil man als Schwarzhaarige nicht als Deutsche akzeptiert wird" (Bahar, 23, Jurastudentin, München). Hier wird die identifikatorische Integration mit dem Verlust oder der Aufgabe der eigenen Werte und Normen, der Religion und Sprache in Verbindung gebracht – entsprechend groß ist die Ablehnung. Im Gegensatz dazu wurde bei der Definition klar, dass die Identifikation mit Deutschland nicht den Verlust der eigenen Werte und Normen impliziert. Vielmehr ist es so, dass sowohl die Befragten der vorliegenden Studie als auch in der Studie des Bundesamts für Migration und Flüchtlinge (Muslimisches Leben in Deutschland) der Großteil der Muslime sich sowohl mit Deutschland als auch mit dem Herkunftsland identifiziert.

Integration als sozialer Aufstieg

Oben wurde erwähnt, dass der Integrationsbegriff primär positiv konnotiert wird. Die Interviews zeigen einen Aspekt, der in der öffentlichen Debatte kaum Erwähnung findet: Die befragten Muslime verbinden mit der aus ihrer Sicht gelungenen Integration den sozialen Aufstieg. Pointierter auf eine einfache Formel gebracht bedeutet das: Wer es vom Arbeiter zum Akademiker bringt, ist gut integriert. Zu diesem Punkt äußert sich Ayaan: „Ja, wenn die Leute alles geschafft haben in Deutschland, dann sind sie schon integriert. Ich möchte, meine Kinder sollen Ärzte oder Lehrer werden, sie sollen nicht Arbeiter werden wie ich. Das ist schon Integration, wenn sie in Deutschland alles schaffen. Ich bin nicht so gut integriert. Ich spreche nicht so gut Deutsch. Deshalb bin ich Arbeiter, nicht Lehrer oder ich habe keine Büroarbeit. Meine Kinder sollen was schaffen und sich integrieren" (Ayaan, 43, Arbeiterin, Berlin). Exemplarisch macht dieses Interview deutlich, dass mit Integration primär die strukturelle gemeint ist. Aus Sicht der Interviewpartnerin ist der soziale Aufstieg erreicht, wenn die strukturelle Integration in Deutschland erfolgreich gelungen ist. Dass mit der strukturellen Integration – im Kontext von sozialem Aufstieg – nicht nur der Bildungs- und Berufserfolg gemeint ist, sondern auch die Wohnsituation, spricht Aynur an: „Also, aus meiner Sicht hängt Integration sehr stark mit dem sozialen Aufstieg der Migranten oder Muslime zusammen. Integration ist ja nicht nur die Sprache, Bildung, Arbeit etc. Die Art und Weise und in welchem Stadtteil die Migranten wohnen, hat mit der Integration zu tun. (...) Wer wohnt schon heute in Neukölln? Meistens wohnen Arbeitslose, Arbeiter oder Hartz-IV-Empfänger in Neukölln. Die Gutverdiener, die gut integriert sind, die sich das leisten können, ziehen sofort in andere gutbürgerliche Stadtteile" (Aynur, 25, Studentin der Literaturwissenschaften, Berlin). Diese Interviewpartnerin bringt den sozialen Aufstieg mit dem Wohnort in Zusammenhang und zwangsläufig mit Integration oder Desintegration. Tatsächlich ist nachgewiesen, dass vor allem Geringverdiener mit Migrationshintergrund und Bezieher von Transferleitungen in den schlechten Wohnlagen der Großstädte in Hochhäusern mit schlechter Bausubstanz wohnen (vgl. Beauftragte der Bundesregierung für Integrationsfragen, 2007).

Resümee

Die Migranten verbinden mit der Integration in erster Linie die soziale und wirtschaftliche Partizipation. Ein Großteil der muslimischen Migranten fühlt sich in Deutschland integriert. Die Befragten zeigen sich erstaunt, dass Teile der Mehrheitsgesellschaft, manche Politiker und Medien den Muslimen in Deutschland eine gezielte Integrationsunwilligkeit vorwerfen. Die fehlende Integrationsbereitschaft in Teilen der muslimischen Gemeinde wird aus Sicht der Muslime primär mit destruktiven Grundbedingungen in Deutschland oder mit persönlichen Misserfolgen der Betroffenen begründet.

Darüber hinaus wird deutlich, dass der Integrationsbegriff mehr umfasst als nur das Vorhandensein oder Fehlen deutscher Sprachkenntnisse. Aber: Nicht nur in der Mehrheitsgesellschaft wird Integration falsch interpretiert, sondern auch bei den Muslimen. Vor allem wird mit der identifikatorischen Integration Assimilation in Verbindung gebracht. Abgesehen davon wird der Integrationsbegriff aber als positiver Prozess verstanden, der vorangetrieben werden soll.

Fazit

Das Hauptanliegen dieser Studie war es, eine genauere Untersuchung hinsichtlich der muslimischen Bevölkerung vorzunehmen, die bestimmte Themen in einem Buch zusammenfasst. Zu allen hier untersuchten Bereichen liegt ausreichend Literatur vor, aber es gibt keine Publikation, die diese Themen aufgreift und die Betroffenen selbst anhand von Interviews zu Wort kommen lässt. Durch diese Methode konnte ein breit gefächertes Bild der muslimischen Gemeinde in Deutschland gezeigt werden, auch wenn ausschließlich in der öffentlichen Wahrnehmung belastete Themen Gegenstand der Untersuchung waren.

Die Ergebnisse zeigen, dass bestimmte Begriffe klar definiert und genau abgegrenzt werden müssen. Beispielsweise die Zwangsverheiratung wird von einem Großteil der hier Befragten entschieden abgelehnt. Die Form der arrangierten Eheschließung hingegen wird von einer Majorität favorisiert, allerdings mit einer entscheidenden Modifikation: Zwei junge Menschen werden von den Eltern oder Geschwistern unverbindlich miteinander bekannt gemacht, in der Hoffnung, dass sie zueinanderfinden und später heiraten. Können sich die jungen Leute nicht auf eine Eheschließung einigen, wird dieses Treffen sehr schnell vergessen und niemandem wird ein Vorwurf gemacht; weder die Familien noch die Kinder erleiden einen Imageschaden. Vor allem bei der jüngeren Generation ist diese relativ neue Form der postmodernen arrangierten Ehe sehr verbreitet und findet auch Zuspruch bei den Betroffenen selbst. Voraussichtlich wird sie auch bei der dritten und vierten Generation verbreitet sein, da die jungen Menschen die Möglichkeit haben, eine Person relativ unverbindlich, aber doch näher kennenzulernen, die dazu aus derselben Gemeinde stammt. Viele Eltern unterstützen die Form der postmodernen arrangierten Ehe, weil sie selbst gute Erfahrungen damit gemacht haben. Die Zwangsverheiratung wird in Teilen der muslimischen Gemeinde auch weiterhin ein Thema bleiben, weil neben den traditionellen Geschlechterrollen auch die ökonomischen Zwänge diese Form der Eheschließung begünstigen.

Beim Thema Kopftuch konnte aufgezeigt werden, dass es sehr unterschiedliche Motive für das Tragen eines Kopftuchs gibt, es muss nicht zwangsläufig mit der Unterdrückung der Frau zusammenhängen. Gleichwohl wird in der deutschen Öffentlichkeit eine kopftuchtragende Frau bemitleidet, da es für die Mehrheitsgesellschaft nicht als Ausdruck einer politischen Einstellung (in diesem Falle die Instrumentalisierung der Frau für politische Zwecke), sondern als Zeichen der Unterdrückung der Frau durch das Patriarchat gilt. Als Begründung dafür wird der Islam herangezogen, der die Frau unterdrückt und als Menschen zweiter Klasse sieht, so die undifferenzierte und stereotype Zuschreibung seitens der Mehrheitsgesellschaft. Dadurch wird ein Feindbild aufgebaut, das als Bedrohung für die eigene Kultur und die lang erkämpfte Emanzipation empfunden wird. Sicherlich können solche Gedanken und Aspekte nicht ausgeschlossen werden. Aber die deutsche Öffentlichkeit negiert damit, dass das Kopftuch auch einfach als schützendes Kleidungsstück oder ganz bewusst von selbstbewussten und gebildeten Frauen getragen wird, die nicht unbedingt Opfer des Patriarchats sind. Wer ein selbstbestimmtes und freies Leben fordert, der muss auch die selbstbestimmte und freie Entscheidung muslimischer Frauen für das Kopftuch aushalten können. Denn das ist die andere Seite der Medaille des selbstbestimmten Lebensstils. Und wir müssen lernen beziehungsweise akzeptieren, mit Vielfalt, Widersprüchen und unterschiedlichen Lebenskonzepten umzugehen.

Warum aber werden muslimische Migranten auf wenige Themen reduziert und wieso werden sie oft so wenig differenziert gesehen? Muslimische Migranten tauchen in den Medien in erster Linie mit ihren Problemen und Defiziten auf. Mit welchem Verhalten beeinflussen oder prägen die Muslime selbst ihr Image in der öffentlichen Wahrnehmung? Sind sie nur Opfer? Obwohl vor fast vier Jahrzehnten die Anwerbung der Arbeitskräfte aus den muslimisch geprägten Ländern eingestellt wurde, steigt deren Zahl seit 1973 kontinuierlich. Neben dem Weg über einen Asylantrag oder die Greencard-Regelung aus dem Jahre 2000 ist die einzig legitime und auf einem Anspruch basierende Möglichkeit, nach Deutschland zu kommen, die über die Familienzusammenführung, also über Heiratsmigration. Spätestens seit Mitte der 1970er-Jahre ist bekannt, dass die Migranten aus den muslimischen Ländern dauerhaft in Deutschland bleiben und Deutschland ein Einwanderungsland ist, unabhängig vom eigenen Bekunden der Migranten, dass sie wieder in die Heimat zurückkehren werden. Bis heute allerdings ist die Integrationspolitik unzureichend, auch wenn mit dem neuen Zuwanderungsgesetz erstmalig Integrationskurse für Neuzuwanderer implementiert sind und ein Integrationsgipfel sowie die Deutsche Islam Konferenz abgehalten wurden. In der Öffentlichkeit werden die muslimischen Migranten als defizitär und rückschrittlich dargestellt. Auf Kosten der Migranten wird im Wahlkampf Stimmung gemacht, wie zum Beispiel der Wahlkampf der Hessen-CDU aus dem Jahre 1999, die Diskussion um kriminelle Jugendliche aus dem Jahre 2008 in München oder 2009 die Debatte um türkische und arabische Migranten in Berlin, die außer der Reproduktion von Kopftuchmädchen keinen weiteren gesellschaftlichen Beitrag leisten würden (Thilo Sarrazin).

Wenn darüber hinaus die Partizipation der muslimischen Bevölkerung am Schul- und Ausbildungssystem, an der Arbeitswelt und an der Gesellschaft nicht optimal erfolgt, ist der Rückzug in die eigene Community oder das eigene Milieu unausweichlich. Hier finden viele die Anerkennung, die ihnen in der Mehrheitsgesellschaft versagt bleibt. Denn die weitgehend destruktive politische und öffentliche Stimmung und die Benachteiligung beim Zugang zu Grundressourcen deuten die muslimischen Migranten dahingehend, dass sie nicht willkommen sind und von der westlichen Gesellschaft als Belastung empfunden werden.

Diese und die weiter oben geschilderten Bedingungen zeigen deutlich, dass alleine mit einer Symbolpolitik (Integrationsgipfel oder Deutsche Islam Konferenz) die gesellschaftliche Teilhabe nicht erreicht werden kann. Islamkonferenz und Integrationsgipfel können als wichtiges und sinnvolles Startsignal betrachtet werden, das von einer veränderten, nicht mehr auf den Defiziten der Migranten basierenden Integrationspolitik flankiert werden muss. Denn Vielfalt ist nicht als Bedrohung zu begreifen, sondern als Ressource oder Chance für Deutschland, zumal Deutschland mittel- und langfristig aufgrund des demografischen Wandels auf den Zuzug aus dem Ausland angewiesen ist. Dass Deutschland und die deutsche Politik noch weit von diesem Ziel entfernt sind, zeigt eine neue Studie aus dem Jahre 2009 von Info GmbH und Liljeberg Research International, nach der fast die Hälfte der in Deutschland lebenden Türken und türkeistämmigen Migranten sich in Deutschland unerwünscht fühlt, 42 Prozent planen sogar eine Rückkehr in die Türkei (vgl.www.liljeberg.net). Darüber hinaus wird deutlich, dass bei den sogenannten bildungsnahen Migranten, wie zum Beispiel Universitäts- und Fachhochschulabsolventen, die Anerkennung ihrer Leistungen so gering eingeschätzt wird, „dass viele sich infolge des Vorbehalts der Anerkennung ihrer Zugehörigkeit als gleichberechtigte Gesellschaftsmitglieder trotz ihrer im Sinne wissenschaftlicher Indikatoren erfolgreichen Integration nicht integriert und somit der Gesellschaft, in der sie faktisch zuhause sind, nur eingeschränkt zugehörig fühlen“ (Schramkowski, 2007, S. 373f.).

Aber soziale Partizipation und vorurteilsfreie Anerkennung des „Fremden“ kann nur gelingen, wenn die muslimische Bevölkerung sich weiterhin öffnet und sich nicht nur als Opfer sieht, was in vielen Fällen immer noch der Fall ist. Vielmehr bedarf es einer vorurteilsfreien Annäherung an die deutsche Gesellschaft. Annäherung bedeutet nicht, dass man die eigenen Werte, Normen, Traditionen und seine religiöse Einstellung über Bord werfen muss. Muslime und Christen haben mehr Gemeinsamkeiten als Differenzen, nicht das Trennende, sondern das Verbindende soll in den Mittelpunkt gestellt werden. Mit Rückzug, trotziger Verteidigung bestimmter Normen und Verweigerung kommen die Muslime nicht weiter. In konservativen Teilen der muslimischen Gemeinde, vertreten durch die Verbands- und Vereinssprecher, sind Misstrauen sowie Vermeidung und Verschleppung bestimmter Prozesse, vor allem wenn es um die Öffnung der Gemeinde geht, verbreitet. Weder mit dem Feindbild „Islam“ noch mit dem Feindbild „Mehrheitsgesellschaft“ kann integrationspolitisch etwas erreicht werden. Ein großer Teil der muslimischen Gemeinde in Deutschland ist in einigen Fragen offener, fortschrittlicher und emanzipierter als ihre Vertretungen. Diese vorhandenen Tendenzen müssen positiv genutzt werden. Hierzu müssten ein Dialog und ein Kommunikationsnetzwerk aktiviert werden, nicht über die Presse und Talkshows, sondern im Alltag. Ein Weg dorthin könnte sein, die Migranten zunächst auf der kommunalen Ebene in die Entscheidungen einzubeziehen. Ein erster und wichtiger Schritt wäre sicherlich das kommunale Wahlrecht für Migranten, die nicht aus einem EU-Land stammen, ein weiterer wäre die Einbeziehung und Verpflichtung der Migrantenselbstorganisation und der Integrationsräte in die kommunalen Entscheidungen und Kooperationen. Ein verändertes Bild in den Medien auf beiden Seiten, politische Bildung und Aufklärung, Ausbildung der Imame in Deutschland in deutscher Sprache, Einstellung und Ausbildung von Lehrkräften mit muslimischem Hintergrund sowie die Förderung der interkulturellen Kompetenz bei den Migranten und der Mehrheitsgesellschaft sind weitere Maßnahmen für einen Dialog auf Augenhöhe. Darüber hinaus müssten beide Seiten ihre Vorurteile ablegen und auf Konfrontation verzichten. Denn weder ist jedes deutsche Mädchen, das über die Straße läuft, eine Schlampe, noch ist jeder muslimische Junge ein Gewalttäter oder Verfechter des Patriarchats.

Partizipation, eine vorurteilsfreie Anerkennung des „Anderen" und ein Umgang mit Ambivalenzen scheinen die wichtigsten Prinzipien zu sein, um einen gesellschaftlichen Konsens zwischen den Muslimen und der Mehrheitsgesellschaft jenseits vom Grundgesetz zu finden. Anders formuliert: Beide Seiten müssen sich als gleichberechtigte Partner akzeptieren und in Verhandlungen eintreten. Wie es bei Verhandlungen üblich ist, müssen beide Seiten lernen, Kompromisse einzugehen. Sowohl die Mehrheitsgesellschaft als auch die muslimische Gemeinde müssen sich öffnen. Denn wenn der Begriff „Integration" jenseits von Worthülsen mit Inhalten gefüllt werden soll, dann bedeutet das, dass sowohl die Mehrheitsgesellschaft als auch die Muslime sich verändern und auf Kompromisse eingehen müssen. Das impliziert, dass die Werte und Normen, die die Mehrheitsgesellschaft vertritt, ebenso verhandelt werden müssen wie die Werte und Normen der Muslime, um einen tragfähigen dritten Weg einzuschlagen. Der bisherige Weg, bei dem die Mehrheitsgesellschaft von den Migranten mehr Anpassung und „Integration" erwartet, war und ist kontraproduktiv, weil die „Integration" von der Mehrheitsgesellschaft vorgegeben wurde. Die Ablehnung seitens der muslimischen Gemeinde kam und kommt zwangsläufig wie bestellt. Von diesem Prozess müssen sich Christen und Muslime verabschieden, wenn sie es mit der Integration ernst meinen. Wenn die sogenannte „Integrationsunwilligkeit" der Muslime in Deutschland existiert, dann ist das eine Folge der sozialen und wirtschaftlichen Bedingungen, die in Deutschland immer schlechter werden. Der Rückzug in die eigenethnischen Milieus erfolgt, weil eine immer größer werdende Minderheit sich in Deutschland wirtschaftlich, sozial und bildungspolitisch abgehängt fühlt. Das betrifft auch viele Menschen, die eine deutsche Abstammung haben. Sowohl ein Teil der Deutschen als auch ein Teil der Muslime zieht sich aus dem gesellschaftlichen Leben zurück: Das Motiv ist aber nicht die Religion, sondern die sozial und wirtschaftlich prekäre Lage.

Der Prozess des Aushandelns ist sicherlich anspruchsvoll und verlangt von beiden Seiten Kompromisse. Weil Integration ein offener Prozess ist, der nie abgeschlossen sein wird, braucht es auch mehr Zeit und Geduld. Aber: es lohnt sich, darüber nachzudenken.

Literatur

Arikan, Erkan/Ham, Murat: Jung, erfolgreich, türkisch. Ein etwas anderes Portrait von Migranten in Deutschland. Bergisch Gladbach 2009.

Atabay, Ilhami: Zwischen Tradition und Assimilation. Die zweite Generation türkischer Migranten in der Bundesrepublik. Freiburg i.Br. 1998.

Attia, Iman/Aziz, Leila/Marburger, Helga/Menge, Johannes: Auf Ausbildungsplatzsuche. In: Attia/Marburger (Hrsg.): Alltag und Lebenswelten von Migrantenjugendlichen, Frankfurt a.M. 2003.

Baumgartner-Karabak/Landesberger, Andrea: Die verkauften Bräute. Berlin 1978.

Beauftragte der Bundesregierung für Integrationsfragen: 7. Bericht der Beauftragten der Bundesregierung für Migration, Flüchtlinge und Integration über die Lage der Ausländerinnen und Ausländer in Deutschland. Berlin 2007.

Beck-Gernsheim, Elisabeth: Wir und die Anderen. Kopftuch, Zwangsheirat und andere Mißverständnisse. Frankfurt a.M. 2007.

Berghahn, Sabine/Rostock, Petra (Hrsg.): Der Stoff aus dem Konflikte sind. Debatten um das Kopftuch in Deutschland, Österreich und der Schweiz. Bielefeld 2009.

Berghahn Sabine: Deutschlands konfrontativer Umgang mit dem Kopftuch der Lehrerin. In: Berghahn, Sabine/Rostock, Petra (Hrsg.): Der Stoff aus dem Konflikte sind. Debatten um das Kopftuch in Deutschland, Österreich und der Schweiz. Bielefeld 2009.

Bielefeldt, Heiner: Das Islambild in Deutschland. Zum öffentlichen Umgang mit der Angst vor dem Islam. In: Schneiders, Gerald Thorsten (Hrsg.): Islamfeindlichkeit. Wenn die Grenzen der Kritik verschwimmen. Wiesbaden 2009.

Boos-Nünning, Ursula: Mädchen türkischer Herkunft: Chancen in der multikulturellen Gesellschaft? In: Gieseke/Kuhs (Hrsg.): Frauen und Mädchen in der Migration. Frankfurt a.M. 1999.

Boos-Nünning, Ursula/Karakasoglu, Yasemin: Viele Welten leben. Zur Lebenssituation von Mädchen und jungen Frauen mit Migrationshintergrund. 2. Auflage. Münster, New York, München und Berlin 2006.

Bourdieu, Pierre: Entwurf einer Theorie der Praxis. Frankfurt a.M. 1976.

Bundesministerium für Familie, Senioren, Frauen und Jugend (Hrsg.): Zwangsverheiratung in Deutschland. Forschungsreihe Band 1. Baden-Baden 2007.
Bundesministerium für Familie, Senioren, Frauen und Jugend (Hrsg.): Lebenssituation, Sicherheit und Gesundheit von Frauen in Deutschland. Eine repräsentative Untersuchung zu Gewalt gegen Frauen in Deutschland. Berlin 2005.
Bundesamt für Migration und Flüchtlinge (Hrsg.): Muslimisches Leben in Deutschland. Im Auftrag der Deutschen Islamkonferenz. Forschungsbericht 6. Nürnberg 2009.
Cagliyan, Menekse: Sexuelle Normvorstellungen und Erziehungspraxis von türkischen Eltern der ersten und zweiten Generation in der Türkei und in Deutschland. Münster 2006.
Die Tageszeitung: Sarrazin droht Entmachtung in der Bundesbank. S. 9. 12.10.2009. Berlin.
Dohse, Knuth: Ausländische Arbeitnehmer und bürgerlicher Staat. Genese und Funktion von staatlicher Ausländerpolitik und Ausländerrecht. Vom Kaiserreich bis zur Bundesrepublik Deutschland. Königstein 1981.
Eisenrieder, Claudia: Arrangierte Autonomie? Über Eheerfahrungen von Migrantinnen türkischer Herkunft. Tübingen 2009.
Endruweit, Günter/Trommsdorff, Gisela (Hrsg.): Wörterbuch der Soziologie. 2. Auflage. Stuttgart 2002.
Essau, Cecilla Ahmoi/Trommsdorff, Gisela: Kontrollorientierung von Jugendlichen individualistischen und gruppenorientierten Kulturen. In: Trommsdorff, Gisela (Hrsg.): Kindheit und Jugend in verschiedenen Kulturen. Weinheim und München 1995.
Firat, Düzgün: Migration als Belastungsfaktor türkischer Familien. Auswirkungen auf die soziale Identität und das Familiensystem. Hamburg 1996.
Franger, Gabi: Das für uns so fremde Kopftuch. In: Gieseke/Kuhs (Hrsg.): Frauen und Mädchen in der Migration. Frankfurt a.M. 1999.
Fuchs-Heinritz, Werner u.a. (Hrsg.): Lexikon der Soziologie. 4. Auflage. Wiesbaden 2007.
Gartmann, Helene/Schwarz, Klaus (Hrsg.): Zur Situation der Frau im Gecekondu. Eine Untersuchung über die Lebensverhältnisse von Frauen in einem durch Zuwanderung aus dem Landesinnern entstandenen Stadtrandgebiet von Ankara. Berlin 1981.

Gieseke, Heide/Kuhs, Katharina (Hrsg.): Frauen und Mädchen in der Migration. Frankfurt a.M. 1999.

Goldberg, Andreas/Halm, Dirk/Sen, Faruk: Die deutschen Türken. Münster 2004.

Hafeneger, Benno/Schröder, Achim: Jugendarbeit. In: Otto, Hans-Uwe/ Thiersch, Hans (Hrsg.): Handbuch Sozialarbeit Sozialpädagogik. 3. Auflage. München 2005.

Hafez, Kai: Mediengesellschaft – Wissensgesellschaft? Gesellschaftliche Entstehungsbedingungen des Islambildes deutscher Medien. In: Schneiders, Gerald Thorsten (Hrsg.): Islamfeindlichkeit. Wenn die Grenzen der Kritik verschwimmen. Wiesbaden 2009.

Heitmeyer, Wilhelm/Müller, Joachim/Schröder, Helmut: Verlockender Fundamentalismus. Türkische Jugendliche in Deutschland. Frankfurt a.M. 1997.

Jedlitschka, Anja: Weibliche Emanzipation in Orient und Okzident. Von der Unmöglichkeit, die andere zu befreien. Würzburg 2004.

Kagitcibasi, Cigdem: Insan – Aile – Kültür, 3. Basim, (Mensch – Familie – Kultur, 3. Auflage). Istanbul 1996.

Kagitcibasi, Cigdem/Sunar, Diane: Familie und Sozialisation in der Türkei. In: Nauck/Schönpflug (Hrsg.): Familien in verschiedenen Kulturen. Stuttgart 1997.

Karakasoglu, Yasemin: Islam als Störfaktor in der Schule. Anmerkungen zum pädagogischen Umgang mit orthodoxen Positionen und Alltagskonflikten. In: Schneiders, Gerald Thorsten (Hrsg.): Islamfeindlichkeit. Wenn die Grenzen der Kritik verschwimmen. Wiesbaden 2009.

Karakasoglu-Aydin, Yasemin: Studentinnen türkischer Herkunft an deutschen Universitäten unter besonderer Berücksichtigung der Studierenden pädagogischer Fächer. In: Attia/Marburger (Hrsg.): Alltag und Lebenswelten von Migrantenjugendlichen, Frankfurt a.M. 2000.

Kelek, Necla: Heirat ist keine Frage. In: Bundesministerium für Familie, Senioren, Frauen und Jugend (Hrsg.): Zwangsverheiratung in Deutschland. Forschungsreihe Band 1. Baden-Baden 2007.

Kelek, Necla: Teilnahme von muslimischen Kindern, insbesondere Mädchen, am Sport-, Schwimm- und Sexualkundeunterricht an staatlichen Schulen, Teilnahme an Klassenfahrten. Berlin 2006.

Kizilhan, Ilhan: „Ehrenmorde“ Der unmögliche Versuch einer Erklärung. Berlin 2006.

Konrad-Adenauer-Stiftung (Hrsg.): Türkische Medien in Deutschland. Almanya Infodienst No. 4. o.J.

Krause-Dresbach, Christiane: Besuchsmuster und Besuchsstruktur – Bemerkungen zur sozialen Welt einer jung verheirateten Frau. In: Schiffauer, Werner (Hrsg.): Familie und Alltagskultur, Frankfurt a.M. 1993.

Kriminologisches Forschungsinstitut Niedersachsen (Hrsg.): Jugendliche in Deutschland zur Jahrtausendwende: Gefährlich oder gefährdet? Ergebnisse der KFN-Schülerbefragung 2000. Baden-Baden 2002.

Lamnek, Siegfried: Qualitative Sozialforschung. Bd. 2. Methoden und Techniken, 3., korrigierte Auflage, Weinheim 1995.

Leibold, Jürgen: Fremdenfeindlichkeit und Islamphobie. Fakten zum gegenwärtigen Verhältnis genereller und spezifischer Vorurteile. In: Schneiders, Gerald Thorsten (Hrsg.): Islamfeindlichkeit. Wenn die Grenzen der Kritik verschwimmen. Wiesbaden 2009.

Mansel, Jürgen: Kriminelle Ausländer? Fremdenfeindlichkeit, Anzeigeverhalten und Kontrollpolitik in den Bundesländern. In: Heitmeyer, Wilhelm (Hrsg.): Deutsche Zustände Folge 5. Frankfurt a.M. 2007.

Mayring, Philipp: Einführung in die qualitative Sozialforschung. Eine Anleitung zu qualitativem Denken, 4. Auflage, Weinheim 1999.

Mihçiyazgan, Ursula: Die muslimische Frau und ihre Rolle in der Familie. Drei Thesen zum Selbstverständnis muslimischer Frauen. In: iza Informationsdienst zur Ausländerarbeit. Nr. 2, Frankfurt a.M. 1989.

Nauck, Bernhard: Sozialer Wandel, Migration und Familienbildung bei türkischen Frauen. In: Nauck/Schönpflug (Hrsg.): Familien in verschiedenen Kulturen. Stuttgart 1997.

Oestreich, Heide: Der Kopftuch-Streit. Das Abendland und ein Quadratmeter Islam. Frankfurt a.M. 2005.

Özkara, Sami: Zwischen Lernen und Anständigkeit. Erziehungs- und Bildungsvorstellungen türkischer Eltern. Frankfurt a.M. 1988.

Petersen, Andrea: Ehre und Scham. Das Verhältnis der Geschlechter in der Türkei. Berlin 1985.

Pfeiffer, Christian u.a.: Migration und Kriminalität. Ein Gutachten für den Zuwanderungsrat der Bundesregierung. Baden-Baden 2005.

Pfluger-Schindlbeck, Ingrid: „Achte die Älteren, liebe die Jüngeren". Sozialisation türkischer Kinder. Frankfurt a.M. 1989.

Riexinger, Martin: Islamismus und Fundamentalismus. In: Bundeszentrale für Politische Bildung. Onlineaushabe. 2007.

Sauer, Martina/Halm, Dirk: Erfolge und Defizite der Integration türkeistämmiger Einwanderer. Entwicklung der Lebenssituation 1999–2008. Wiesbaden 2009.

Schiffauer, Werner: Parallelgesellschaften. Wie viel Wertekonsens braucht unsere Gesellschaft? Für eine kluge Politik der Differenz. Bielefeld 2008.

Schiffauer, Werner: Die Gottesmänner. Türkische Islamisten in Deutschland. Eine Studie zur Herstellung religiöser Evidenz. Frankfurt a.M. 2000.

Schiffauer, Werner: Sozialer Raum und Alltagskultur – Überlegungen zur kulturellen Dynamik der urbanen türkischen Kultur. In: Schiffauer, Werner (Hrsg.): Familie und Alltagskultur. Frankfurt a.M. 1993.

Schiffauer, Werner: Die Bauern von Subay. Das Leben in einem türkischen Dorf. Stuttgart 1987.

Schiffauer, Werner: Die Gewalt der Ehre. Erklärungen zu einem türkisch-deutschen Sexualkonflikt. Frankfurt a.M. 1983.

Schlicher, Jürgen: Ethnische Diskriminierung im Betrieb. In: iza Zeitschrift für Migration und Soziale Arbeit. Nr. 3–4. Frankfurt a.M. 2002.

Schneiders, Gerald Thorsten: Die Schattenseite der Islamkritik. In: Schneiders, Gerald Thorsten (Hrsg.): Islamfeindlichkeit. Wenn die Grenzen der Kritik verschwimmen. Wiesbaden 2009.

Schramkowski, Barbara: Integration unter Vorbehalt. Perspektiven junger Erwachsener mit Migrationshintergrund. Frankfurt a.M. 2006.

Simon, Bernd: Einstellung zur Homosexualität. Ausprägungen und Korrelate bei Jugendlichen ohne und mit Migrationshintergrund (ehemalige UdSSR und Türkei). In: Zeitschrift für Entwicklungspsychologie und Pädagogische Psychologie. Nr. 40, 2008.

Spielhaus, Riem: Interessen vertreten mit vereinter Stimme: Der „Kopftuchstreit“ als Impuls für die Institutionalisierung des Islam in Deutschland. In: Berghahn, Sabine/Rostock, Petra (Hrsg.): Der Stoff aus dem Konflikte sind. Debatten um das Kopftuch in Deutschland, Österreich und der Schweiz. Bielefeld 2009.

Spindler, Susanne: Corpus delicti. Männlichkeit, Rassismus und Kriminalisierung im Alltag jugendlicher Migranten. Münster 2006.

Straßburger, Gaby: Zwangsheirat und arrangierte Ehe – zur Schwierigkeit der Abgrenzung. In: Bundesministerium für Familie, Senioren, Frauen und Jugend (Hrsg.): Zwangsverheiratung in Deutschland. Forschungsreihe Band 1. Baden-Baden 2007.

Sütcü, Filiz: Zwangsheirat und Zwangsehe. Falllagen, rechtliche Beurteilung und Prävention. Frankfurt a.M. 2009.

Tertilt, Hermann: Turkish Power Boys. Ethnographie einer Jugendbande, Frankfurt a.M. 1996.

Tezcan, Levent: DITIP – eine Institution zwischen allen Stühlen. In: Heinrich-Böll-Stiftung. Abrufbar unter: www.migration-boell.de/web/integration/47_385.asp

Toprak, Ahmet: Das schwache Geschlecht – die türkischen Männer. Zwangsheirat, häusliche Gewalt, Doppelmoral der Ehre. 2. Auflage. Freiburg i.Br. 2007.

Toprak, Ahmet: Jungen und Gewalt. Die Anwendung der Konfrontativen Pädagogik in der Beratungssituation mit türkischen Jugendlichen. 2. Auflage. Herbolzheim 2006.

Toprak, Ahmet: „Wer sein Kind nicht schlägt, hat später das Nachsehen." Elterliche Gewaltanwendung in türkischen Migrantenfamilien und Konsequenzen für die Elternarbeit. Herbolzheim 2004.

Toprak, Ahmet: „Auf Gottes Befehl und mit dem Worte des Propheten ..." Auswirkungen des Erziehungsstils auf die Partnerwahl und die Eheschließung türkischer Migranten der zweiten Generation in Deutschland. Herbolzheim 2002.

Toprak, Ahmet: „Ich bin eigentlich nicht aggressiv". Theorie und Praxis eines Anti-Aggressions-Kurses mit türkischstämmigen Jugendlichen. Freiburg i. Br. 2001.

Wetzels, Peter/Brettfeld, Katrin: Auge um Auge, Zahn um Zahn? Migration, Religion und Gewalt junger Menschen. Eine empirisch-kriminologische Analyse der Bedeutung persönlicher Religiosität für Gewalterfahrungen, -einstellungen und -handeln muslimischer junger Migranten im Vergleich zu Jugendlichen anderer religiöser Bekenntnisse. Berlin und Münster 2003.

Wetzels, Peter u.a.: Jugend und Gewalt. Eine repräsentative Dunkelfeldanalyse in München und acht weiteren deutschen Städten. Baden-Baden 2001.

Wiese, Kirsten: Kopftuchtragen im Widerspruch. Zum Erziehungsziel „Gleichberechtigung". In: Berghahn, Sabine/Rostock, Petra (Hrsg.): Der Stoff aus dem Konflikte sind. Debatten um das Kopftuch in Deutschland, Österreich und der Schweiz. Bielefeld 2009.

Zentrum für Türkeistudien (Hrsg.): Türkei-Sozialkunde. Wirtschaft, Beruf, Bildung, Religion, Familie, Erziehung. Opladen 1994.

Zick, Andreas/Küpper, Beate/Wolf, Hinna: Europäische Zustände. Ergebnisse einer Studie über gruppenbezogene Menschenfeindlichkeit in Europa. Bielefeld 2009. Abgerufen über www.amadeu-antonio-stiftung.de

Bildquellennachweis

Der Autor

Ahmet Toprak, Dr. phil., Dipl.-Pädagoge, seit 01.09.2007 Professor für Erziehungswissenschaften an der Fachhochschule Dortmund, Fachbereich Angewandte Sozialwissenschaften. Studium der Erziehungswissenschaften in Regensburg, 2001 Promotion an der Philosophischen Fakultät der Universität Passau. Jahrelange praktische Tätigkeit in der sozialen Arbeit, vor allem mit gewaltbereiten und gewalttätigen Jugendlichen und jungen Männern mit Migrationshintergrund. Autor mehrerer Bücher und Artikel zu Themen wie Gewalt, Gewaltprävention, Männer, Männlichkeitskonstruktionen etc. Darüber hinaus Tätigkeit in der Weiter- und Fortbildung für Multiplikatoren mit interkulturellem Ansatz.

Veröffentlichungen aus dem Lambertus Verlag:
Das schwache Geschlecht – die türkischen Männer. Zwangsheirat, häusliche Gewalt, Doppelmoral der Ehre. 2. Auflage, Freiburg i.Br. 2007.
„Ich bin eigentlich nicht aggressiv“. Theorie und Praxis eines Anti-Aggressions-Kurses mit türkischstämmigen Jugendlichen. Freiburg i.Br. 2001.